AF413467

М. Ю. ЗЕЛЕНКОВ

РЕЛИГИОЗНЫЙ ТЕРРОРИЗМ В СОВРЕМЕННОМ МИРОУСТРОЙСТВЕ

ТАЛЛИН,
2021

УДК   327.56
ББК   66.4(0)'7
      З-48

Зеленков М. Ю.

З-48   Религиозный терроризм в современном мироустройстве / Зеленков М. Ю. — Таллин: EurAsian Scientific Editions Ltd, 2021. — 304 с.

ISBN 978-9949-7485-2-5

На основе информационно-аналитического подхода к теоретическому и практическому опыту террористической и антитеррористической деятельности рассматривается роль религиозного терроризма в современном мироустройстве, определяются фундаментальные вызовы и угрозы, которые несет религиозный терроризм современной цивилизации.

В основу рассмотрения проблемы положена методология системно-комплексного целостного подхода. Видное место в работе занимает анализ влияния религии на современные отношения в мире и причин, порождающих исламский фундаменталистский терроризм в XXI веке.

Книга представляет интерес для профессорско-преподавательского состава высших учебных заведений, научных работников, докторантов, аспирантов и студентов, интересующихся религиозной проблематикой современного терроризма и его влиянием на общественно-политическую обстановку, а также практикующих специалистов, занимающихся вопросами антитеррористической деятельности.

BIC JPW
BISAC POL037000

ISBN 978-9949-7485-2-5

ОБ АВТОРЕ

Михаил Юрьевич Зеленков — автор значительного ряда научных и публицистических трудов по проблемам международной и национальной безопасности, террористической и антитеррористической деятельности, о духовно-нравственном потенциале как важном факторе жизни общества. Имеет опыт многолетней службы в Вооруженных силах, центральном аппарате Министерства обороны Российской Федерации, а также экспертной, консультационной деятельности. Участник контртеррористических и миротворческих операций. Профессор, доктор политических наук, кандидат военных наук, действительный член Российской Академии военных наук, член-корреспондент Российской Академии педагогических и социальных наук, Петровской Академии наук и искусств, Российской Академии естествознания. Занимается научно-педагогической деятельностью в высших учебных заведениях Российской Федерации, в том числе в Московском государственном университете (МГУ), Московском государственном лингвистическом университете (МГЛУ), Московском государственном университете путей сообщения (МГУПС–МИИТ-РУТ), РАНХ и ГС при Президенте Российской Федерации, МГТУ имени Н.Э. Баумана, Московской академии Следственного комитета Российской Федерации. Имеет государственные и ведомственные награды.

ОГЛАВЛЕНИЕ

Введение 5

Глава 1. *Религия и современный терроризм* 14
1.1. Дихотомический тренд взаимоотношений религии
и современного мира 14
1.2. Религиозный фактор — источник и катализатор
современного терроризма 52
1.3. Базовые черты религиозного терроризма XXI века . . . 74

Глава 2. *Фундаментальные причины роста числа
террористических организаций религиозной
направленности* 115
2.1. Индивидуальные причины 127
2.2. Социально-политические причины 160

Глава 3. *Исламский фундаментализм — глобальный
фактор современного мироустройства* 197
3.1. Информационно-аналитическая характеристика
исламского фундаментализма 205
3.2. Джихад как тренд исламских фундаменталистов
XXI века 257

Некоторые итоги и выводы 279

Библиографический список 284

ВВЕДЕНИЕ

За последние несколько десятилетий XX–XXI веков религия, в частности ислам, активно используется в качестве инструмента политической игры властями многих стран мира. В некоторых регионах сложилась довольно крепкая связь между политической властью и духовенством. В то же время широкий спектр кругозора мультикультурализма в данных условиях имеет тенденцию к уменьшению, а подход менталитета «мы» против «них» существенно расширяется и поощряется на всех уровнях.

В связи с этим ученые и эксперты всего мира сегодня активно изучают проблему взаимосвязи религии и современного терроризма и ведут дебаты. Некоторые из них критически подходят к этой теме, указывая только на нормативные проблемы, связанные с отношениями религии и терроризма, другие отмечают наличие широкого спектра проблем их взаимосвязи. При этом учитываются как общественное мнение, так и политические аспекты. Информационная аналитика позволяет нам утверждать, что трудно усомниться в особой отличительности религиозного терроризма. Тем не менее, также можно констатировать и то, что терроризм не представляет собой неизбежное следствие имеющихся религиозных верований и не является уникальным для ислама, как это отмечают многие эксперты и политики. Более того, религия, похоже, связана с транснациональной природой современного терроризма.

Попытка доказать или опровергнуть прямую связь между религией и терроризмом дала жизнь новому направлению понимания религии, которое считает ее независимой от мира, в котором она практикуется. Другими словами, религия рассматривается в нем как совокупность священных писаний, полностью удаленных от мира, в котором живут верующие. Людям, которые рассматривают религию в таком смысле, легко сказать: «Это не имеет ничего общего с исламом!» или: «Ислам никоим образом не ответственен за такие преступления!». Они оправдывают данную точку зрения, приводя цитаты из Корана, в которых описывается мир и согласие среди всех людей.

Однако, несмотря на свои благие намерения, представители данного направления упускают из виду тот факт, что их противники придерживаются точно такого же подхода, но диаметрально противоположного. Они удаляют священные тексты и вместе с ними также саму религию в целом из своего исторического контекста. Эти люди просто концентрируются на враждебном содержании контента, пытаются использовать его отрывки, отодвигаясь от основы текста, чтобы доказать свою точку зрения.

Если читать полученные фрагменты на поверхностном уровне, то «вырванные» из контекста отрывки кажутся законным насилием и войнами. В то же время этот процесс предполагает четкое разделение между священными текстами и миром, в котором живут верующие, и который не является устойчивым. Нельзя читать и интерпретировать религиозные тексты «в вакууме», удаленном от конкретных жизненных реалий. Конечно, это относится как к исламу, так и к христианству, буддизму и другим религиям.

Достаточно правильно, по нашему мнению, отмечает А. Хасенклевер, профессор Тюбингенского университета, который не отрицает, что число конфликтов религиозного характера в мире существенно увеличилось. Однако при этом он считает, что это связано с тем, что религиозно мотивированные конфликты занимают больше времени и, следовательно, в статистике войны присутствуют дольше.А. Хасенклевер также убежден в том, что религия в основном служит прикрытием истинной причины насилия и войны: споры о ресурсах, резкое снижение благосостояния или этнические различия.

При этом М. Вайнгардт, оценивая роль религии в конфликтах, пишет, что в основе них лежат не только ценности, но и идентичность, а также трансцендентность. И это придает верующему совершенно другой вес. «Если я убежден, что моя религия священна, это маленький шаг для демонизации врага, а затем маленький шаг для понимания ее как священного долга, как формы противодействия по отношению к противнику. Следовательно, бороться и во что бы то ни стало»[1].

Религию сегодня обвиняют в большей части насилия, происходящего в современном мире. Однако статистика — упрямая вещь, и она показывает, что большинство проявлений террористической деятельности в XX–XXI веках носит в первую очередь этнонациональный или политический характер. В то же время субъекты террористической деятельности для усиления своего влияния при достижении поставленной цели очень часто используют именно религию. Вот и получается, что, с одной стороны, террористическая деятельность не имеет религиозного подтекста, а с другой — борьба за ее цели и задачи идет под флагом той или иной религии.

В целом нам близка позиция Э. Кордсмана, председателя по стратегии в Центре стратегических и международных исследований (США), который считает, что анализировать вызовы и угрозы религиозного терроризма можно, используя ряд ключевых шаблонов, которые проясняют пять постулатов:

- подавляющее большинство экстремистских и насильственных террористических актов происходит в основном в мусульманских государствах;

____

[1] См.: Krieg im Namen der Religion. URL: https://www.deutschlandfunk.de/krieg-im-namen-der-religion.1148.de.html?dram: article_id=180648 (дата обращения: 23.08.2019).

- большинство из этих инцидентов совершаются небольшим меньшинством мусульман, которые стремятся к власти, прежде всего в своих районах операций, и чьи основные жертвы — мусульмане;
- почти все правительства стран ведут активную борьбу с экстремизмом и терроризмом, и большинство из них являются союзниками западных государств, которые тесно сотрудничают с силами безопасности, вооруженными силами и контртеррористическими силами немусульманских государств в борьбе с экстремизмом и терроризмом;
- подавляющее большинство мусульман выступают против насильственного экстремизма и терроризма;
- религия является лишь одним из многих факторов, которые приводят к нестабильности и насилию в большинстве мусульманских государств. Это критическая идеологическая сила в формировании нынешних моделей экстремизма, но она не отражает основные ценности ислама, и многие другие, гораздо более материальные факторы способные привести к росту экстремизма[2].

В этих условиях стоит напомнить, что все религии в своих священных текстах заявляют о мире, добре и толерантности, являющимися их важнейшими приоритетами. Данный факт позволяет нам утверждать, что независимо от вероучения все они преследуют одну и ту же цель — быть нравственным регулятором земного бытия верующего человека. Однако это только теория, а на практике мы видим обратное и несовместимое с данными нормами. Связано это с тем, что каждый человек, имея собственные идеалы, долгосрочные и желанные цели, со-

___

[2] См.: *Cordesman A.* Islam and the Patterns in Terrorism and Violent Extremism. URL: https://www.csis.org/analysis/islam-and-patterns-terrorism-and-violent-extremism (дата обращения: 23.08.2019).

здает в своем сознании разнонаправленные психологические догматы, которые, в свою очередь, вступают в конфронтацию и становятся источниками межрелигиозных противоречий.

Как отмечает Д. Маршалл, «злоупотребление религией часто связано с двумя факторами: *убеждениями и поведением*».[3] Именно жесткое следование религиозным доктринальным взглядам приводит к применению крайних форм насилия и многочисленным жертвам как среди тех, кто их придерживается («своих»), так и среди тех, кто их не разделяет («чужие»). Так, террористическая атака 1 июля 2016 года, убившая 20 человек в ресторане дипломатического района Дакки, столице Бангладеш, произошла всего через 15 дней после фетвы Совета улемов страны, объявившей терроризм противоречащим исламу.

Религиозный терроризм XXI века сегодня имеется во многих странах мира, а также стал фундаментальной движущей силой в процессе решения акторами своих политических, экономических, социальных и духовных задач.

Согласно Глобальному индексу терроризма (2019), в 2018 году количество смертей от терактов составило почти 16 тыс. человек. В документе отмечается, что вооруженные конфликты остаются основной движущей силой терроризма. В частности, 95% терактов осуществляется в странах с напряженной внутренней обстановкой. По данным экспертов, в государствах, где существуют конфликты, основными жертвами террористов становятся военнослужащие, мирные жители и инфраструктура. В относительно спокойных странах действия террористов направлены на туристов и журналистов.

В отчете подчеркивается, что терроризм остается широко распространенным явлением в мире. Так, «в 2018 году

---

[3] См.: Violent extremism: is religion the problem or the solution? URL: https://www.weforum.org/agenda/2017/05/violent-extremism-religion-problem-solution (дата обращения: 23.08.2019).

в 71 стране от терактов пострадал как минимум один человек. В общей сложности за год террористические акты были совершены на территории 103 государств. В 2018 году в ходе террористических атак больше всего погибло жителей Афганистана, Ирака, Нигерии и Сирии. Кроме того, за 2018 год государства потеряли свыше 19 млрд долларов из-за гибели людей, а на восстановление разрушенной инфраструктуры пришлось потратить примерно 12,9 млрд долларов»[4]. Наибольшее число жертв приходится на долю таких религиозных террористических организаций, как ИГИЛ, «Талибан», «Аш-Шабааб» и «Боко харам», которые были ответственны за более чем 56,5% всех смертей от терроризма.

Так, «Боко харам» насаждает насилие, жестокость и убийства не только в Нигерии, но и в соседних странах: Чаде, Камеруне, Бенине и Нигере. Она убила тысячи людей в 2015 году как в «неизбирательных актах насилия, так и в ходе преднамеренно направленных на мусульман, которые выступали против ее радикальной идеологии, а также христиан». При этом ее боевики, которые провозглашают, что борются с неверными, забыли, что «Поношение мусульманина есть (проявление) нечестия, а сражение с ним — (свидетельство) неверия»[5] (Аль-Бухари, 45).

Деятельности ИГИЛ, несмотря на эффективные действия сирийской правительственной армии при поддержке ВКС России, продолжают помогать три основных источника: *нефть, вымогательство и конфискация*. При этом следует отметить, что нефть осталась важным источником дохода, несмотря

---

[4] См.: Эксперты назвали террористов глобальной угрозой в 2019 году. URL: https://tj.sputniknews.ru/world/20191125/1030280471/eksperty-nazvali-terroristy-globalnaya-ugroza-2019.html (дата обращения: 23.12.2019).

[5] «САХИХ» АЛЬ-БУХАРИ МУХТАСАР. Хадис 27. URL: https://www.islam-love.ru/components/com_jshopping/files/demo_products/Sakhikh_al_Bukhari_-_rus.pdf (дата обращения: 23.12.2019).

на территориальные потери. В связи с этим ИГИЛ продолжает получать значительные нефтяные дивиденды, но в медиане его доходы уменьшаются с учетом сокращения численности населения и территории, которые ему еще подвластны (в 2019 году под контролем ИГИЛ остался всего 1% территории от той, которой оно владело на пике своей деятельности в 2014–2015 гг.).

Глобальная сеть «Аль-Каиды» остается устойчивой, с сильным оперативным присутствием на Ближнем Востоке, а также в Восточной и Западной Африке. При этом «Аль-Каида» продолжает демонстрировать как намерение, так и способность проводить атаки в разных частях мира.

«Талибан» проводит операции по всему Афганистану, которые направленны на то, чтобы бросить вызов власти афганского правительства. К ним относятся нападения в провинциях Кабул, Фарах и Газни.

По мнению экспертов из США, основными регионами, где сегодня размещаются базы религиозных террористических организаций, являются:

- западный Пакистан и приграничный регион Пакистан-Афганистан;
- южный или западный Афганистан;
- Аравийский полуостров, особенно Саудовская Аравия и Йемен, и соседний Африканский Рог, включая Сомали и простирающийся на юго-запад в Кению;
- Юго-Восточная Азия, от Таиланда до южных Филиппин и Индонезии;
- Западная Африка, включая Нигерию и Мали;
- Европейские города с мусульманскими общинами иммигрантов, особенно города в центральной и восточной Европе, где силы безопасности и пограничный контроль менее эффективны[6].

---

[6] Подробнее см.: The 9/11 Commission report. URL: https://govinfo. library.unt.edu/911/report/911Report.pdf. (дата обращения: 23.08.2019).

Религию как инструмент террористической деятельности и пополнения рядов террористов сегодня широко используют и в России. На этом делается акцент во многих нормативных правовых документах и отчетах Национального антитеррористического комитета. Связано это с тем, что в России еще далеко не завершен процесс возрождения религии в том ее качестве, которое было заложено в это явление нашими далекими предками и основателями традиционных религий российского социума (христианство, ислам, буддизм, иудаизм). В 1941 году, разрабатывая планы уничтожения СССР, Й. Геббельс, один из важнейших идеологов фашистской Германии, писал: «Мы можем раздавить Красную Армию, мы можем оттяпать у них огромные территории, мы можем остановить их заводы, но пока мы в каждой деревне не посадим своего священника, пока мы их не разделим по вере, этот народ в любом случае сумеет встать из пепелища».[7]

В содержательном плане религиозный терроризм включает в себя действия, основанные на вере (Высший разум, догматы, законы и т.п.) и имеющие своей целью преднамеренное причинение ущерба последователям другой религии или другому направлению внутри одной религии путем применения насилия, которое очень часто заканчивается огромными человеческими жертвами. Среди религиозных террористов можно найти представителей практически всех основных религий мира: христианства, буддизма, иудаизма, индуизма и др. В XXI веке на первый план вышел исламский фундаменталистский религиозный терроризм. Однако справедливости ради стоит отметить, что религиозный терроризм проявляется не только в границах традиционного религиозного вероучения. Примерами религиозного терроризма можно считать и деятельность сектантских сообществ: «Свидетели Иеговы», «Церковь сата-

______

7 Цит. по Никифоров А.К. Молчанием предается Бог. Воронеж: Издательский отдел Воронежско-Липецкой епархии, 2002. С. 7.

ны», «Аум Сенрикё», «Церковь Христа», «Церковь объединения» и др.

В данном научном труде мы сосредоточимся на том, как акты насилия, которые подпадают под понятие «терроризм», относятся к «религиозным императивам», и каковы последствия этих трендов.

ГЛАВА 1
РЕЛИГИЯ И СОВРЕМЕННЫЙ ТЕРРОРИЗМ

> «Кто хочет иметь друзей, тот и сам должен быть дружелюбным;и бывает друг более привязанный, нежели брат».
>
> *(Притчи 18:24)*

1.1. ДИХОТОМИЧЕСКИЙ ТРЕНД ВЗАИМООТНОШЕНИЙ РЕЛИГИИ И СОВРЕМЕННОГО МИРА

История человечества создала великое множество различных религий, которые рождались, развивались или умирали. Согласно данным Всемирной христианской энциклопедии, издающейся в Оксфордском университете (Великобритания), в мире можно насчитать порядка 10000 различных религиозных течений.

Религия — символическая система восприятия индивидом или социумом целостности мира и обеспечения его контакта с миром как единым целым, в котором жизнь и действия имеют определенные конкретные результаты. Она относится к духовной сфере жизнедеятельности общества, группы и индивида.

В классической науке принято, что конечный социальный смысл любой религии — это обеспечение духовно-ценностных предпосылок совместной жизни людей, которые «дают индивидам возможность жить сообща и сознавать себя обществом»[8].

Религия, присущая тому или иному обществу, передается по наследству и усваивается в сознании человека в процессе его социализации. Однако необходимо помнить, что религия:

- во-первых, не является константой и подвергается с течением времени трансформации (например, изменения, введенные в XVII веке в обряды православия, приведшие к появлению на Руси, их не принявших старообрядцев);
- во-вторых, она относится к символическому измерению жизни социума (например, арабо-израильское противостояние — не только борьба за территорию и историю Земли Обетованной, это борьба религий, в результате которого сформировались два разных общества между рекой Иордан и Средиземным морем).

Уничтоженный при непосредственном участии США лидер Ливийской Джамахирии М. Каддафи писал: «Основа, создающая национальную общность,— национальное самосознание. Национальное самосознание — это основа сохранения наций. Исторически каждая национальная общность должна иметь свою религию — это основополагающий принцип каждого народа. Там, где он нарушается, невозможна гармония внутри национальной общности, возникают конфликты. Единственный путь к ликвидации этих конфликтов, восстановить нарушенное естественное правило, гласящее, что каждая нация должна иметь свою религию»[9].

Религия, отмечает Ф. Шляймахер, исходит изнутри. Так же как существование Бога не может быть доказано с помощью науки, не существует убедительного интеллектуального объя-

---

[8] *Зеленков М.Ю.* Конфликтология: учебник. М.: Дашков и К°, 2013. С. 192–193.

[9] *Каддафи М.* Зеленая книга. URL: http://www.politika.su/text/zelknig3.html (дата обращения: 23.08.2019).

снения того, почему люди религиозны. В философии Просвещения были предприняты попытки дать религии незначительное место в сфере разума. Однако это было реализовано за счет духовности[10].

Исходя из этого, религию следует рассматривать как осязаемую реальность, как естественное выражение человеческой деятельности свободной от страстей, предрассудков и привычек. На протяжении всей мировой истории цивилизации в обществах по всему миру лидеры использовали религиозные повествования, символы и традиции в попытке придать больше смысла жизни и понять вселенную. Некоторые формы религии встречаются в каждой известной культуре и обычно практикуются группой публично.

Религия относится к множеству явлений, посредством которых люди осуществляют свои отношения с трансцендентным за пределами разума, индивидуально и коллективно. Это включает в себя молитву, медитацию, культ, культуру, исповедание и т.д. Достаточно кратко, но точно сформулировал ее назначение Т. Сандермейер: «религия является коллективным ответом человека на опыт трансцендентности, который формируется в обряде и этике»[11]. Религиозные верования дают возможность верующим понять природу явлений и вещей, их взаимосвязь друг с другом. Обряды содержат правила поведения, которые предписывают, как вести себя по отношению к священным вещам, которые не только защищены запретами (табу), но и уважительным отношением.

Содержание религии определяется священными текстами и местами, конкретными повествованиями, религиозной инфраструктурой, традициями и обычаями. Несмотря на глубо-

---

[10] См.: *Schleiermacher F.* Religion ist ein Gefühl. URL: https://www. deutschlandfunk.de/friedrich-schleiermacher-religion-ist-ein-gefuehl.886. de.html?dram: article_id=433679 (дата обращения: 23.08.2019).

[11] *Sundermeier T.* Religion — Was ist das?, Religionswissenschaft im theologischen Kontext, Frankfurt a.M. 2007. P. 21.

кие различия между отдельными религиями и безошибочную трудность определения и толкования религии, в разных религиозных системах существуют корреляционные ритуалы, ориентации и структуры. Каждая религия имеет теоретическое и практическое выражение, которое выражается в символических актах, доктринальных постулатах и этических нормах.

Во Всеобщей декларации прав человека (ст. 18) закреплено, что «Каждый человек имеет право на свободу мысли, совести и религии; это право включает свободу менять свою религию или убеждения и свободу исповедовать свою религию или убеждения как единолично, так и сообща с другими, публичным или частным порядком в учении, богослужении и выполнении религиозных и ритуальных обрядов»[12].

В Декларации о ликвидации всех форм нетерпимости и дискриминации на основе религии или убеждений, принятой резолюцией 36/55 Генеральной Ассамблеи ООН от 25 ноября 1981 года (ст. 1) сказано:

«1. Каждый человек имеет право на свободу мысли, совести и религии. Это право включает свободу иметь религию или убеждения любого рода по своему выбору и свободу исповедовать свою религию и выражать убеждения как единолично, так и сообща с другими, публичным или частным порядком, в отправлении культа, выполнения религиозных и ритуальных обрядов и учении.

2. Никто не должен подвергаться принуждению, умаляющему его свободу иметь религию или убеждения по своему выбору.

3. Свобода исповедовать религию или выражать убеждения подлежит лишь ограничениям, установленным законом и не-

---

[12] Всеобщая декларация прав человека. Принята резолюцией 217 А (III) Генеральной Ассамблеи ООН от 10 декабря 1948 года. URL: https://www.un.org/ru/documents/decl_conv/declarations/declhr.shtml (дата обращения: 23.01.2019).

обходимым для охраны общественной безопасности, порядка, здоровья и морали, равно как и основных прав и свобод других лиц»[13].

Подобные положения также закреплены в региональных документах: Африканская хартия прав человека и народов (1981), Американская конвенция о правах человека (1969), Устав АСЕАН (2007), Арабская хартия прав человека (2004).

Применительно к представителям ислама данные положения детально раскрываются в необязательной к исполнению Каирской декларации о правах человека в исламе, принятой государствами членами Организации исламского сотрудничества (1990):

- все люди составляют одну семью, члены которой объединены подчинением Аллаху и происхождением от Адама. Все мужчины равны с точки зрения базового человеческого достоинства и основных обязанностей и ответственности без какой-либо дискриминации по признаку расы, цвета кожи, языка, убеждений, пола, религии, политической принадлежности, социального положения или других соображений. Истинная религия является гарантией укрепления такого достоинства на пути к человеческой целостности (ст. 1).
- каждый человек имеет право жить в безопасности для себя, своей религии, своих иждивенцев, своей чести и своей собственности» (ст. 18)[14].

Теория и практика позволяет утверждать, что «религия, будучи специфической подсистемой общества, многообразными

---

[13] Декларация о ликвидации всех форм нетерпимости и дискриминации на основе религии или убеждений, принята резолюцией 36/55 Генеральной Ассамблеи от 25 ноября 1981 года. URL: https://www.un.org/ru/documents/decl_conv/declarations/relintol.shtml (дата обращения: 23.08.2019).

[14] Cairo Declaration on Human Rights in Islam. URL: https://www.refworld.org/docid/3ae6b3822c.html (дата обращения: 23.01.2019).

связями переплетена с другими компонентами общественной системы. Она является существенным и постоянно действующим фактором общественной жизни и проявляется посредством выполнения определенных социальных функций, через деятельность религиозных институтов, организаций, верующих масс. Для религий характерны как функция, ведущая к противопоставлению народов и последователей разных вероисповеданий, так и интегративно-регулятивная функция, которая позволяют устанавливать связи между единоверцами, поддерживать конфессиональную и этническую общность, регулировать поведение людей»[15].

Согласно Э. Дюркгейму, религия играет центральную роль в социуме, которая ясно показывает, что она рассматривается как своего рода самовыражение общества. По словам великого социолога религии, основная функция религии заключается в формировании концептуальной системы, с помощью которой люди могут создать общество. Обряды и культовые практики предназначены для укрепления связи между верующими и Богом, а также для укрепления связи между человеком и обществом. Дюркгейм писал: «... потому что Бог — только изобразительное выражение общества!». ... «Религия — это система солидарности верований и практик, относящихся к священным, то есть отдельным и запрещенным вещам, верованиям и практикам, которые объединяют всех в одном и том же моральном сообществе, называемом Церковью» [16].

Если применить к религии структурно-функциональный подход, то, основываясь на работах Э. Дюркгейма, можно отметить, что она выполняет три основные функции в обществе:

---

[15] *Зеленков М.Ю.* Религиозные конфликты: проблемы и пути их решения в начале XXI века (политико-правовой аспект).— Воронеж: Воронежский государственный университет, 2007. С. 165.

[16] См.: *Durkheim E.* Die elementaren Formen des religiösen Lebens, 2. Auflage, Frankfurt am Main 1998.

«обеспечивает социальную сплоченность, чтобы помочь поддерживать социальную солидарность посредством общих ритуалов и убеждений;

- выполняет социальный контроль для обеспечения соблюдения религиозных моралей и норм, чтобы помочь поддерживать соответствие и порядок в обществе;
- дает людям силы во время жизненных невзгод и трагедий, отвечает на любые экзистенциальные вопросы»[17].
- В качестве примера приведем выдержки из Отчета RAND corporation «Религия, конфликты и стабильность в бывшем Советском Союзе», подготовленном в 2018 году. Авторы отчета пришли к следующим основным результатам:

1. Роль религии в продвижении оппозиции или поддержке правительств существенно различается в зависимости от местного контекста:

- религия была использована для повышения социальной сплоченности и поддержки государства среди населения (например, Казахстан, Россия);
- оппозиционные группы и негосударственные деятели использовали религию, для мобилизации сторонников своих действий (например, на Северном Кавказе).

2. Религия поддерживала или усиливала конфликты в некоторых странах бывшего СССР, но не являлась первоначальным источником конфликта:

- большинство конфликтов проистекали из территориальных споров, внутренней и международной борьбы за власть, стремления к самоопределению и экономических проблем, а не религиозных разногласий;

---

[17] Подробнее см.: *Дюркейм Э.* Элементарные формы религиозной жизни: тотемическая система в Австралии/Эмиль Дюркгейм; пер. с фр.А. Апполонова и Т. Котельниковой; под науч. ред.А. Апполонова.М.: Издательский дом «Дело» РАНХиГС, 2018. 736 с

- несмотря на второстепенную роль религии, ее использование в конфликтах в регионе часто дестабилизировала ситуацию, а влияние религии на противоречии усугубляло существующую напряженность и препятствовало продвижению к миру;
- религиозная жизнь особенно была подвержена манипуляциям в тех странах бывшего СССР, которые разделяли советское наследие разрушенных религиозных традиций и относительно слабых религиозных знаний наряду с растущим спросом на религиозность и взглядом на религию как на источник морали, идентичности и уверенности.

3. Государственная политика, которая ограничивала или регулировала религию, по-видимому, способствовала стабильности или конфликту в различных обстоятельствах:

- относительно слабый контроль над религией привел к опасениям по поводу иностранного влияния на стабильность государства в России и Кыргызстане;
- в Казахстане и Узбекистане религиозные ограничения поддерживались более последовательно и, похоже, помогали поддерживать государственный контроль над обществом;
- эти ограничения могли также иметь разрушительные долгосрочные последствия, приводящие к социальной и интеллектуальной маргинализации независимого ислама и циклам радикализации[18].

Для того чтобы оценить влияние религии на современные отношения в обществе и мир в целом, ее необходимо рассматривать как социальный институт. В данном аспекте религия:

1. Предназначена для стандартизации религиозных эмоций, убеждений и практики, а также для их распространения и увековечения явлений и вещей. Это мощный инструмент об-

---

[18] Подробнее см.: Religion, Conflict, and Stability in the Former Soviet Union. URL: https://www.rand.org/pubs/research_reports/RR2195.html (дата обращения: 23.08.2019).

щественного контроля и интеграции социума. Она позволяет создать прочную связь социального единства через продвижение сообщества мысли. В связи с тем, что религия касается божественных санкций, а также настоящих и будущих наград и наказаний, то благодаря этому она оказывает глубокое влияние на поведение человека и социальной группы (общности).

2. Характеризуется универсальностью, ритуалами, святостью и настойчивостью. Ее можно рассматривать как с индивидуальной, так и с коллективной точки зрения. Функции социальной сплоченности и общественного контроля ориентированы на социум в целом, а эмоциональная и социальная поддержка и другие психологические объяснения больше ориентированы на человека. В традиционных обществах религиозная и нерелигиозная сферы жизни не сильно разграничены. Но в современных индустриальных обществах религия и общество существенно разнятся. Формирование в социуме разностороннего жизненного опыта приводит к разному пониманию смысла жизни, вызывая тем самым религиозную дифференциацию. Религия может по-прежнему обеспечивать сплоченность, но теперь только для конкретных подгрупп общества.

Наиболее ощутимо это проявляется в некогда религиозных США. Когда исследовательский центр Гэллапа впервые попросил американцев оценить важность религии в их жизни в 1952 году, 75% сказали, что это очень важно, а 20% — очень важно. Эти проценты были примерно такими же, когда этот вопрос был задан в 1965 году, но к 1978 году они снизились до 52%, что очень важно, и 32%, что довольно важно. В 2018 году только 72% говорили, что религия важна в их жизни, в том числе 51% — очень важна[19].

---

[19] См.: *Brenan M.* Religion Considered Important to 72% of Americans. URL: https://news.gallup.com/poll/245651/religion-considered-important-americans.aspx (дата обращения: 23.12.2019).

Не менее проблематично и положение дел в католической Италии, где, по мнению экспертов, религиозное участие находится на самом низком уровне в истории страны, особенно среди 20-летних ее жителей. Более миллиона студентов каждый год решают отказаться от участия в религиозной деятельности, а доля тех, кто говорит, что они безразличны к любому вероисповеданию, растет. Согласно исследованию (2015) «Aied» (Итальянская ассоциация демографического образования), из 4000 молодых людей в возрасте от 13 до 19 лет только один подросток из четырех заявил, что является практикующим католиком[20].

Причинами снижения роли религии в жизни социума в странах Европы и США, как правило выступают:

не согласие с церковными позициями по социальным вопросам (гомосексуализм, аборты и др.);

- разочарование в религиозном учении;
- скандалы в обществе с участием религиозных учреждений, священнослужителей и лидеров конфессий;
- не удовлетворение религией духовных потребностей;
- отсутствие помощи со стороны религии в трудную минуту;
- вступление в брак с представителем не своей религиозной группы.

Религия является культурным универсалом, потому что она выполняет несколько основных функций в человеческом обществе. При это проявление на практике ее функций может быть как явным, так и скрытым. Например, в число явных (открытых и заявленных) функций религии входит определение духовного мира и придание значения божественному проявлению. История учит, что чем сложнее общество, тем сложнее

---

[20] См.: I ventenni italiani sono sempre più lontani dalla religione (nonostante Papa Francesco). URL: https://www.fanpage.it/attualita/i-ventenni-italiani-sono-sempre-piu-lontani-dalla-religione-nonostante-papa-francesco/(дата обращения: 23.12.2019).

религиозная система. По мере того, как одни общества вступают в отношения с другими обществами, религиозные системы склонны все больше и больше подчеркивать универсализм. Однако поскольку разделение труда делает человека более конкретным, религиозные системы все больше ориентируются на индивидуальное спасение и совесть.

Рассматривая взаимосвязь религии и общества, следует отметить, что факторы, которые религия создает, и которыми оказывает влияние на жизнедеятельность социума, имеют дихотомическое измерение. Они могут быть как конструктивными, так и деструктивными по отношению как к адептам одной религии, так и социальным группам, относящимся к другим религиям или неверующим, а также атеистам. Например, религия может быть использована для прекращения конфликта в социуме, его единения. Однако она также может быть фактором оправдания терроризма и насилия, служить мотивом войны.

Рассмотрим основные факторы, которые религия выполняет в современных отношениях мировой цивилизации, а также в отношениях между конфессиями.

Религия — объединяющая и разъединяющая сила

«Классики социологии, отмечает С. Московичи, сходятся во мнении в том, что конечный социальный смысл всякой религии — обеспечение духовно-ценностных предпосылок совместной жизни людей: религия дает индивидам возможность жить сообща и сознавать себя обществом».[21] Социальная сплоченность религиозных групп социума развивается через такие элементы, как коллективные молитвы и религиозные учреждения (церковь, храм, мечеть и т.д.). Объединяющие

____

[21] *Московичи С.* Машина, творящая богов.М., 1998. С. 61.

ритуалы также имеются в разных конфессиях и соблюдаются людьми в таких наиболее значимых случаях, как рождение, брак или смерть.

Этот интегративный фактор религии был особенно очевиден в традиционных доиндустриальных обществах. Совместное исповедание веры дает людям определенные конечные ценности и объединяет их на пути достижения общей цели. Люди, принадлежащие к одной конфессии, обладают многими корреляционными характеристиками, взглядами, манерами поведения и убеждениями. Более того, они регулярно участвуют в общих мероприятиях и ритуалах, которые важны по двум причинам. Во-первых, они укрепляют общие ценности и принципы. Во-вторых, такие ритуалы, как крещения, свадьбы и похороны, объединяют людей, чтобы выразить и поделиться общими эмоциями, которые возникают, когда происходят крупные жизненные перемены. Эти общие эмоции еще больше развивают связи, которые существуют между ними.

В то же время, согласимся с С. Московичи, проблема религии в современном глобальном мире стоит совершенно особым образом[22]. Связано это с тем, что религия, пишет профессор Й. Фрайз, может оказать огромное влияние на людей и развить огромное единство. При этом данная догматическая сила амбивалентна, потому что религия имеет темную и светлую стороны:

- *светлая сторона религии* играет роль фактора расширения прав и возможностей угнетенных. Например, доверие своему Богу, Яхве, побудило израильтян защищать себя от рабства в Египте. Движение за гражданские права в США, возглавляемое Мартином Лютером Кингом, и Движение «теология освобождения» в Латинской Америке взяли этот библейский опыт за основу своей идеологии. Во время событий в ГДР в 1989 году молитвы

---

[22] Там же.

по понедельникам стали отправной точкой для последующих крупных демонстраций и мирной революции[23];

- *темная сторона религии* является деструктивным фактором. В этом случае эта великая сила интеграции используется в качестве политической идеологии и становится «яблоком» раздора, разобщенности, конфликта и войны. Она также может стать деструктивным фактором, когда используется социальной группой или государством для установления внутренней гегемонии или оправдания иностранных завоеваний и экспансии. Примерами из истории можно назвать крестовые походы, распространение ислама в VII–XI веках, создание государства Израиль, кастовые системы Индии. В наши дни наиболее яркими примерами являются действия религиозных террористических организаций в разных регионах мира.

Так, суннитская религиозная террористическая группировка ИГИЛ придерживается глобальной идеологии джихада, крайней антизападной интерпретации ислама и пропагандирует насилие на религиозной почве. С момента своего образования организация сосредоточилась на захвате и укреплении контроля над районами Ирака и Сирии путем разжигания межконфессиональной напряженности, особенно между суннитами и шиитами и внутри них с целью извлечения выгоды из суннитского бесправия. ИГИЛ использует сочетание угроз, стимулов и идеологии для привлечения новых членов, включая сложную кампанию в социальных сетях на нескольких языках. Агитация, в основном нацеленная на молодых суннитских мужчин во всем мире, эксплуатирует гнев в связи с предполагаемым жестоким обращением с мусульманами-суннитами и призывает их присоединиться к восстановлению исламского

---

[23] См.: *Freise J.* Gegen den Terror und für den Frieden. URL: https://www.forumzfd.de/de/gegen-den-terror-und-fuer-den-frieden (дата обращения: 23.12.2019).

халифата. К значительным атакам на мирное население, на которые претендует ИГИЛ или которые ему достоверно можно приписать, являются следующие:

- 4–10 января 2017 года — два террористических акта, совершенных террористами-шахидами и пять террористических актов с применением самодельного взрывного устройства, направленных против шиитских граждан в Багдаде, в результате которых погибли и получили ранения около 300 человек.

- 1 января 2017 года стрельба в популярном ночном клубе в Стамбуле, Турция, в результате которой погибли 39 человек и около 70 человек были ранены.

- 19 декабря 2016 года террорист проехал на грузовике через переполненный рождественский базар в Берлине, Германия, погибли 12 и ранены 49 человек.

- 12 июня 2016 года боевик ИГИЛ застрелил 50 человек и ранил около 50 человек в ночном клубе в Орландо, штат Флорида, США.

Другая религиозная террористическая организация «Джабхат Фатх аш-Шам» стремится свергнуть сирийский режим и создать салафитско-ориентированное исламистское государство в Сирии под своим собственным правлением. Она для достижения поставленных целей применяет исламскую терминологию в процессе обращения к мусульманской аудитории, а в тех областях, которые она контролирует, субъективно толкует исламское право, призывает к применению насильственных наказаний, казней и осуществляет их на практике. Так, 11 марта 2017 года была совершена двойная террористическая атака на святые места шиитов в Старом городе Дамаска, Сирия, в результате которой погибли 40 человек и ранены не менее 120 человек, в основном иракские паломники-шииты.

Как видим, религия является великой социальной интегрирующей силой, если она используется на благо общества, нации и всего человечества. Но эта сила становится разрушительной, если она является инструментом в руках фанатиков и нетерпимых людей и групп. Она может легко вызывать эмоции любви или ненависти, строительства или разрушения, мира или войны. Все зависит от цели или направления ее использования в конкретный момент времени и субъекта, ее пропагандирующего.

Религия — выразитель норм морали и нравственности, фундамент социума

Религия формирует систему убеждений, вокруг которых люди могут группироваться, чтобы принадлежать к чему-то большему, чем они сами, чтобы укрепить свои личные убеждения группой и ее ритуалами. Те, кто разделяет общую идеологию, развивают коллективную идентичность и чувство общности. Члены такого сообщества имеют общий смысл жизни и порождают социальное сообщество через символику сакрального, которая поддерживает более обычные аспекты общественной жизни. Религия в такой интерпретации узаконивает общество, поддерживает общественный порядок и не только учит добродетели, но и катализирует моральные действия. Религиозные ритуалы навязывают самодисциплину, которая побуждает адептов вести себя социально, а не просто следовать своему эгоистичному образу действий, который был бы антиобщественным и дестабилизирующим.

Так, согласно результатам исследований (2007), проведенным Pew Research Center (США), более половины американцев разделяют убеждение в том, что мораль невозможна без веры в Бога. Кроме того, на большей части Африки, в Азии и на Ближнем Востоке также широко распространено мнение, что вера в Бога является предпосылкой морали. В то же время в Европе консенсусная точка зрения противоположна:

во всей Западной и Восточной Европе большинство считает, что вера в Бога не является предварительным условием морали. Это верно для всех стран, независимо от того, является ли их основная религиозная традиция протестантской, католической или православной. Снижение уровня корреляции особенно распространено в Восточной Европе — украинцы, словаки, болгары и поляки стали менее склонными связывать религию и мораль.

Если обратиться к цифровым показателям, то картина будет следующей:

в странах Латинской Америки показатель варьируется в диапазоне 45% (Аргентина) — 73% (Венесуэла),

- в странах Западной Европы — 10% (Швеция) — 39% (Германия),
- в странах Восточной Европы — 14% (Чехия) — 42% (Украина),
- в странах Ближнего Востока — 43% (Израиль) — 97% (Иордания),
- в странах Юго-Восточной Азии — 17% (Китай) — 98% (Индонезия),
- в странах Африки — 73% (Гана) — 91% (Сенегал).[24]

«Независимо от вероучения все религии преследуют одну и ту же цель — *являются нравственным регулятором земного бытия верующего человека*». Они учат этике взаимности. Например, Иисус Христос говорил о добром самарянине, который в отличие от священника и левита помог жертве, которая не принадлежала к его вере (От Луки 10: 25–37). Во многих религиях четкие правила и заповеди ведут людей к образу жизни, приятному Богу и обещающему спасение за его пределами. Верования и ценности, которых придерживается общество, ча-

---

[24] См.: Pew Research Global Attitudes Project. URL: https://www. pewglobal.org/2007/10/04/chapter-3-views-of-religion-and-morality/(дата обращения: 12.08.2019).

сто включаются в его культуру и в совокупности они составляют мораль социума.

Великий русский философ И.А. Ильин писал по этому поводу: «Церковь не должна молчать, если государственная власть разрешает, например, торговлю гашишем, поддерживает ростовщичество и эксплуатацию трудящихся по системе концентрационных лагерей, если государственная власть позволяет распространять различные формы публичного разврата, узаконивает многоженство и т.д. И если церковь на все это не промолчит, то будет ли это, спрашивал И.А. Ильин, вторжением в политику? И отвечал отрицательно. Народ творит. Государство правит. Церковь учит — утверждал он.— Государство есть оборона и опора независимой церкви; а церковь есть духовник и ангел-хранитель христианского государства»[25].

Законы и правила, регулирующие жизнедеятельность общества, способны отражать эту мораль, а контроль и системы наказания могут быть встроены в содержание религии и в некоторых обществах являются доминирующей чертой. Наказание за их нарушение должно быть немедленным и суровым. Альтернативой наказанию может быть контроль через прощение и покаяние. Милосердие — это хорошее качество, и большинство социумов признают его ценность и влияние. Священные книги предлагают соответствующую процедуру покаяния и реабилитации, спасения от зла и нависшего проклятия, возвращения на путь истины, примирения с Всемогущим и ухода от греха. Вечное спасение манит как награда. С другой стороны, каталог наказаний, угрожающих тем, кто отказывается от божественных постулатов, ужасно суров. Например, «Тех, которые не уверовали, толпами погонят в Геенну. Когда они подойдут к ней, ее врата будут распахнуты, и ее стражи скажут им: "Разве не приходили к вам посланники из вас самих, которые

---

[25] Цит. по: *Серебрянков А.В.* Основы религиоведения: Рабочая книга преподавателя и студента.М.: НОУ, 1998. С. 213–214.

читали вам аяты вашего Господа и предупреждали вас о встрече с этим днем вашим?” Они скажут: “Конечно!” Но сбылось относительно неверующих Слово о мучениях» (Коран 39: 71).

В то же время практика отдельных регионов мира показывает, что религиозные террористические организации, основываясь на субъективизме, извращенно используют данный фактор религии и через насилие насаждают в отдельных районах законы шариата в противовес действующим моральным нормам, характерным для других конфессий. Так, филиал «Аль-Каиды» на Аравийском полуострове — террористическая организация «AQAP» стремится к созданию панисламского халифата, регулируемого законами шариата. В соответствии с основной целью «Аль-Каиды», «AQAP» поставило своей задачей создать исламский халифат путем устранения «неисламских» или «отступнических» правительств и влияния со стороны стран с мусульманским большинством на основе применения насилия. В частности, «AQAP» имеет цель создать халифат и ввести в действие законы шариата в Йемене, а оттуда распространить эту систему на весь Аравийский полуостров.

Для достижения своей цели ее представители используют радикальные средства и всеобъемлющую пропаганду терроризма. Например, 10 января 2016 года лидер организации Ибрагим аль-Асири опубликовал свое первое публичное заявление в ответ на казнь Саудовской Аравией в январе 2016 года 47 заключенных, многие из которых были связаны с «AQAP». В его речи, распространенной официальным интернет-изданием, «AQAP» признала казненных шейхами и моджахедами, которые умерли почетной смертью. Аль-Асири угрожал Саудовской Аравии, пообещав, что «AQAP» возвратится на «полуостров Мухаммеда», чтобы «освободить землю от пятен крестоносцев». Он также угрожал продолжать преследовать интересы США «до тех пор, пока в наших венах течет кровь». 14 мая 2016 года «AQAP» выпустила журнал «Inspire», включающий в себя раздел «Джихад с открытым исходным кодом», который призывает к уничтожению людей в их домах, дает читателям инструкции о том, как профессионально организовывать и совершать убийства и предоставляет руководство по созданию трех различных типов самодельных взрывных устройств.

Как видим, религия в отдельных случаях крепкими узами связана с моралью и нравственностью цивилизованного общества, а в других — является субъективным фактором террористических организаций, оправдывающим беззаконие и насилие.

Религия — общественный регулятор жизнедеятельности социума

Религия является механизмом, который может предотвратить конфликты, но и породить террор во имя сохранения единства общества. Религиозные убеждения способны влиять на поведение тех, для кого они стали нормой жизни, формировать их мировоззрение и основные взгляды, передавать духовные ценности. Нередко религиозные убеждения побуждают людей отстаивать интересы других. Это обеспечивает основу для регулирования отношений в социуме. Религиозные санкции требуются для определенных желательных моделей поведения, которые сохраняются в культуре общества в виде нравственных и моральных норм. Многие табу в различных культурах имеют религиозную историю, например, табу на употребление в пищу свинины у евреев и мусульман и мясо коров у индусов.

Религия помогает объяснить социальную значимость тех или иных обычаев, традиций, ритуалов или церемониалов, принятых в социуме.А. де Токвиль говорил: «Когда любая религия имеет глубокие корни в демократии ... бережно храните ее как самое ценное наследие»[26].

---

[26] *Tocqueville A.* Democracy in America, trans. and ed. Harvey C. Mansfield and Delba Winthrop (Chicago: University of Chicago Press, 2000) P. 519.

В то же время, согласно Марксу, в капиталистическом обществе религия играет решающую роль в поддержании неравного статус-кво, в котором определенные группы людей имеют радикально больше ресурсов и власти, чем другие социальные образования. Маркс утверждал, что «буржуазия использовала религию в качестве инструмента для поддержания менее могущественного пролетариата в умиротворении. Данное утверждение базировалось на том, что религия могла сделать это, обещая вознаграждение в загробной, а не в этой жизни»[27]. Именно в этом смысле Маркс говорил следующее: «Религия — это вздох угнетенного существа, ощущение бессердечного мира и души бездушных обстоятельств. Это опиум для людей ...Упразднение религии как иллюзорного счастья людей является требованием их настоящего счастья»[28].

Однако исполнение религией роли регулятора общественной жизни таит в себе и проблему, которая появляется в поликонфессиональных обществах. Суть ее заключается в том, что религиозные общины в равной степени утверждают, что именно они проповедуют истину. Такое сожительство требует терпимости и необходимости религиозной свободы. Люди имеют право жить по собственной вере и не быть принужденными к определенной вере. Ранее мы уже отмечали этот факт, ссылаясь на декларации, принятые большинством государств мира. Теперь в качестве примера приведем конфессиональный документ. Так, католицизме это право закрепилось в документах Второго Ватиканского Собора (1962–1965). При этом отметим, что если Церковь ранее просила государство защищать правду в форме католической веры и терпеть другие религии насколько это возможно ради социального мира, то сегодня уже речь идет не о защите правды, а скорее о праве человеческого достоинства.

---

[27] *Marx, Karl*; McLellan, David. 2000. Karl Marx: Selected Writings. Oxford University Press.P. 72.

[28] См.: *Маркс К.* ПСС, 1965.

В то же время есть и противоположный пример. Так, 6 марта 2016 года филиал «Аль-Каиды» — «Аль-Каида на Индийском субконтиненте» (AQIS) выпустила видео под названием «Репортаж Аль-Хадид», в котором были обозначены несколько постулатов, регулирующих жизнь мусульман:

«США являются лидером войны неверных крестоносцев против мусульманской уммы и настоящим врагом ислама и мусульман во всем мире»;

- «враги ислама — те, кто вымогает деньги у мусульманских бизнесменов и участвует в убийстве религиозных деятелей-суннитов»;
- «богохульники, атеисты и неверные — цель нападения из-за их издевательства над исламом и его знаменем».
- Как видим, поликонфессиональные общества всегда должны спрашивать себя, как люди хотят и могут жить вместе. И религия играет в этом одну из важных ролей. В конце концов, ее важные установки могут поддержать людей в их экзистенциализме и открыть толерантное интегрированное будущее.

Религия — средство психологической и эмоциональной поддержки

Религия — это чувство комфорта и утешения для людей во время личных и социальных кризисов, таких как смерть близких, серьезные травмы и т.д. Это особенно актуально, когда в жизни человека или социума происходит что-то «бессмысленное». Она дает адептам эмоциональную поддержку и обеспечивает утешение, примирение и моральную силу во время испытаний и поражений, личных потерь и несправедливого обращения. Как результат, человек приобретает силу и стойкость в противостоянии кризисам и превратностям жизни. Часто говорят, что посещение учреждений отправления культа и святых мест служит эффективным средством снятия напряжения и стресса. Религия предлагает утешение угнетенным народам, давая им надежду на то, что они смогут достичь спасения и вечного счастья в загробной жизни.

Великий русский писатель Л.Н. Толстой в своем произведении «Исповедь» писал: «Вера есть знание смысла человеческой жизни, вследствие которого человек не уничтожает себя, а живет. Вера есть сила жизни. Если человек живет, то он во что-нибудь да верит. Если б он не верил, что для чего-нибудь надо жить, то он бы не жил. Если он не видит и не понимает призрачности конечного, он верит в это конечное; если он понимает призрачность конечного, он должен верить в бесконечное. Без веры нельзя жить»[29].

Согласимся с мнением профессора Колумбийского колледжа (США) С. Асма, который отмечает, что эмоциональная терапия — это сердце религии. Социальная связь происходит не только тогда, когда мы соглашаемся поклоняться одним и тем же тотемам, но и когда мы чувствуем привязанность друг к другу. Аффективное сообщество взаимной заботы возникает в то время, когда религиозные группы делятся ритуалами, литургией, песнями, танцами, едой, скорбью, утешением, рассказами о святых и героях, такими трудностями, как пост и жертва. Теологические верования — это бескровные абстракции для сравнения. Эмоциональное управление важно, потому что жизнь трудна. Будда сказал: «Вся жизнь страдание», и большинство людей после определенного возраста с этим могут только согласиться[30]. Человек устроен так, что ему необходимо быть уверенным в своей правоте и иметь веру, надежду и любовь, поэтому столь тверда и необходима религия.

---

[29] *Толстой Л.Н.* Полн. собр. соч., т. 14. М.: М.: Художественная литература, 1983. С. 141.

[30] См.: *Asma S.* Religion is about emotion regulation, and it's very good at it. URL: https://aeon.co/ideas/religion-is-about-emotion-regulation-and-its-very-good-at-it (дата обращения: 23.12.2019).

В современном мире религия также стала поддерживающей психологией — формой психотерапии. Она помогает страдальцу облегчить личный и социальный кризис, обеспечивает душевное спокойствие, обещает процветание и успех в жизни, а также эффективные и счастливые человеческие отношения. Люди, убежденные в своей собственной сущности, могут испытывать чрезвычайные личные трудности. Непредсказуемые события способны вызвать нестабильность и разрушение в обществе, однако, выступая в качестве психологического фактора, религия в состоянии сохранить стабильность общества.

Религию можно рассматривать как своего рода «островок душевного и эмоционального спокойствия». Выйдя из повседневного мира в мир духовности, верующий, например, доверяется преобладающему божественному принципу и входит в когнитивное состояние расслабления. Особенно в случае «религии мира и любви» верующие испытывают положительное влияние на свою психику через опосредованное положительное религиозное содержание.

Данный вывод достаточно аргументировано доказывает клинический психолог Д. Ларсон из Американского национального института исследований в области здравоохранения, который систематически оценивал исследования своего института, опубликованные в период между 1978 и 1989 годами, на предмет связи между верой и психическим здоровьем и пришел к выводу, что религиозность оказала положительное влияние в 84% случаев, в 13% результат был нейтрален и вреден в 3% случаев. Масштабное исследование взаимосвязи между религиозностью и смертностью, проведенное в 1999 году, доказало, что у 20-летних американцев, если они посещали церковные службы один раз в неделю, ожидаемая продолжительность жизни на 6,6 года больше, чем у тех, кто этого не делал.[31]

---

[31] Цит. по: *Schüle C.* Warum wir glauben müssen//ZEIT Wissen. 2013. № 1. URL: https://www.zeit.de/zeit-wissen/2013/01/Glaube-Religion-Psychologie (дата обращения: 23.12.2019).

Однако есть и обратная сторона медали в ситуации, когда людям, переживающим жизненный кризис и психическое расстройство, религия открывает окно для освобождения от этой депрессии или этого бремени. В этом случае главный вопрос заключается в том, кто это окно открыл. Если близкие, социальные работники или врачи, то это прекрасно, и религия выполнит свое назначение по восстановлению психического состояния человека. А если это радикалы или сектанты, которые, как правило, узнают о душевном расстройстве быстрее социальных или медицинских работников, то последствия становятся катастрофическими. Квалифицированные рекрутеры быстро устанавливают эмоциональную связь и доверие с потерпевшим и начинают процесс рекрутеризации. Приведем несколько примеров адаптированных рассказов и действий, используемых рекрутерам ИГИЛ в данном контексте (по данным исследования французских экспертов):[32]

- **Рассказ «В поисках лучшего места жизни».** Как только вербовщик определил человека, который разочаровался в обществе, он пытается убедить свою цель, что он или она строит новое общество, в котором действительно царят равенство, братство и солидарность. Новобранцам демонстрируются видеоролики, в которых изображены мужчины и женщины любого происхождения, вместе питающиеся и помогающие друг другу, дети в детских садах, играющие с игрушками, мешки с рисом, раздаваемые бедным и т.д. Вербовщики связывают это утопическое общество с полным подчинением божественному закону.

- **Рассказ «Мать Тереза».** Когда рекрутер определил молодого человека, который планирует карьеру в сфере социальной работы, ухода за больными, медицины или других профессий, ориентированных на оказание помощи

людям, то он использует это желание рекрута быть общественно полезным, чтобы убедить его в том, что ему или ей нужно ехать туда, где можно реализовать это желание. Данный тип новобранца в процессе психологической обработки со стороны рекрутера будет видеть ужасные и реальные видео младенцев, которых Б. Асад (законно избранный президент Сирии, прим. автора) отравил газом в Сирии, что спровоцирует его на то, что Дж. Ясперс назвал «моральным шоком», в процессе которого наблюдатель усваивает страдания жертв в видео. Джихадизм в этом случае представляется, как единственный способ положить конец страданиям. Кстати как мы помним именно этот тип рассказа был применен «белыми касками», когда они показали по телевидению якобы химическую атаку, проведенную вооруженными силами Сирии против мирных женщин и детей. На этот миф и попалась дочь президента США Иванка Трамп, которая убитая горем и взбешенная от фиктивной атаки прибежала к отцу вся в слезах. В результате 59 «Томагавков» в нарушение норм международного права полетели уничтожать невинные жертвы. Очередной пример государственного терроризма со стороны США.

- ***Рассказ «Спаситель».*** Когда рекрутер встречает кого-то из молодых, кто недавно пережил потерю любимого, он использует желание молодежи воссоединиться с этим любимым человеком. Видеоролики в этом случае успокаивают горе молодого человека портретом очаровательного рая на небесах. Предсказание, что конец света близок, часто связано с этим повествованием.

- ***Рассказ «Зевс».*** Навязывание законов шариата всему миру — это особая мотивация участия, наиболее часто упоминаемая субъектами, которые были завербованы в соответствии с этим повествованием. Однако исследование показало, что большинство анализируемых молодых людей регулярно вели себя очень проблематично (например, наркотики, незащищенный секс, высокоскоростное вождение и т.д.). Короче говоря, они действовали так, как если бы они были всемогущими и проверяли свои возможности. Они не подчиняются воле Бога, а используют имя Бога, чтобы заставить других подчиняться им. Идеология джихада предоставляет им механизм, чтобы реализовать именно это на практике.

• В таком же «русле» работают и представители религиозных сект. Как отмечает Р. Силантьев, «деятельность деструктивных групп переходит от рекламы к вводящей в заблуждение торговле и к реальному терроризму в соответствии со схемой, определенной на четырех уровнях:

1) потеря времени и денег в психокультурах, в сектах для коммерческих целей и в псевдоорганизациях — в спорте;

2) потеря здоровья в тоталитарных сектах и в сфере услуг магии и оккультизма;

3) последствия, перечисленные вплоть до самоуничтожения (самоубийственные игры, экстремальные диеты, лекарственное несогласие) и, наконец,

4) угроза окружающей среде вплоть до фактического терроризма»[33].

Сектантское явление, а именно, перегруппировка в маленькие организации вокруг харизматического лидера, который навязывает свое собственное видение религии, сегодня находит все большее распространение. Появление самопровозглашенных божественных посланников, беспрекословное подчинение толкованиям религии харизматическими лидерами и т.д. —

---

[33] Цит. по: *Розанский В.* «Деструктология»: битва православной церкви против сект. URL: http://asianews.it/news-en/Destructology:-Orthodox-Church%E2%80%99s-battle-against-sects-48648.html (дата обращения: 23.12.2019).

это тренд сегодняшнего дня. Примером здесь является деятельность запрещенной в России и во многих других странах мира экстремистской организации «Свидетели Иеговы», которая согласно решению Верховного суда Российской Федерации представляет угрозу для здоровья ее адептов. Так, в одном из зарегистрированных случаев больному ребенку отказались переливать кровь, поскольку это противоречило религиозным взглядам его родителей, членов организации «Свидетели Иеговы». Минюст России убежден, что работа «Свидетелей Иеговы» порождает угрозу защите прав и интересов общества и общественной безопасности, а согласно показаниям бывших членов организации, за адептами также установлен «тотальный контроль»[34].

Как видим, определенные эмоциональные состояния адепта способны сформировать благоприятную почву для воздействия на него религии. Психологический фактор религии создает хорошие возможности для возникновения и развития традиционной религиозной веры в социуме. Однако направленность воздействия данных факторов зависит, в первую очередь, от целей той или иной религиозной организации, которая функционирует в социуме.

Религия — средство для предоставления ответов на проблемные вопросы

Все религии имеют определенные понятия и убеждения, которые дают ответы на многие проблемные вопросы. Эти убеждения основаны на вере в то, что у жизни есть цель, и есть кто-то или что-то управляющее Вселенной. Оно определяет духовный мир и дает смысл всему божественному. Основываясь на своих убеждениях относительно отношений людей

---

[34] См.: Верховный суд запретил деятельность «Свидетелей Иеговы» в России. URL: https://ria.ru/20170420/1492720045.html (дата обращения: 23.12.2019).

с потусторонним миром, религия дает объяснение событиям, которые кажутся трудными для понимания. Предоставляя ответы, религия определяет духовный мир и духовные силы своих адептов, формирует их мировоззрение. Например, она помогает ответить на вопросы: «Как был создан мир?» «Почему мы страдаем?» «Есть ли план для нашей жизни?» и «Есть ли загробная жизнь?»

Религия также может служить фильтром для изучения других вопросов, возникающих в обществе и других компонентов культуры. Например, после терактов 11 сентября 2001 года в США для учителей, церковных лидеров и СМИ в Северной Америке стало важным просвещать своих граждан об исламе, предотвращать формирование стереотипов и пропагандировать религиозную терпимость и толерантность.

Однако есть и другой пример, когда религия, давая ответы на проблемные вопросы, берет за основу только свою истину, отвергая все другие. В этом случае на повестку дня выходит фундаменталистское толкование всего происходящего. Примером христианского фундаментализма являются уже упоминавшиеся нами Свидетели Иеговы, которые считают свое вероучение, основанным на христианстве первого века нашей эры. Данный подход отражает желание вернуться к раннехристианским общинам, которые разделили богатство между всеми своими последователями. Они верят, что все в Библии истинно буквально, что мир был создан за шесть дней и т.д. Они считают, что разрушение нынешней мировой системы неизбежно и «Царство Божье» на земле является решением всех проблем, стоящих сегодня перед обществом.

Как Свидетели Иеговы набирают новых членов? Они посещают людей, просят поговорить и обычно начинают с того, что указывают на все проблемы современного общества: войны, терроризм, нищета, голод, насилие и т.д. Далее они представляются «носителями хороших новостей», знающими ответы на все вопросы. Таким образом, они охотятся на людей, которые обеспокоены, переживают происходящее в мире и ищут облегчения в том, что кажется обществу нисходящей спиралью.

Как видим, в умеренных количествах религиозные практики могут быть полезны для жизни человека и его психического благополучия. Но религиозный фундаментализм, который относится к вере в абсолютную власть религиозного текста или лидеров, почти никогда не подходит для человека. Это в первую очередь потому, что он препятствует любым логичным рассуждениям или научным доказательствам, которые ставят под сомнение пропагандируемое писание, делая его по сути неадаптивным.

Религия — источник идентичности

Идентичность создается социальными взаимодействиями между людьми и группами и поэтому остается за пределами выбора человека, но она может меняться в случае изменения социальных условий. Религия дает людям чувство идентичности — глубокую и позитивную самоидентификацию. Это позволяет им эффективно справляться со многими сомнениями и негодованием повседневной жизни. Она может указывать людям на то, что они не являются бесполезными или бессмысленными существами, и, таким образом, помогает им облегчить разочаровывающие жизненные переживания, которые иногда заставляют человека совершить самоубийство или убийство. В прошлом, отмечает Б. Занарди, религия, а не национальность, объединяла людей, придавая им коллективную идентичность, благодаря которой они чувствовали себя едиными друг с другом[35].

---

[35] См.: *Zanardi B.* La religion au coeur de la société: des questions ouvertes. URL: http://www.irenees.net/bdf_fiche-analyse-926_fr.html (дата обращения: 23128.2019).

Так, до 2000 года за нападениями на мирных граждан стояли террористические организации националистических сепаратистов, такие как «Ирландская республиканская армия (ИРА), «Страна басков и свобода» (ЭТА) и др. Количество инцидентов со стороны националистических сепаратистских группировок оставалось относительно стабильным и в те годы, когда религиозный экстремизм стал набирать обороты. Распространенность исламистских групп в Ираке, Афганистане, Пакистане, Нигерии и Сирии является сегодня основной движущей силой этих тенденций. В этом контексте первенство религиозной идентичности поддерживается не только народными настроениями, но и правовой системой, которая разделяет население по религиозным общинам.

В индустриальных обществах религия помогает интегрировать новичков, предоставляя источник идентичности. Например, бангладешские иммигранты в Индии, поселившись в новой социальной среде, стали называться индийскими мусульманами. В быстро меняющемся мире религиозная вера часто формирует важное чувство принадлежности к социальной группе. При этом отдельные субъекты не могут избежать того факта, что существуют различия, но они сами определяют, что делать с ними. В этом случае, поскольку идентичность носит субъективный, а не объективный характер, важным является только *самосознание идентичности*, т.е. то, как называет себя та или иная социальная группа, репрезентирующая себя как отдельную общность, как она сама описывает свой идентификационный «характер» и т.д.

Исследования Т. Смита и Л. Сильвы доказали, что идентичность является критически важным компонентом самооценки человека и связана с чувством собственного достоинства и психологической адаптацией[36]. Например, сегодня люди разных

---

[36] См.: *Smith T., Silva L.* (2011). Ethnic identity and personal well-being of people of color: a meta-analysis. J. Couns. Psychol. 5842–60. 10.1037/a0021528.

этносов Африки и Ближнего Востока в поисках лучшей жизни иммигрируют и переселяются в новые регионы или страны (Германия, Бельгия, Франция и другие государства Европейского союза), что в свою очередь часто приводит к вспышкам на их территории этнического насилия.М. Веркуйтен объясняет это явление следующим образом: «Представители этнических меньшинств имеют культурное происхождение, отличающееся от культурного происхождения коренных жителей. Иммигранты ... не могут просто отказаться от своего детства и всего того, что они признали своей культурой»[37]. Религиозная составляющая культуры еще более усугубляет имеющиеся различия, поскольку этносы христианских или мусульманских конфессий могут ее использовать в качестве оправдания своих радикальных действий.

По мнению Р. Винтроба, присоединение к религиозной группе следует понимать как обмен убеждениями, в ходе которого человек продает «идентичность» за «солидарность». Подтверждение «религиозного обмена» включает акты жертвоприношения. Человек отказывается от своего выбора и признает выбор религиозного лидера. Социальные функции сливаются: «Человек становится террористом, но он не является иррациональным в том смысле, что этот выбор максимизирует его полезность. Просто процесс обмена убеждениями сводится к усвоению ценностей группы и, следовательно, религиозного лидера»[38].

Религия — это неотъемлемая часть культуры этноса, стимулирующая его развитие, выступающая в роли хранительницы ценностей, обычаев и традиций. Недаром Президент России В.В. Путин считает целесообразным ст. 67 Основного

---

[37] См.: *Verkuyten M.* The Social Psychology of Ethnic Identity. New York: Psychology Press, 2012. 312 p.

[38] *Deffarges T.* Sur la nature et les causes du terrorisme. Une revue de la littérature économique//Revue Tiers Monde. 2003/2 (№ 174). P. 369–392.

закона дополнить словами: «Российская Федерация, объединенная тысячелетней историей, сохраняя память предков, передавших нам идеалы и *веру в Бога*, [...] признает исторически сложившееся государственное единство». Когда между этносами возникают противоречия, религия автоматически играет роль суппорта этнических интересов и требований, тем самым внося свою лепту в дело борьбы с иноверцами (православный Кипр — мусульманский Северный Кипр, православная Сербия — мусульманское Косово, Индия — враждебность индусов и мусульман, связанная с историей вторжений мусульманских правителей много веков назад). Как результат — религиозный фактор выступает в качестве катализатора процесса зарождения этнического противостояния, особенно если этносы-субъекты конфликта придерживаются разных верований.

Религия, следовательно, играет роль маркера идентичности, тесно переплетенного с этнической принадлежностью, которая, является наиболее распространенным фактором или фоном во внутренних и интернационализированных конфликтах. Например, индийское общество впитало несколько социокультурных аспектов, которые в конечном итоге стали основой его цивилизации. Как отмечает П. Раджесвари, социальная структура Индии стала уникальным сочетанием различных религий, культур и этнических групп. Исторически Индия была гостеприимной землей для многочисленных иммигрантов и захватчиков из отдаленных частей Европы и Азии. Культурные паттерны этих пришельцев на протяжении веков переплетались с местной культурой, создавая великолепное культурное наследие социума[39]. Уникальность социальной структуры Индии заключается в ее единстве среди разнообразия общества. В социуме помимо известных более 2000 каст присутствуют

---

[39] См.: *Rajeswari P.* Ethnic Conflicts in South Asia: Cases of India And Sri Lanka. URL: https://www.idsa-india.org/an-sep-9.html (дата обращения: 29.06.2019).

8 основных религий, более 15 языков с различными диалектами, на которых говорят в 28 штатах и 9 союзных территориях, а также значительное количество племен и сект.

Как видим, религиозная идентичность — это не просто идеи или системы убеждений, нависающие над глобальной публичной сферой. Она укоренена и воплощена в достоинствах определенных религиозных традиций, закрепленных в реальных конфессиональных общинах таким образом, что они объединяют формы благочестия, культурной и религиозной идентичности как основы действий и утверждения идентичностей в обществе. Чем больше адепт чувствует себя включенным в религиозную жизнь, тем более управляемым он будет, следовательно, руководствуясь своей идентичностью с религиозной группой, он будет иметь тенденцию быть гибким и спокойным или наоборот его будет отличать радикализм и насильственность по отношению к представителям других конфессий.

Религия — средство легитимации

Религия может использоваться для объяснения, оправдания или рационализации действий социума. Она укрепляет его интересы, придает законность принятым управленческим решениям. Даже в обществах, где религиозная догма явно не превалирует в обществе, религия может узаконивать его процесс жизнедеятельности. Например, традиционная кастовая система Индии определила социальную структуру общества. Согласно одной из теорий, кастовая система — это создание свящества (брахманов) — высшего слоя этой системы, но она также служила интересам политических правителей, предоставляя легитимность социальному неравенству. Другим примером является ислам, который всегда вмешивался в политическую сферу с легитимистским (религия обеспечивает поддержку власти) или протестным (религия бросает вызов легитимности власти) подходом. Например, создание Османского халифата в 1517 году соответствовало легитимистскому подходу: не будучи арабами, османские турки хотели утвердить свою власть над арабским миром через религию.

В своих трудах К. Маркс доказал, что религия играет важную роль в легитимизации существующей социальной структуры[40]. Связано это с тем, что ценности религии укрепляют другие социальные институты и общественный порядок в целом и, как следствие, закрепляют созданные человеком и обществом императивы. В примитивных и традиционных обществах и даже в некоторых современных обществах, несмотря на всестороннее нападение на религию, она является повсеместным явлением, и религиозные верования и обряды играют важную роль в деятельности различных видов общностей: от семьи до профессиональных групп. Хотя многие жители и граждане современного общества остаются традиционными в своем религиозном и нравственном мировоззрении, для некоторых это означает, что религиозный авторитет и принципы преобладают над принципами светского права.

Подобное можно найти в идеологической платформе религиозной террористической организации «Хезболла». «Хезболла» действует в рамках глобальной и очень диверсифицированной структуры материально-технического обеспечения и поддержки, получая значительную материальную и финансовую поддержку от частных лиц и предприятий во многих странах. Часто люди, которые поддерживают данную террористическую группу, не связаны напрямую с ее структурами, но могут симпатизировать организации по политическим причинам. Кроме того, «Хезболла» управляет международной сетью благотворительных организаций, которые могут перенаправлять средства в организацию или получать финансирование от нее.

---

[40] См.: *Маркс К.* ПСС, 1965.

«Ее приверженцы считают, что ислам — это не просто религия, а социальная, экономическая и политическая система социума, которая стоит выше этнических или социальных противоречий»[41]. Из этого, пишут Н. Григорьев и Э. Родюков, «вытекают основные задачи группировки: отмена конфессиональной системы и преобразование Ливана в исламское государство, управляемое по законам шариата; сопротивление влиянию империализма и западного образа жизни; объединение приверженцев ислама во всем мире на основе фундаментализма; борьба с Израилем и освобождение от него Иерусалима и Палестины»[42].

В исламе халиф является политическим, военным и духовным лидером мусульман, следовательно, его религиозное мастерство также сопровождается абсолютной властью и его легитимностью вести военные завоевания во имя ислама, подобно действиям пророка Мухаммеда. Он также осуществляет свою политическую власть над немусульманами, живущими в Империи. Халифы считаются преемниками Мухаммеда. Однако в современное время данный фактор играет деструктивную функцию, когда лидеры религиозных террористических организаций объявляют себя халифами и ведут борьбу против легитимной власти.

Процессы легитимности не имеют единой природы, но легитимация часто имеет несколько источников. Религия, выступая в качестве фактора легитимности, прежде всего направляет свои взоры в политическую сферу жизнедеятельности социума, а именно на легитимность власти, которая претендует на то, что она происходит из божественного источника.

Например, исламская политическая теория установила два источника легитимности. Первый основывается на происхожде-

---

[41] *Григорьев Н.*, *Родюков Э.* Социальные последствия современного религиозного терроризма//Вестник университета. 2016. № 9. С. 257.

[42] *Григорьев Н.*, *Родюков Э.* Современный религиозный терроризм как он есть/Независимое военное обозрение. 21 июля 2017.

нии правителя, а второй — на том, как он осуществлял власть. Легитимность по происхождению была первой и главной причиной конфликта в исламском мире, связанной с выбором четвертого халифа и последующим разделением на суннитов и шиитов. Для суннитов халиф должен быть выбран сообществом. Но позже суннитская политическая теория приспособилась к исторической эволюции. Поэтому вскоре уже не сообщество выбирало халифа, а его близкое окружение. Именно это породило систему преемственности, типичную для традиционных монархий (Саудовская Аравия, ОАЭ, Катар и др.).

Второй источник легитимации был более спорным. Согласно идеальной модели, халиф должен быть благочестивым человеком, служащим примером для других мусульман. Однако реальность часто расходилась с теорией. Следовательно, мудрецы и мыслители постепенно снижали уровень требований к халифу. На повестку дня в такой ситуации вышел принцип: «Лучше было терпеть деспота, чем страдать от анархии, вызванной гражданской войной или полным отсутствием власти». Посреди такого хаоса было бы очень трудно вести жизнь в соответствии с шариатом. Таким образом, идеализированная фигура добродетельного правителя терпела фиаско, и на повестку дня выходило обязательство исполнять политическую власть до тех пор, пока это позволяют религиозные мандаты.

Как видим, религиозные противостояния как в прошлом, так и настоящем вызваны людьми, которые ставили религию на службу своим собственным интересам. Во имя религии и священных вещей они мобилизовали паству и манипулировали людьми, чтобы удовлетворить только свои собственные замыслы.

Религия — агент социальных изменений

В то время как религия поддерживает статус-кво в своей священнической функции, она также поддерживает большие изменения в своей пророческой функции. Это может позволить людям превзойти социальные силы, действовать иначе, чем предписано социальным заказом. Религия в своей пророческой функции дает людям непоколебимую основу социальной критики, которая впоследствии становится основой для социальных изменений. Многие религиозные группы мира протестовали против войн во Вьетнаме и Ираке и уничтожения статуи Будды в Афганистане. Как правило, религия рассматривается как препятствие на пути социальных изменений, но многие религиозные группы, критикуя существующие правила социальной морали и социальной несправедливости, а также действия сообщества или правительства, помогают добиться социальных изменений.

Еще М. Вебер утверждал, что влияние религии на общество непредсказуемо и неодинаково. Иногда она может оказывать консервативное действие, тогда как в других случаях — это способствует социальным изменениям. Например, буддизм препятствовал развитию капитализма в Китае, тогда как в Северной Европе кальвинизм произвел обратный эффект. В отличие от Вебера, Маркс выдвинул совершенно противоположный тезис. Он высказал мнение, что религия препятствует социальным изменениям, побуждая угнетенных людей сосредоточиться на других мирских заботах, а не на их непосредственной нищете или эксплуатации. В то время как Маркс рассматривал религию как следствие экономики[43], Вебер полагал, что религия помогла сформировать новую экономическую систему. При этом следует отметить, что многие религиозные лидеры выступали и выступают в первых рядах многих социальных и политических движений. Например, Мартин Лютер Кинг боролся за гражданские права негров в Америке, Сарасвати Даянанда активно занимался образованием женщин и повторным браком вдов в Индии.

---

[43] См.: *Маркс К.* ПСС, 1965.

Как видим, религия способна оправдывать осуществляемые властью или обществом социальные изменения. Вместо того чтобы пробуждать критическое отношение, она внушает смирение. «Христианская вера в посмертное воздаяние, отмечает В. Гараджа, внушает смирение и терпение бедным и бесправным. В Индии поддержанию кастового строя служила вера в перевоплощение, вера в то, что после смерти душа человека переселяется в другое материальное тело. Если он соблюдает кастовые правила — это главное требование,— он воплотится в человека более высокой касты, если нет — может даже обратиться в животное»[44]. Но есть и другое направление, когда религия встает против социальных изменений. В этом случае на повестку дня выходит религиозное противостояние, динамика которого насквозь пропитана использованием радикальных средств во имя достижения поставленных целей.

Таким образом, размышляя о роли религии в современном мире и ее влиянии на развитие отношений внутри человеческой цивилизации очень важно понимать, что мы вкладываем в понятие «религия». Прежде всего, необходимо различать религию и принадлежность к религиозному сообществу. С одной стороны, возможно, что кто-то формально принадлежит к религиозной общине, но его личные убеждения далеко отошли от пропагандируемой ей идеологии. Следовательно, принадлежность к церкви не может быть использована для определения уровня религиозности. С другой стороны, кто-то может держаться на расстоянии от церкви, но при этом проявлять близость к религии и свою жизнь строить по ее нормам и канонам.

---

[44] См.: *Гараджа В.И.* Религиоведение.М., 2004. С. 165.

1.2. РЕЛИГИОЗНЫЙ ФАКТОР — ИСТОЧНИК И КАТАЛИЗАТОР СОВРЕМЕННОГО ТЕРРОРИЗМА

По данным 2015 года, население планеты Земля можно разделить по религиозному признаку следующим образом (рис. 1.1): христиане (православие, католицизм, протестантизм) — 2,4 млрд человек (33%), мусульмане — 1,8 млрд человек (24%), индуисты — 1,15 млрд человек (15%), буддисты — 0,521 млрд человек (7%), традиционные китайские религии — 0,394 млрд человек (5,5%), сикхи — 20 млн человек (0,32%), иудеи — 14 млн человек (0,2%), неверующие, агностики и атеисты — 1,2 млрд человек (16%).[45]

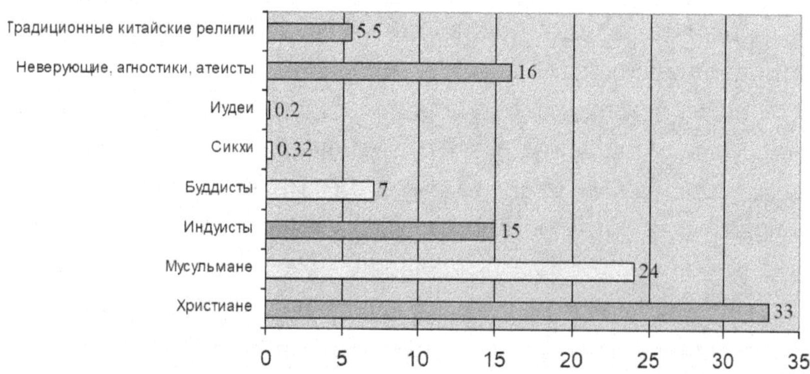

Рис. 1.1. Представители религий мира в% (Источник данных: URL: https://infotables.ru/strany-i-goroda/1120-religii-mira-chislennost)

Однако ситуация здесь такова, что статистический и социологический подходы очень часто порождают одну существенную проблему — необходимость выбора и обоснования критериев определения своей религиозной принадлежности,

---

[45] См.: Крупнейшие религии мира, численность верующих. URL: https://infotables.ru/strany-i-goroda/1120-religii-mira-chislennost (дата обращения: 23.08.2019).

которая связанна с религиозным знанием. Религиозные знания также очень тесно коррелируют с тем, какой уровень образования получил человек, например, верующие с более высоким уровнем образования, как правило, лучше осведомлены о религии и осознанно причисляют себя к той или иной конфессии.

«Религия человека,— писал известный российско-американский социолог П. Сорокин,— социальный костюм, который можно снять и переменить. Если бы этот костюм был чисто идеологическим, то такие верования менялись бы очень часто, ибо верования вообще изменчивы. Но в религии суть дела не в верованиях, не в тех или иных комплексах идей, а в чувственно-эмоциональных переживаниях веры человеком».[46]

Религиозные люди образуют гораздо более сильные сообщества благодаря общей вере в Высшие существа, они держатся вместе более тесно. В то же время данный факт обладает дихотомией. Религия связывает, образует группы и идентичности. Это может быть позитивным, считает социобиолог и философ Э. Воланд из Гиссенского университета (Германия). Связано это с тем, что религия — это иллюзия, но она очень полезна для верующих: «Неоднократно было доказано, что благочестивые люди, верующие в целом, лучше справляются с жизненными препятствиями, чем просвещенные рационалисты. Им легче иметь дело с личными проблемными ситуациями. Религия дает людям безопасность, первичное доверие, которое, по-видимому, не существует среди неверующих. Но как всегда: у этой медали есть и обратная сторона, продолжает Э. Воланд. «Просто подумайте о способности религии объединять общины. Поэтому тот, у кого есть общие интересы, политические, идеологические, поддерживается его верой. Человеческие группы определяют себя через свои убеждения.

---

[46] См.: *Сорокин П.* Религия как социальный феномен.М., 1993/Салахов М.Р. История религий.— Казань: ТГГПУ, 2009. С. 94.

Из событий современного мира сегодня мы знаем, насколько это опасно»[47].

«Религиозный фактор — это понятие, применяемое для описания воздействия, оказываемого со стороны религии на тот или иной объект, и которое имеет конкретное значение в процессе его функционирования в конкретных исторических и социально-политических условиях»[48]. В нашем случае — это терроризм. Однако, мы уже отмечали ранее, религия никогда не была единственным источником насилия. На протяжении всей истории человечества и последователи, и враги религии проявляли одинаковое насилие. Люди с обеих сторон иногда ведут себя бескомпромиссным и деспотичным образом, который многие приписывают только религии. Например, для каждой испанской инквизиции — двух с половиной веков ужасной этнической чистки — есть сэр Ф. Гальтон, полукрат и последователь Дарвина, который рекомендовал в своем учении уничтожать всех самых слабых в обществе. Легко увидеть влияние теории Гальтона на лидера немецких фашистов А. Гитлера, который был его поклонником и разделил человечество на «высшую» и «низшую» расы.

Религиозные группы, кроме христиан, распределены по всему миру неравномерно. Христиане рассеяны по территории Земли наиболее равномерно, их в одном регионе проживает не более четверти. В Европе — 24%, Латинской Америке и Карибском бассейне — 25% и странах Африки к югу от Сахары — 26%. Азиатско-Тихоокеанский регион и Северная Америка вместе составляют большую часть оставшейся четверти. Доля

---

[47] Цит. по: *Konigorski M.* Hirnforscher und Theologen auf der Suche nach Gott. URL https://www.deutschlandfunk.de/religiositaet-hirnforscher-und-theologen-auf-der-suche- nach.886.de.html?dram: article_id=316239 (дата обращения: 23.12.2019).

[48] *Зеленков М.Ю.* Религиозные конфликты: проблемы и пути их решения в начале XXI века (политико-правовой аспект).— Воронеж: Воронежский государственный университет, 2007. С. 190.

христиан, проживающих в регионе Ближний Восток — Северная Африка, составляет менее 1%. В то же время большинство мусульман живут в Азиатско-Тихоокеанском регионе, но также имеется значительное мусульманское население в регионах Ближнего Востока, Северной Африки и Африки к югу от Сахары. Большинство не принадлежащих к религиозному миру людей и еще большая доля всех буддистов и индусов живут в Азии, в то время как иудеи сосредоточены в Израиле и США.

В соответствии с Конституцией Российской Федерации в России отсутствует официальная статистика числа верующих среди россиян. Поэтому судить о конфессиональной составляющей российского общества можно только по данным социологических опросов. Согласно результатам опроса ВЦИОМ (26 июля 2019 г.), порядка 63% респондентов являются последователями православной религии, к исламу причисляют себя 5%, к католицизму — 1%, к протестантизму — 1%. Около 15% назвали себя неверующими, еще 6% колеблются между верой и неверием[49] (рис. 1.2).

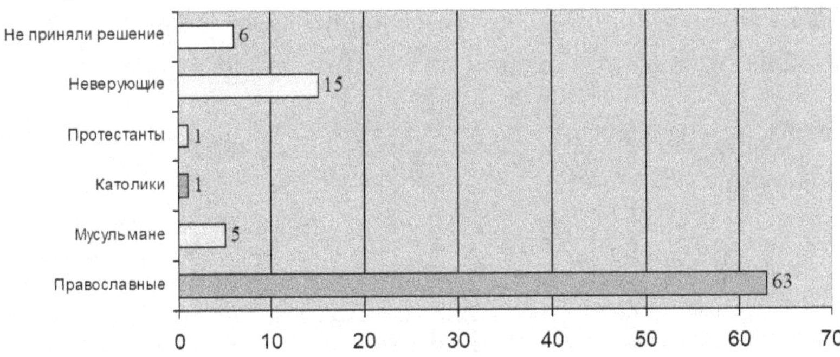

Рис. 1.2. Представители религий мира в России в% (Источник данных: URL: https://wciom.ru/index.php?id=236&uid=9847)

Как отмечает директор по работе с органами государственной власти ВЦИОМ К. Родин, «анализируя результаты ис-

---

49 См.: Православная вера и таинство крещения. URL: https://wciom.ru/index.php?id=236&uid=9847 (дата обращения: 23.08.2019).

следования, стоит серьезно осмыслить усиливающийся тренд формирования кризиса веры вообще и православия в частности. Поколение Z, или как его еще называют первое полностью цифровое поколение, декларирует заметное увеличение доли неверующих при почти трехкратном сокращении доли относящих себя к православным»[50].

Для оценки генезиса верований россиян обратимся к результатам опроса ВЦИОМ (апрель 2016 г.). «За 25 лет существенно больше наших сограждан стали полагаться на Бога в своей жизни, их доля выросла с 49% в 1991 году до 67% в 2016 году. При этом почти вдвое увеличилось число тех, кто заявил, что всегда или часто рассчитывает на высшие силы (25% против 47%). Среди мусульман (49%) таких больше, чем среди православных христиан (34%). Совсем неверующих в Бога с 1991 года стало меньше на 7%, тех, кто никогда на него не рассчитывает,— на 9%». Не верят в бога 14% россиян, никогда на него не рассчитывают — 11%. Кроме того 48% россиян считают, что жизненный путь человека предопределен, 25 лет назад так думали вдвое меньше. Даже среди наших неверующих современников с этой точкой зрения согласны 10% (рис. 1.3).

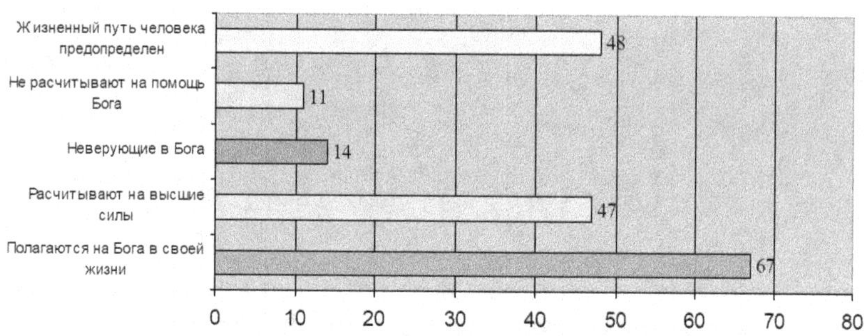

Рис. 1.3. Религиозные верования россиян в 2016 году в% (Источник данных: URL: https://www.vz.ru/news/2016/4/28/807953.html)

---

[50] ТАСС: ВЦИОМ: более половины россиян считают, что крещение нужно проходить в детском возрасте. URL: https://wciom.ru/index.php?id=238&uid=9848 (дата обращения: 23.01.2020).

«Если в начале девяностых в существование ада верили 24%, в дьявола 25%, в жизнь после смерти 33%, а больше половины граждан были убеждены, что этого нет, то сейчас верующих и неверующих стало примерно поровну (40% против 43%, 40% против 45% и 46 против 40% соответственно). Больше наших современников начали верить в религиозные чудеса (32% в 1991 г. против 50% в 2016 г.)».[51]

В конце 2018 года в России было зарегистрировано «30896 религиозных организаций, из них централизованных — 610, местных религиозных учреждений — 28992. Их количество неуклонно растет (на 1 января 2015 года — 27496) и составляет в два раза больше, чем в РСФСР (на территории Республики Крым и города Севастополя зарегистрировано 335 религиозных организаций)».

Понять особенности модернизации религиозного сознания россиян можно лишь, выбрав точку отсчета начала этого процесса. Наиболее приемлемой, по нашему мнению, является период конца 1990 года — начала 1991 года. Связано это с тем, что после развала СССР (в период с 1917 по 1991 гг. государство пропагандировало атеизм) в обществе началось то, что многие ученые назвали «религиозным возрождением»: общество получило свободу совести и соответствующее международным стандартам нормативное правовое обеспечение религиозной сферы (Закон «О свободе совести и религиозных организациях» от 1 октября 1990 года, Закон «О свободе вероисповеданий» от 25 октября 1990 года, Конституция Российской Федерации 1993 года, Федеральный закон от 26 сентября 1997 года «О свободе совести и религиозных объединениях»), прекратились нападки на религиозные конфессии и самих верующих.

---

[51] См.: Число верующих в России за 25 лет выросло на 18%. URL: https://www.vz.ru/news/2016/4/28/807953.html (дата обращения: 23.02.2020).

Однако этот процесс, отмечает профессор О.В. Золотарев, «был чрезвычайно противоречив».[52] Данный вывод связан, в частности, с кардинальными изменением на протяжении четверти века роли религии в жизни российского социума, а также с тем, что категории «религия» и «религиозный фактор» сегодня все чаще употребляются политиками и СМИ, но часто не по назначению.

Думается, именно поэтому, по данным опроса Pew Research Center (США, 2019), подавляющее большинство американцев считают, что религия теряет влияние в общественной жизни. Некоторые говорят, что это хорошо, а многие считают это негативным явлением, отражающим широкую тенденцию американцев рассматривать религию как позитивную силу в обществе. В то же время взрослые в США совершенно ясно заявляют, что религиозные институты должны оставаться вне политики. Почти две трети американцев говорят, что церкви и другие молитвенные дома должны держаться подальше от политических вопросов, в то время как 36% считают, что им следует публично выражать свои взгляды на повседневные социальные и политические вопросы[53].

Религиозные убеждения влияют на функциональное состояние и характер взаимосвязей и взаимодействий как внутри одной религии, так и между разными религиями и жестко связаны с обществом, политикой, культурой, государственной властью, нацией и т.д. Следовательно, в зависимости от условий религиозный фактор может являться или движущей силой или деструктивной причиной формирования и расширения террористической деятельности.

---

[52] *Золотарев О.В.* Религиозный фактор и геополитические аспекты безопасности России.М., 1999. С. 12.

[53] См.: Americans Have Positive Views About Religion's Role in Society, but Want It Out of Politics. URL: https://www.pewforum.org/2019/11/15/americans-have-positive-views-about-religions-role-in-society-but-want-it-out-of-politics (дата обращения: 23.12.2019).

Интересны в этом аспекте данные по опросу мигрантов-мусульман в Европейских странах (2013). В медиане 66% из них говорило, что религиозные правила являются более важными для них, чем законы страны, в которой они живут (Германия, Франция, Голландия, Австрия, Бельгия, Швеция). 75% считало, что существует только одно законное толкование Корана. Эти пропорции оказались значительно выше, чем среди местных христиан. Только 13% из них разместили религиозные нормы выше национального законодательства и чуть менее 20% отказывались принимать различные толкования Библии.[54]

Исторический опыт и общественная жизнь XXI века учат, что роль религиозного фактора в системе террористической деятельности способны играть как религия в целом, так и отдельные ее составляющие и даже их единичные элементы. Отметим, что данный факт также отметил еще в конце XX столетия В. Рагузин: «... конкретные конфессии и взаимоотношения между ними, религиозные идеи, концепции, системы ценностей, деятельность религиозных организаций, политические и социальные позиции различных групп духовенства, религиозность масс, религиозные традиции и т.д. В конкретной ситуации какой-то из перечисленных элементов структуры религии преимущественно или в совокупности с другими может актуализироваться, выйти на первый план и играть роль религиозного фактора динамики данной ситуации».[55]

В интересах нашего исследования представляется целесообразным кратко раскрыть некоторые особенности современного состояния религиозного сознания адептов конфессий мира в контексте их влияния на террористическую деятельность. Структурно религиозное сознание состоит из *религиозной иде-*

---

[54] См.: Europe: Une étude confirme que le fondamentalisme islamique est largement répandu. URL: http://www.postedeveille.ca/2013/12/le-fondamentalisme-islamique-est-largement-repandu-en-europe-etude.html/ (дата обращения: 23.12.2019).

[55] *Рагузин В.* Роль религиозного фактора в межнациональных отношениях. М.: РАГС, 1998. С. 28.

ологии и *религиозной психологии*, которые тесно взаимосвязаны и взаимообусловливают друг друга.

Религиозная идеология — это ядро духовных сил адептов той или иной религии, представляющее собой систематизированную совокупность элементов, выражающих их коренные интересы по поводу сущности и содержания религии, ее практической стороны (культовой и внекультовой деятельности) и необходимости ее защиты. По сути, это мировоззрение адептов религии, провозглашающее духовное нематериальное начало. Как правило, во всех религиях этим началом является Высший разум — Бог, обладающий абсолютной мудростью и всесилием, творец и правитель мира, во власти которого находятся судьбы представителей человечества. Основными составляющими религиозной идеологии являются теории, ценности, догматы, идеалы, принципы, убеждения и т.п.

Исследовательский центр RAND, расположенный в США, изучил ожидаемую продолжительность жизни террористических групп, проанализировав 648 группировок, которые действовали в период между 1968 годом и 2006 годом. Почти две трети из них в этот период прекратили свою деятельность. Однако, как показало исследование, среди всех типов террористических организаций наибольшими долгожителями оказались *религиозные террористы*. За четыре десятилетия исследований только треть этих террористических групп прекратила свое существование и то только после вмешательства правоохранительных органов, а не самороспуска. Однако это же исследование показывает, что с 1968 года ни одна религиозная террористическая группа не достигла своей цели. Как видим, религиозная идеология наиболее живуча по сравнению с политической, националистической и др.[56]

---

[56] См.: Montée du terrorisme religieux. URL: https://www.lapresse.ca/international/201501/09/01–4833940-montee-du-terrorisme-religieux.php (дата обращения: 23.12.2019).

В докладе французского эксперта (2017), основанном на интервью с радикализированными заключенными, отмечается, что среди опрошенных джихадистов существует «истинное поклонение религиозной вере». Не будучи знатоками самой веры, они, тем не менее, являются горячо верующими, преданными глубоко вложенным в их сознание сурам и хадисам, на которые они ссылаются. В том же отчете делается вывод, что психической патологии нет. Джихадисты — далеко не безрассудные существа. Они наоборот превозносят то, что они называют верой, и почитают обоснованный и обсуждаемый аргумент, который, по их мнению, является императивом ислама. Многие имеют степень бакалавра, некоторые — высшее образование[57].

Однако считает религиозный критик Р. Докинз, религиозная идеология побуждает людей делать ужасные вещи. Если адепт действительно глубоко верит, что его Бог хочет видеть его мучеником, который взрывает людей, тогда он это сделает и будет убежден, что делает это по праведным причинам и будет думать, что он поступил правильно[58].

Анализ вышеизложенного позволяет нам выделить следующие факторы, объясняющие влияние религиозной идеологии на возникновение терроризма в том или ином регионе мира:

- религиозная общая идеология дисциплинирует адептов единой веры, имеющих различные мотивы для борьбы с иноверцами, и создает основу для иерархии внутри террористической организации;

---

57 См.: Saisir les mécanismes de la radicalisation violente: pour une analyse processuelle et biographique des engagements violents Rapport de recherche pour la Mission de recherche Droit et Justice Avril 2017. URL: http://www.gip-recherche-justice.fr/wp-content/uploads/2017/08/Rapport-radicalisation_INHESJ_ CESDIP_P-Justice_ 2017.pdf (дата обращения: 23.08.2019).

58 См.: Richard Dawkins über Terrorismus und Religion. URL: https://de.richarddawkins.net/articles/richard-dawkins-uber-terrorismus-und-religion (дата обращения: 23.08.2019).

- религиозная идеология структурирует террористическую организацию, т.е. роли, принятые в группе, созданной по религиозным идеологическим аспектам, принимаются ее членами лучше, чем в группах, религиозно не мотивированных, поэтому террористические организации, основанные на религиозной идеологии, более устойчивы, могут иметь большую эффективность, чем акторы, которые мотивированы, например, материально;
- религиозная идеология способна значительно упростить или ограничить реальность и множество вариантов действий. В условиях противостояния с государством или другими оппонентами это означает, что лидеры религиозных террористических организаций могут принимать очень быстрые решения, не заботясь о возможных жертвах в группе или социуме;
- религиозная идеология оправдывает совершенные террористические акты, но они воспринимаются по-разному извне. Пропагандируемая внешнему миру, она может пробудить понимание террористических действий и привести к набору новых рекрутов.

Религиозная психология — неотъемлемая составная часть духовных сил адептов религии, обрамляющая и фиксирующая их религиозные отношения и интересы в религиозно-психологической форме и способствующая выработке у них непосредственных мотивов и установок религиозного поведения.

Концепция, согласно которой психологические явления зависят от практической деятельности, происходит от давней традиции Маркса, Энгельса, Дьюи и др. Очень часто верующие не могут объяснить на когнитивном уровне, почему они действуют так или иначе, например, во время ритуалов. Большая часть верующих не знают даже официальной причины определенного поведения в процессе культовой деятельности. Так, пишет Дж. Бельцен, католики не могут объяснить свое поведение во время мессы, а буддисты — причины, по которым они страдают. Тем не менее, люди действуют идеально в соответствии с их религией, которая управляет поведением, даже если оно не может рассматриваться как сознательное подчинение правилам[59].

Исходя из этого, бихевиоризм людей регулируется в соответствии со структурой или моделью, которая не является сознательной. Поскольку религиозная идеология в иерархии сознания стоит выше религиозной психологии, то именно она играет активную роль в формировании и развитии таких ее структурных компонентов, как религиозные представления и потребности, мораль, этика, иллюзии, интересы, стереотипы, установки, чувства, эмоции адептов и т.п.

Если мы обратимся к результатам социологических исследований отношения к религии в российском социуме, то увидим, что, по данным ВЦИОМ (2015), к распространению веры современные россияне относятся хуже, чем 25 лет назад. Только 36% считают, что рост религиозных убеждений пойдет на пользу обществу в целом. Напротив, о вреде их распространения сегодня говорят значительно чаще: для общества в целом — 23% (1990 г.— 5%), для себя — 18% (1990 г.— 3%).

При этом роль религии в своей повседневной жизни в наши дни оценивают значительно выше, чем в 1990 году. За 25 лет доля тех, кто признает, что вера поддерживает их в определенных ситуациях, выросла более чем в 2 раза: с 23% до 55% (однако среди неверующих таковых существенно меньше — 15%). И одновременно стало меньше тех, кто не может вспомнить случаев, когда бы религия помогла им в жизни: с 55% до 39%.

Комментируя результаты исследования, А. Фирсов, директор по коммуникациям ВЦИОМ, отметил, что «религия в Рос-

---

[59] *Belzen J.* The cultural psychological approach to religion. Contemporary debates on the object of the discipline//Theory and psychology. 1999. № 2. Т. 9. Р. 225–229.

сии, утрачивая свои институциональные позиции, все больше становится делом частного уклада, повседневного внимания» (рис. 1.4)[60].

Причинами таких тенденций в массовом сознании россиян в научной литературе отмечаются несколько существенных изменений, произошедших в России, которые за четверть века ослабили тренд религии в обществе.[61]

Во-первых, в сознании социума значительно разошлись по полюсам понятия «церковь» и «вера», чего не наблюдалось в начале 90-х годов XX века. Церковь как социальный институт российского общества ощутила общественную критику своей деятельности по отдельным вопросам внутрицерковной жизни и не смогла противостоять данному процессу.

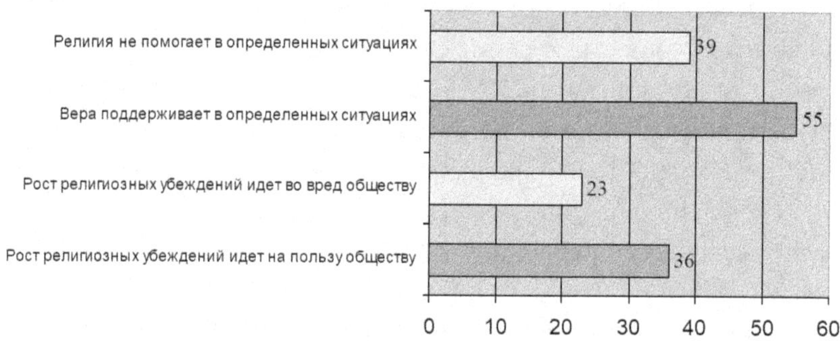

Рис. 1.4. Отношения россиян к религии в 2015 году, в% (Источник данных: URL: http://wciom.ru/index.php?id=236&uid= 11532916.08.2013)

Во-вторых, координально подверглась изменениям психологическая структура социума: эпоха потребительства, а не материального производства не предполагает развития религиозного чувства.

---

[60] См.: Пресс-выпуск № 2888. URL: http://wciom.ru/ndex.php?id= 236&uid= 11532916.08.2013 (дата обращения: 12.06.2019).

[61] См.: Доля россиян, видящих пользу в распространении религии, снизилась вдвое за четверть века. URL: http://www.bogoslov.ru/ text/4643063/index.html (дата обращения: 20.03. 2020).

В-третьих, в обществе после взлета увлеченности запретной в течение 70-ти лет верой наступил естественный этап эмоционального баланса. Современные россияне достаточно толерантны в религиозной сфере. Так, с уважением и доброжелательностью относятся к православным — 92%, к католикам — 74%, к протестантам — 61%, к мусульманам — 59%, к иудеям — 55%, к представителям восточных религий — 57%, к атеистам — 62% (рис. 1.5).[62]

Практика показывает, что отсутствие компромисса в отношениях противоборствующих конфессий или их направлений (деноминаций) обусловлено не только идеологическими, но и психологическими факторами. «Индивиду, не посвященному в генезис разногласий, кажется, что наибольшую вероятность достичь компромисса в противоречиях имеют религиозные направления одной религии. Но это не так, компромисса не получается (разрыв между католицизмом и православием с 1054 года — не преодолен, между суннитами и шиитами с VII века разрыв не только не преодолен, а активно продолжается и разрастается в XXI веке с использованием крайних форм насилия)»[63].

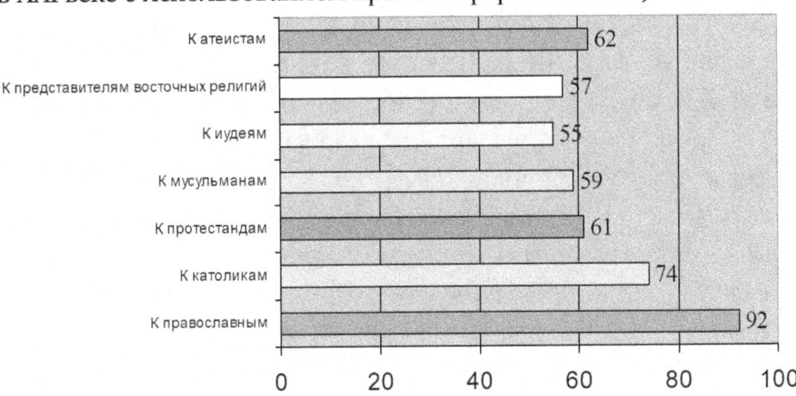

Рис. 1.5. Доброжелательное отношения россиян к представителям различных конфессий (2017), в% (Источник данных: URL: https://www.levada.ru/2017/07/18/religioznost/)

---

[62] См.: Религиозность. Сайт Левада-центр. URL: https://www.levada.ru/2017/07/18/religioznost/ (дата обращения: 20.05. 2019).

[63] *Зеленков М.Ю.* Дисфункциональные факторы религии как источник экстремизма//Вопросы безопасности, 2019. № 4 С. 66–77.

Религиозно-историческая практика знает примеры, когда одна доминирующая религия в социуме со временем заменялась другой или общество становилось атеистическим. При этом процесс смены доминирующей религии общества происходил обязательно через насильственную (читай — террористическую) деятельность. Так, например, через использование огня и меча князь Владимир заменил на Руси язычество христианством. Через костры инквизиции утверждался католицизм в Европе, а затем через погромы и насилие ему на смену в отдельных странах (Германия, Голландия, Швейцария и др.) пришел протестантизм. Через уничтожение священнослужителей, государственный запрет религии как явления в обществе насаждался атеизм в СССР.

Не менее интересным примером является религиозный спектр Индии, которая будучи светской страной, не имеет государственной религии. Конституция Индии допускает свободу вероисповедания и религии. Удивительное разнообразие и многообразие Индии отражено в количестве религий, исповедуемых индийским народом, некоторые из них родились на этой земле, а другие были привнесены последовательными политическими и культурными вторжениями. В современной Индии только в период с января по октябрь в 2015 года произошел 561 случай социального насилия, что привело к 90 смертям и 1688 травмам. В одном из инцидентов толпа напала на мусульманина только за его открытые разговоры со своей женой, которая являлась индуской (индуистской)[64].

Информационная аналитика истории функционирования религий в том или ином обществе позволяет нам утверждать, что базовые факторы, оказывающие влияние на изменения обществом своей религиозной ориентации, как правило, не кор-

---

[64] Подробнее см.: *Зеленков М.Ю., Бочарников И.В.* Международные конфликты XXI века: учебник/под ред. М.Ю. Зеленкова. М.: ИНФРА-М, 2019. 362 с.

релируют с идеологической или психологической составляющей его религиозного сознания. В основе этого процесса лежит, в первую очередь, политическое сознание. А смена политической парадигмы развития государства — это всегда насилие. Сегодня через насилие в мире насаждается т.н. «истинный» ислам запрещенными в России террористическими группировками ИГИЛ, «Боко харам», «Аль-Каида» и др.

Например, в своих видеообращениях лидер «Аль-Каиды» Айман аз-Завахири призывает последователей атаковать цели на Западе и в России вместо того, чтобы отправляться на театры военных действий в мусульманском мире; поощряет использование альтернатив огнестрельному оружию и взрывным устройствам, таких как «нанесение удара ножом и использование транспортных средств (грузовиков), а также похищение западных мирных жителей и военнослужащих, чтобы их можно было обменять на джихадистов, заключенных в тюрьмы на Западе. «Боко харам» следует радикальной интерпретации ислама, которая является антизападной, пропагандирует насилие на религиозной почве и нацелена на тех, кто не согласен с ее интерпретацией, как на неверных и отступников. Она отвергает существующие национальные границы и выступает против избранных правительств, стремясь устранить их с помощью насилия в случае необходимости.

«Сила воздействия религиозного фактора на террористическую деятельность обусловлена целым комплексом обстоятельств объективного и субъективного характера. Наиболее значимое из них — заинтересованность (или незаинтересованность) власти в усилении роли религии в жизни общества»[65]. В том случае, когда власть заинтересована в усилении влияния религии на жизнедеятельность общества, она создаст

---

[65] *Зеленков М.Ю.* Религиозные конфликты: проблемы и пути их решения в начале XXI века (политико-правовой аспект).— Воронеж: Воронежский государственный университет, 2007. С. 210.

для этого определенные сопутствующие условия, и наоборот (Турция сегодня стоит на пути отхода от светского государства к исламизации, СССР в свое время боролся с религией через пропаганду атеизма. В России власть всемерно поддерживает традиционные религии, особенно православие и Русскую православную церковь).

Как справедливо отмечает религиозный деятель Й. Саал, религиозная история полна насилия как в религиозных текстах, так и на практике. Достаточно взглянуть на Тору, Библию или Коран, чтобы найти в них бесчисленные истории, связанные с актами насилия. В Священных книгах также можно найти нормы, которые предписывают, когда и какое насилие является законным. Религиозное насилие может быть ритуальным или карательным, оно может быть направлено против грешников и отступников или посторонних. Однако это становится особенно проблематичным, когда религиозное движение является особенно исключительным и имеет абсолютную претензию на истину[66].

В то же время есть и противоположные примеры, когда религия играла не дестабилизирующую, а интеграционную роль. Например, в африканских странах, где религиозность имеет более глубокие корни, чем на Западе, очень часто используют религиозных лидеров в качестве посредников в конфликтах. Они являются миротворцами между двумя кланами, борющимися за пастбища или колодцы, и обучены отводить конфликт от насильственного уровня. Так, в Сьерра-Леоне война достигла такого апогея, что женщины решили объединиться и добиться мира. Они провели встречу с религиозными лидерами и сказали: «Мы должны остановить это безумие». Межрелигиозный совет Сьерра-Леоне после встречи отправился к мятежникам, потому что религиозным лидерам доверяют. Затем его

---

[66] См.: Bei jungen Dschihadisten spielt Religion eine wesentliche Rolle. URL: https://www.srf.ch/kultur/gesellschaft-religion/bei-jungen-dschihadisten-spielt-religion-eine-wesentliche-rolle (дата обращения: 23.01. 2020).

представители вернулись к правительству для продолжения разговора. Данный процесс, в конечном счете, привел к «Ломейскому мирному собранию», которое фактически положило конец войне в Сьерра-Леоне[67].

В России, отмечает заместитель Директора ФСБ России И. Сироткин, в 2017 году при участии представителей общественных и религиозных организаций компетентными органами осуществлено свыше 300 тыс. мероприятий общей профилактики. В их числе общественно-политические мероприятия, посвященные Дню солидарности в борьбе с терроризмом, который проводится ежегодно 3 сентября на всей территории России в память о жертвах терактов, совершенных в нашей стране. Накопленный нами опыт, говорит И. Сироткин, позволяет утверждать, что в вопросе противодействия распространению идеологии терроризма наиболее эффективно зарекомендовали себя мероприятия адресного профилактического воздействия, проводимые с привлечением религиозно-духовных авторитетов, деятелей культуры, специалистов в сфере социальных наук и психологов, учитывающие социальные, национальные, психологические, возрастные и иные особенности тех категорий лиц, в отношении которых осуществляется предупредительное воздействие[68].

Сравнительный анализ религиозной ситуации в России и статистических данных МВД по совершенным преступлениям позволяет сделать очень интересный вывод. В современном российском социуме в условиях снижения интереса к религиозной сфере жизнедеятельности общества, отсутствия наличия у множества верующих неделимого, системного религиозного сознания, а тем более фанатичного исповедания веры

---

[67] См.: Krieg im Namen der Religion. URL: https://www. deutschlandfunk.de/krieg-im-namen-der-religion.1148.de.html?dram: article_id=180648 (дата обращения: 23.08. 2019).

[68] Вестник национального антитеррористического комитета, 2019, № 1 (20), С. 16.

наблюдается увеличение имиджа религии в базовых сферах личной и общественной жизни. Сегодня большинство россиян считают себя православными в культурно-исторической традиции (согласно славяно-русскому культурно-историческому типу — по Н.Я. Данилевскому), а не по вере.

Доказательством этого служит то, что 72% россиян считают себя православными, а это значительно больше, чем всего в России религиозных людей. Видимо, у многих людей православие отождествляется не сколько с религиозностью, а с какой-то суммой традиций, культуры и власти.

Интересен и такой факт, что «российский социум разделился в отношении к тому, что РПЦ называет незыблемыми традиционными нравственными, моральными и этическими нормами и в неприятии человеческой греховности. При этом многие россияне придерживаются в отношении православных догматов выборочного подхода, полагая, что *одни из этих норм должны соблюдаться, а другие — нет*.

Так, 35% респондентов полагают, что некоторые из нравственных норм, на которых настаивает РПЦ, приемлемы для современного человека, а некоторые — нет, а 30% уверены, что людям следует придерживаться принятых православием нравственных норм и принципов поведения, жить в соответствии с ними. Однако стоит отметить, что пропагандируемые РПЦ нормы и мораль поведения в своем генезисе имеют не столько религиозный, сколько социальный аспект. Именно поэтому только 14% опрошенных высказывает мнение, что современный человек не может и не должен жить в соответствии с устаревшими нравственными нормами, на которых настаивает РПЦ. Особо стоит отметить, что доля затруднившихся с ответом на этот вопрос за 3 года увеличилась почти втрое — с 8% до 21%»[69].

---

[69] См.: Православная церковь: неизменность традиций или перемены в духе времени? Информационное агентство «Moscow it-kernel». URL: http://www.iamik.ru/?op=full&what=content&ident=501176 (дата обращения: 23.01. 2020).

Не избавлена РПЦ и от нападок российских религиозных террористов. Так, «в сентябре-октябре 2009 года гражданин Л. в сети «ВКонтакте» создал личную страницу, где опубликовал записи, содержащие резко негативную оценку в адрес православной религиозной группы, а также представителя православной религиозной группы — Патриарха Московского и Всея Руси Кирилла. Кроме того, в этих записях содержалась информация, побуждающая к действиям против Патриарха Московского и Всея Руси Кирилла, против представителей РПЦ, а также оскорбительные высказывания в адрес Патриарха Московского и Всея Руси Кирилла, направленные на возбуждение религиозной ненависти и вражды», т.е. совершил действия, предусмотренные ч. 1 ст. 282 УК РФ.[70]

Таким образом, несмотря на то, что религиозный фактор часто обсуждается в контексте терроризма как угроза социальному миру, можно утверждать, что с высокой долей вероятности это не так. Многие джихадисты, особенно молодежь, не очень хорошо разбираются в богословии. Низкий уровень религиозных знаний также связан с высокой долей новообращенных и «возрожденных» мусульман. У таких людей в основном мало теологических аргументов против джихадистской интерпретации ислама. Тем не менее, религиозные мотивы важны для них. Эмиграция в халифат и джихад против неверных считается религиозным долгом и благородным делом, которое вознаграждается общественным признанием и небесной заработной платой.

Однако есть и другой вывод, религиозный фактор не ведет к миролюбию, мягкости, молитве о мире и т.п. Религии провозглашают подлинность, то есть единственную всеобъемлющую

---

[70] *Зубова О.Г.* Портрет современного экстремиста (на примере анализа обвинительных заключений и приговоров по экстремистским преступлениям)//Каспийский регион: политика, экономика, культура. 2015. № 1. С. 72.

истину. Поэтому они обязательно нетерпимы друг к другу, ибо только одна из них должна иметь право на существование, все остальное противоречит их логике. Религия, пишет доктор философии А. Грей (Германия), которая воспринимает себя всерьез, не должна терпеть никакую другую религию или мировоззрение рядом с ней, потому что не может быть двух истин. Все остальное было бы релятивизмом. Поэтому важно помочь одной правде править и устранить зло. Или словами великого мистика, вдохновителя крестовых походов и цистерцианца Бернарда Клервоского: «уничтожать или обращать навсегда»[71].

Как отмечает доктор Т. Хамид, который в свое время стоял на пути религиозного терроризма, но потом осознал бесчеловечность движения и стал ярым его противником, для того, чтобы парировать радикализацию влияния религиозного фактора на современный мир необходимо развивать пять направлений:

- поиск альтернативной исламскому фундаментализму религиозной концепции толерантности, терпимости и любви, которая бы призывала к всеобщему миру;
- разработка эффективных образовательных методов, для противостояния мышлению человека, направленному на поддержание радикализации религиозного фактора и признания им только абсолютного взгляда на вещи;
- усиление влияния образовательных учреждений и СМИ в процессе отрицания насаждения в сознании человека ненависти к другим, привыкания его к насилию, как средству общения с представителями других взглядов на окружающую действительность;
- разработка и эффективное использование психологических методов и средств для сдерживания религиозных террористов, развенчания в их сознании мнения о том, что смерть во имя «истинной» веры гарантирует им обещанный рай;

---

[71] См. *Gray A.* Terrorismus hat sehr wohl mit Religion zu tun. URL: https://www.cicero.de/kultur/weltanschauung-terrorismus-hat-sehr-wohl-religion/60232 (дата обращения: 23.01. 2020).

- организация всестороннего проявления среди религиозных террористов интереса к искусству, музыке, красоте, креативности общественной мысли, которые в настоящее время категорически отрицаются исламскими фундаменталистами[72].

Итак, религиозный фактор является одной из острых проблем, которые преследуют современные социальные отношения, и представляет серьезную угрозу их стабильности и развитию, а также является базовым источником распада обществ и разрушения социальной структуры, основным источником насилия и терроризма. Рост числа религиозных террористических организаций и их отдельные успехи в различных регионах мира повысили уровень его влияния на современную цивилизацию. Что дало возможность религиозным фундаменталистам привлекать и мобилизовывать в свои ряды новых рекрутов, которые считают своим долгом вести «священную» войну за «истинную» веру.

Современные реалистичные объективные условия — особенно хаос, экзистенциальная угроза идентичности, тирания и политическая маргинализация — являются первой и величайшей причиной, ставшей источником роста деструктивного влияния религиозного фактора на отношения в мире. На этом фоне он стал «активным материалом» в руках рекрутеров террористических организаций, используемым в процессе обработки потенциальных рекрутов, который может применяться как во взаимосвязи с другими факторами (этнический, политический, социальный и т.п.), так и суверенно. Для повышения эффективности его применения в мусульманских странах сегодня очень активно используются религиозные наставники адептов, которые «заряжают» их мозги своими интерпретациями религиозных текстов, не коррелирующими с традиционным толкованием Корана, Сунны и истории ислама.

---

[72] См.: تـوفـيق حمـيد/كيـف نواجه فكر الإرهاب. URL: https://www.alhurra.com/different-angle/extremism-counter (дата обращения: 12.03.2020).

Идеи и корни деструктивного влияния религиозного фактора на современный мир не могут быть устранены, если не будут устранены нетерпимость и предполагаемое обладание истиной. Опыт показывает, что фундаменталистская идеология не уничтожается военными или вооруженными действиями, а также насилием, которое не порождает мир. Необходим поиск новых технологий, которые позволят перестроить радикальное сознание религиозных фундаменталистов и внедрят в их мировоззрение толерантность и терпимость.

1.3. БАЗОВЫЕ ЧЕРТЫ РЕЛИГИОЗНОГО ТЕРРОРИЗМА XXI ВЕКА

Религиозный терроризм представляет собой серьезную проблему для многих стран мира. Несмотря на почти два десятилетия глобальной контртеррористической кампании, проводимой США и их союзниками, отметил в декабре 2018 года эксперт RAND corporation К. Кларк (2018), сейчас может быть в четыре раза больше джихадистов-салафитов, чем было 11 сентября 2001 года. Общая численность сегодня оценивается в 230000 разбросанных боевиков, примерно в 70 странах, причем львиная доля в настоящее время находится в Сирии, Афганистане и Пакистане.

Рост численности происходит даже в то время, когда халифат Исламского государства (ИГИЛ) рухнул в Ираке и Сирии (*благодаря, в первую очередь, действиям России и Сирии — прим. автора*). В настоящее время группа претендует лишь на 1% территории, которую она когда-то контролировала на своем пике в 2014–2015 годах. Эти цифры говорят о том, что, несмотря на упадок так называемого халифата, глобальное движение джихадистов живо и растет. Их группы процветают в регионах мира, для которых характерны:

• провал политики власти,

• отсутствие надлежащего государственного управления,

- неспособность установить широко распространенную законность,
- слабые службы безопасности
- высокий уровень коррупции[73].

Террористов, использующих насилие во имя Бога, можно найти в любой религиозной традиции, а нападения со стороны религиозных боевиков резко возросли за последние три десятилетия. Религиозный терроризм является проблемой, которая не должна оставить равнодушным никого на планете Земля. Такой вывод связан с тем, что он направлен на подрыв основ светского государства, сложившихся обычаев, традиций, социального порядка, против законов и правовых норм, регулирующих государственно-религиозные отношения.

Религиозные террористы занимаются так называемым «общественным» контролем, как правило на местном уровне. Их действия направлены на то, чтобы заставить людей, которых они идентифицируют как принадлежащих к своей религиозной группе, уважать догмы, обычаи, ритуалы и т.д. в такой трактовке как они их понимают, при этом их представители часто обвиняют своих единоверцев в распущенности или бесчестии.

Согласно «Руководству по терроризму и городской партизанской школе в Северной и Южной Америки» подготовленному американскими разведывательными структурами во времена «холодной» войны, основные характеристики терроризма можно свести к следующим постулатам:

- терроризм — это способ добиться страха, ибо страх населения усиливает его больше, чем его собственные способности;
- жертвы терроризма не обязательно являются целью террористов;

---

[73] См.: *Clarke C.* The Future of the Global Jihadist Movement After the Collapse of the Caliphate (11.12.2018). URL: https://www.rand.org/blog/2018/12/the-future-of-the-global-jihadist-movement-after-the.html (дата обращения: 12.03.2019).

- цель террориста часто выбирается из-за ее символической ценности;
- террористы хотят рекламы;
- тактический успех и стратегическая миссия не обязательно связаны, ибо конкретная миссия может потерпеть неудачу, но в то же время она может способствовать достижению долгосрочных целей;
- террористические инциденты часто используются в качестве оружия пропаганды и применяют насилие для придания значения воздействию;
- террористические акты редко бывают самоубийственными, ибо они профессионально спланированы и террорист предан и готов умереть за свое дело, но обычно он не планирует умирать, выполняя свою миссию;
- численное количество террористов, как правило не имеет значения, ибо небольшая группа, хорошо организованная, вооруженная и с хорошим руководством, может нанести значительный ущерб;
- современные транспортные системы предоставляют террористам средства для усиления их атак в любой точке мира;
- террор — дешевая и эффективная форма войны, ибо для проведения успешной террористической операции необязательно иметь хорошо оснащенные вооруженные силы;
- терроризм может использоваться бедной страной в качестве способа ведения войны, ибо он является единственным способом, с помощью которого эта бедная страна способна противостоять современной сверхдержаве;
- большинство современных террористов хорошо мотивированы, обучены и оснащены;
- во многих случаях террористы получают международную поддержку, они могут быть снабжены оружием, деньгами, оборудованием, разведкой и даже пропагандой из других стран[74].

---

[74] См.: Escuela de las Americas Manual de Terrorismo y Guerrilla Urbana. URL: http://www.derechos.org/nizkor/la/libros/soaGU/(дата обращения: 23.12.2019).

Проявления непосредственно религиозного терроризма связаны с поиском религиозной мотивации и религиозно-идеологического обоснования террористической деятельности. Достаточно взглянуть на список стран, которые пострадали от взрывов в последнее время — Россия, Испания, Бельгия, Франция, Турция, Кот-д'Ивуар, Пакистан, Индия, Тунис, Египет, Буркина-Фасо и многие другие, чтобы понять, что это явление представляет собой глобальную угрозу.

В «Отчете канадской службы безопасности и разведки» дана следующая характеристика исламским террористам:

- «мусульманские террористы часто являются моджахедами, верными исламу и сторонниками джихада;
- они приобрели боевой опыт в Афганистане, Боснии, Ираке, Сирии, Ливии и Чечне;
- получив хорошую подготовку по обращению с оружием, взрывчаткой и оборудованием связи, они знают особую ценность Интернета, факсов, мобильных телефонов и систем шифрования;
- они опытные и желают вести «священную» войну в любой точке Земли, поэтому имеют доступ к безукоризненным фальшивым документам и международным контактам, способны легко влиться в местное эмигрантское сообщество, в котором могут планировать и проводить атаки, не будучи легко идентифицированными;
- если они выявляются как угроза, то это в значительной степени объясняется их неясными и неструктурированными характеристиками в сочетании с усердием их преданности делу»[75].
- Характерной угрозой религиозного терроризма является то, что он *для обоснования своих целей использует религиозные идеи и эксплуатирует религиозные чувства верующих*. При этом его опасность заключается в том, что

---

[75] См.: Trends in terrorism. URL: http://iwar.org.uk/cyberterror/resources/csis/terror-trends.htm (дата обращения: 23.08.2019).

он воздействует на эмоции и веру людей (субъективная составляющая религиозного фактора), которые складываются на обыденном уровне индивидуального и массового сознания социума. Практика антитеррористической деятельности показывает, что он *оказывает большое влияние на поведение людей через овладение их религиозным сознанием* и принуждает своих адептов принимать решения и совершать поступки не на основе знаний, а на основе чувственного восприятия окружающей действительности.

Так, в июне 2014 года в Кении сомалийские боевики из организации «Аш-Шабааб» (связана с «Аль-Каидой») терроризировали и уничтожали горожан. Они стучались в двери домов и требовали у тех, кто отвечал, назвать исповедуемую религию. «Мой муж сказал им, что мы были христианами»,— сказала одна женщина,— и они застрелили его в голову». Десятки людей были убиты таким образом. ООН также сообщает о резкой эскалации откровенного религиозного насилия «высоких уровней», которое охватило в полной мере половину стран Ближнего Востока и Северной Африки. Чтобы не было впечатления, что только арабы и мусульмане являются религиозными экстремистами, отметим, что в Мьянме и Шри-Ланке мусульманские и христианские меньшинства подвергаются нападениям националистических буддийских террористических групп.[76]

Применительно к современной России религиозный терроризм является следствием и проекцией падения «железного занавеса», кризисных явлений в экономике, политике, идеологии, образовании и культуре. Бесконтрольное вхождение в общемировое сообщество, смена политического и экономического курса в России создали возможности для активного массированного проникновения на нашу территорию легаль-

---

[76] Подробнее см.: *Carroll J.* Religious extremism: The answer is more religion. URL: https://www.bostonglobe.com/opinion/2014/06/22/religious-extremism-the-answer-more-religion/XI5McL6cDMV3oJHFn3QYDK/story.html (дата обращения: 23.08.2019).

ных и нелегальных эмиссаров различных радикальных псевдорелигиозных движений. Экспансия нетрадиционных для российского общества религий, в том числе экстремистских, включая как фундаменталистов, так и представителей новых религиозных культов, произошла в связи с изменениями политики государственно-религиозных отношений.

Как отмечает В. Кулаков, «принцип свободы совести, реализующийся в российских регионах и ничем неограниченная свобода миссионерской деятельности, фактически создали региональные сферы влияния тех или иных государств и псевдорелигиозных идеологий. На Дальнем Востоке — корейских протестантов, на северо-западе России — европейских и американских проповедников, на юге страны — радикальных исламских фундаменталистов. И повсеместно — новых синкретических культов или религий XXI века».[77] Приведем несколько фактов по российскому обществу.

В ночь с 1 на 2 апреля 2016 года в г. Элисте прибывший на соревнования дагестанский спортсмен Саид Османов прилюдно справил нужду и ногой ударил статую Будды. Происходящее вандал транслировал в ИТС «Интернет».[78]

- 12 мая 2016 года вандалы в Санкт-Петербурге изрисовали нецензурными надписями недавно отремонтированную ограду буддийского храма, который является единственным буддийским храмом на северо-западе Европы и считается одним из самых самобытных памятников Северной столицы.[79]

---

[77] См.: *Кулаков В.В.* Религиозный фактор и национальная безопасность России: на материалах Южного Федерального округа: дисс. ... канд. фил. наук.М.: РАГС при Президенте Российской Федерации, 2006. 148 с.

[78] См.: Дагестанский спортсмен в Элисте переведен в отдельную камеру http://www.kavkaz-uzel.eu/articles/280536/(дата обращения: 23.12.2019).

[79] См.: Вандалы изрисовали стены дацана в Петербурге. URL: http://www.interfax-religion.ru/?act=news&div=62984 (дата обращения: 23.08.2019).

- 1 октября 2016 года совершено нападение на синагогу в Большом Спасоглинищевском переулке в центре Москвы. Неизвестный мужчина ворвался на территорию учреждения с канистрой бензина и травматическим пистолетом.[80]

- В ночь на 24 октября 2015 года неизвестные осквернили храм Святого Георгия Победоносца в Ленинском районе города Саратова. Настоятель храма заметил на здании надписи оскорбительного характера.

- В ночь с 28 на 29 октября 2015 года в городе Узловая Тульской области неизвестные сожгли молельный дом местной мусульманской общины.[81]

- 7 декабря 2015 года в Брянске неизвестные исписали постамент большого светильника, установленного в честь еврейского праздника Хануки.

- Вандалы оставили антисемитскую надпись на светильнике Ханукия, отсылающую к скандальному судебному процессу — «делу Бейлиса» (1913) о так называемом «ритуальном убийстве» мальчика Андрея Ющинского.[82]

---

[80] См.: Интернет-сайт Московского бюро по правам человека. URL: http://pravorf.org/index.php/smi-review/2250-proyavleniya-agressivnoj-ksenofobii-v-rossijskoj-federatsii-v-oktyabre-2016-g. (дата обращения: 23.08.2019).

[81] См.: Интернет-сайт Московского бюро по правам человека. URL: http://www.pravorf.org/index.php/smi-review/1908-proyavleniya-agressivnoj-ksenofobii-v-rossijskoj-federatsii-v-oktyabre-2015g (дата обращения: 23.08.2019).

[82] Подробнее см.: Доклад Московского бюро по правам человека: «Агрессивная ксенофобия, радикальный национализм, экстремизм реальный и мнимый в России в 2016 году: формы, проявления, реакция властей.М., 2016. 69 с., Доклад Московского бюро по правам человека: «Агрессивная ксенофобия, радикальный национализм, экстремизм реальный и мнимый в России в 2015 году: формы, проявления, реакция властей.М., 2015. 77 с.

- В этот перечень мы специально включили случаи по оскорблению культовых сооружений всех традиционных религий России. Как видим, в России подвергаются нападкам религиозных террористов и христиане, и иудеи, и буддисты, и мусульмане. Религиозные движения, которые используют это насилие, объединены тремя идеологическими особенностями:

они отвергают любую идею компромисса с ценностями, присущими другим конфессиям;

- *они отказываются ограничивать религию в пределах, установленных светским обществом или процессом секуляризации;*
- *они хотят восстановить «более чистую религию», ссылаясь на мифическое прошлое.*
- Аналитика позволяет сделать вывод о том, что базовыми чертами религиозного терроризма являются (рис. 1.6):

всемерное отторжение толерантности,

- *нетерпимость к инакомыслию, к инаковерующим, к неверующим,*
- *доходящая до крайности ксенофобия,*
- *проповедь своей исключительности и превосходства над другими религиями,*
- *достижение поставленных целей нецивилизованными средствами* (терроризм, геноцид, убийства, вандализм, осквернение культовых учреждений и символов и т.д.).
- При этом неважно понимает ли отдельный член религиозной террористической организации избыточную практическую невероятность ее конечной цели, ибо:
- с одной стороны, ему доступно определенное количество непосредственных или промежуточных поставленных задач, выполнение которых должно привести террористическую организацию к конечной цели;
- с другой стороны, он, вероятно, понимает, что шансы на полный успех в выполнении поставленных задач низ-

кие, если не нулевые, следовательно, это только битва за божественную «добродетель». Поэтому смерть во время «священной» борьбы так же важна, как и успех.

Рис. 1.6. Базовые черты религиозного терроризма

Религиозные террористические организации составляют гетерогенное целое и имеют свое происхождение в разных регионах мира, хотя очень хорошо видно, что большинство из них было сформировано в странах и регионах, где борьба за контроль и эксплуатацию природных ресурсов является постоянной причиной конфликтов. Все эти террористические группы действуют в форме международной федерации автономных образований. Т.е. религиозный терроризм — это доктрина, которая дает религиозным фанатикам способ освящения смерти через террористическое убийство и самоубийство.

В качестве примера приведем описание некоторых менее известных религиозных террористических групп:

- *«Вооруженная исламская группа» (GIA).* Начала террористическую деятельность в 1992 году после отказа Алжира принять демократически избранное исламистское правительство. GIA взяла на себя ответственность за многократные массовые убийства мирных жителей и убийства алжирских лидеров.

- *«Исламская армия Аден-Абьяна» (AAIA).* AAIA связана с Йеменским исламским джихадом и была замечена в актах насилия с заявленной целью: «Поднять знамя аль-Джихада и бороться с секуляризмом в Йемене и других арабских странах». Лидер группы Аден-Абьяна Зейн аль-Абидин аль-Мехдар был казнен за участие в похищении в декабре 1998 года 16 западных туристов, несколько человек, из которых были убиты в ходе контртеррористической операции. В марте 1999 года группа поставила послам США и Великобритании в Йемене ультиматум на немедленное оставление страны.

- *«Палестинский исламский джихад» (PIJ).* PIJ сформировалась из радикальных палестинцев Газы в 1970-х годах и представляет собой совокупность свободных, а не сплоченных групп. Ее главной целью является уничтожение Израиля и создание палестинского исламского государства. Арабские режимы, считающиеся неисламскими, так же находятся под ее угрозой.

- *«Группа поддержки ислама и мусульман» (JNIM).* Группа функционирует на территории Мали и Западной Африки. Она подстрекает западноафриканскую мусульманскую общину к «устранению угнетения» и изгнанию немусульманских «оккупантов». В частности, группа выступает против Франции, которая поддерживает военное присутствие в Мали с 2012 года, и ее западных партнеров, включая тех, кто участвует в миротворческих миссиях ООН. Как и у ее идеологических предков в салафитско-джихадистском движении, конечная цель группы состоит в том, чтобы весь регион управлялся в соответствии с законами шариата.

- *«Бригады Аль-Аштар» (ААВ)*. ААВ — это террористиче-ская организация, созданная в 2013 году с целью свергнуть правящую семью в Бахрейне с помощью насильственных радикальных действий. В январе 2018 года она официально подтвердила свою лояльность Тегерану, чтобы отразить его роль в иранской сети государственных и негосударственных субъектов, действующих против США и их союзников в регионе. Используя социальные сети, ААВ также пропагандирует насильственные действия против правительств Великобритании, Саудовской Аравии и США. С 2013 года ААВ взяла на себя ответственность за более чем 20 террористических актов против полиции и объектов безопасности в Бахрейне: в марте 2014 года ААВ провела взрыв, в результате которого погибли два сотрудника местной полиции и офицер из ОАЭ; в январе 2017 года боевики ААВ застрелили местного полицейского и др.

- Психиатр Ф. Ферракути, цитируемый Корпорацией RAND (США), проанализировал особенности террористов и пришел к выводу, что они в целом демонстрируют хорошую способность справляться со стрессом, объединяться в группы и распространять пропаганду, основанную на их идеологических принципах. И это выдвигает на первый план несколько характеристик относительно личности террористов:

двойственное отношение к власти;

- плохие и ошибочные идеи;

- эмоциональное понимание последствий своих действий;

- нарушения в сексуальной идентичности с неопределенными ролями;

- суеверие, магия и стереотипные мысли;

- разрушительность и самоуничтожение;

- низкий уровень образования;

- восприятие оружия;
- приверженность ценностям субкультуры насилия[83].

Примерно в таком же аспекте дает психологическую характеристику террористам и Дж. Венхаус. На основе анализа более 2000 интервью и биографий международных доморощенных джихадистов (джихадистов из западных демократий), которые присоединились к исламистским террористическим группам или пытались это сделать, он разделил их на четыре категории:

- «искатель объекта мести»;
- «ищущий свой статус»;
- «ищущий свою личность»;
- «искатель острых ощущений».
- Кроме того, отмечает Дж. Венхаус, люди более открыты для вербовки со стороны исламистских террористов, если они имеют следующий психологический фон:
- гнев, чувство отчуждения;
- ощущение, что их политическое участие неэффективно против «более сильных сил» или «системы»;
- идентифицируют себя с предполагаемыми или фактическими жертвами социальной несправедливости;
- чувствуют необходимость действовать вместо того, чтобы просто обсуждать проблемы и возможные решения;
- все вышеназванные чувства разделяются людьми в их семье или в кругу друзей (группа сверстников и окружение)[84].
- Системный подход к генезису религиозных противоречий показывает, что большинство противоборств в религиозной сфере происходят по следующим направлениям:

---

[83] См.: *Konrad K.* On terrorist and terrorism, Santa Mónica, California: The RAND Corporation, 1982.

[84] См.: *Venhaus, J.* Why Youth Join Al Qaeda. Washington DC: United States Institute of Peace, 2010.

борьба внутри одной религии за истинность, эксплуатация религиозности населения в интересах достижения политических целей, противоборство внутри одной религии за возвращение к ее истокам.

Религиозный терроризм в границах одной религии

В теории конфликтологии отмечается, что внутриконфессиональное деление возникло как реакция, требующая идеологически обеспечить:

- «обособление социальных (этнических) общностей в борьбе за региональное лидерство;
- процесс возникновения, формирования и функционирования зарождающихся новых центров силы (империй);
- жизнеспособность новой модели государственного устройства или нового способа общественного производства;
- создание устойчивого геополитического союза;
- утверждение новых жизненных ценностей;
- необходимость сохранения элементов анимизма»[85].

В основе данного явления лежит многообразие всего живого. Именно это позволяет объяснить, почему внутри той или иной религии есть деление на направления, течения и деноминации, а также борьба между ними (сунниты, шииты и др.— в исламе; православные, католики, протестанты и др.— в христианстве; хинаяна, махаяна, ламаизм и др.— в буддизме).

Как показывает современная практика, большинство террористических атак совершаются, как правило мусульманами против мусульман. Террористические акты наиболее часто

---

[85] *Зеленков М.Ю.* Конфликтология: учебник.М.: Дашков и К°, 2013. С. 215; *Зеленков М.Ю., Бочарников И.В.* Международные конфликты XXI века: учебник/под ред. М.Ю. Зеленкова.М.: ИНФРА-М, 2019. 362 с.

происходят в таких мусульманских местах, как Сирия, Ирак, Индонезия, Нигерия, Судан, Египет, Ливия или Афганистан и др.

Генезис ислама показывает, что практически с рождения (VII в.) он разделился на две основные ветви — суннизм (90%) и шиизм (7%), между которыми вот уже более 1400 лет происходит противоборство с использованием не только обычных форм, методов и средств, но и изощренных и нецивилизованных. При этом движущие силы противостояния между суннитами и шиитами носят в основном политический характер, а социальный контекст определяет первенство религиозной идентичности и распространенность ее приверженцев. Однако сунниты и шииты не являются монолитными блоками, ибо даже внутри этих направлений существует значительная рознь и насилие.

В странах, где правят сунниты, шииты, как правило являются одними из самых бедных в обществе и считают себя жертвами угнетения и дискриминации. Особенно это заметно в Саудовской Аравии, где шиитское меньшинство постоянно подвергается дискриминации, а также во взаимоотношениях шиитских государств Иран и Йемен с суннитскими странами (Египет, Саудовская Аравия, Иордания, Катар, ОАЭ и др.).

«В наши дни,— отмечает Е. Кирсанов,— в Саудовской Аравии представителям шиитской общины (насчитывает более 10% всего населения) в апреле 2010 года со стороны властей (официальная религия — ислам ваххабитской направленности) было инкриминировано проведение религиозных обрядов у себя дома, все обвиняемые были приговорены к месячному сроку заключения».[86] Это не первый случай репрессий против шиитов: в декабре 2009 года по аналогичным обвинениям уже проводились аресты, а в отдельных городах даже были закры-

______

[86] См.: *Кирсанов Е.Е.* Сунниты-шииты: опасные игры. URL: http://www.iimes.ru/?p=10447 (дата обращения: 12.12.2019).

ты шиитские мечети. При этом саудовские власти отказываются не только открывать эти мечети вновь, но и блокируют все просьбы шиитской общины выстроить новые молельные дома. Помимо запрета на осуществление религиозных обрядов шииты лишены права занимать ряд высших руководящих должностей в государственном аппарате, они не могут служить в армии, службе безопасности, национальной гвардии и полиции.

Не менее интересен и пример Ирака, где падение режима партии «Баас» (2003) привело к расширению межконфессионального разделения между общинами суннитов и шиитов. Как отмечает эксперт Ближневосточного центра Карнеги Х. Хасан, это подтолкнуло шиитских исламистов к тому, чтобы они стали подчеркивать свою общинную идентичность, а не идеологическую общность с суннитскими исламистами. Союзы партии радикально-шиитского толка «Дава» являлись примером такого поведения. Чаще всего партия вступала в союз с конкурирующими шиитскими группами, такими как Исламский верховный совет Ирака (ISCI) или Садристское движение, или даже с неисламистскими шиитскими группами, такими как Иракский национальный конгресс Ахмеда Чалаби, избегая партнерских отношений с суннитскими исламистскими группами[87].

Из современных примеров можно привести маленький город Авамия, который в 2017 году стал центром противоборства шиитов с войсками саудовской армии. Авамия также был родным городом Нимр аль-Нимра, популярного шиитского шейха, лидера протеста в Восточной провинции. В начале 2016 года аль-Нимр расплатился за приверженность правам дискриминируемых шиитов своей жизнью: он был казнен за предполагаемый терроризм.

---

[87] Подробнее см.: *Hasan H.* From Radical to Rentier Islamism: The Case of Iraq's Dawa Party. URL: https://carnegie-mec.org/2019/04/16/from-radical-to-rentier-islamism-case-of-iraq-s-dawa-party-pub-78887 (дата обращения: 12.12.2019).

Как отмечает руководитель исторического факультета Университета Серджио Арбалета (Испания) Х. Хернандес, отношения между этими мусульманскими общинами говорят нам об отсутствии гармонии в мусульманском мире. Сегодня это борьба за власть в регионе, которая принимает религиозный образ, чтобы оправдать действия террористов и стимулировать мобилизацию населения. За этим конфликтом скрывается давнее соперничество за доминирование в Персидском заливе между Саудовской Аравией и Ираном.[88]

Политический религиозный терроризм

Мировая история учит, что среди векторов проявления религиозного терроризма в конце XX века наиболее активно используется *политическое* направление. Как отмечает профессор Университета Санта-Барбары (США) М. Юргенсмейер, мы на протяжении десятилетий являемся свидетелями не просто политического терроризма, а терроризма, получившего дополнительно религиозную легитимацию, призывающего к использованию организованного насилия против своего врага, терроризма реального и возведенного до такой категории, которая позволяет применять против него демонизирующий механизм, и к которому нельзя применять ни переговоры, ни договоры[89].

Политизация религиозного терроризма — это следствие глобализации, выражающееся сегодня в масштабном мировом кризисе, тремя ипостасями которого являются:

- затянувшийся мировой экономический кризис, который на фоне пандемии 2020 года (covid-19) еще более усилился;
- кризис демократии, особенно в «самых демократических странах»: США, Германия, Великобритания, Франция и т.д.;

---

[88] См.: *Hernández J.* Por qué suníes y chiíes mantienen una lucha de 14 siglos? URL: https://www.eltiempo.com/archivo/documento/CMS-16480460 (дата обращения: 12.12.2019).

[89] См.: *Juergensmeyer M.* Terrorismo religioso. Madrid, 2001. 358 p.

• кризис национальной и этнической идентичности.

Эти ипостаси формируют объективные причины политизации религиозного терроризма. Причем инициатором и движущей силой данного процесса является религиозно ориентированная светская интеллигенция, которая, к большому сожалению, не обладает глубокими познаниями догматов религии и поэтому интерпретирует религиозную идеологию своеобразным способом (в форме религиозного фундаментализма). Духовенство, особенно таких религий, как христианство, буддизм, иудаизм, не поддерживает этот процесс. Однако встречаются отдельные представители мусульманского духовенства активно его пропагандирующие.

Одним из основных факторов, который позволяет использовать религиозный терроризм в интересах политики, является создание политическими объединениями сети альтернативных религиозных учреждений (детских садов, школ, вузов и т.д.), дающих возможность несколько снизить последствия всеобъемлющего кризиса для населения. Однако эти учреждения одновременно становятся и центрами пропаганды религиозного экстремизма.[90] Правоохранительными органами России отмечается их наличие на территории Северного Кавказа, стран Ближнего Востока и Северной Африки.

Махатма Ганди, идеолог философии ненасилия, который британской оккупационной администрацией Индии в начале XX века был отнесен к экстремистам, как-то сказал: «Те, кто думает, будто религия не связана с политикой, ничего не смыслят в политике».[91] В начале XXI века тождественное заключе-

---

[90] См.: Материалы Международной конференции «Россия: тенденции и перспективы развития». (9–10 декабря 2004 г., Москва), 2004 и 19 Всемирного конгресса Международной Ассоциации Истории Религий «Религия: конфликт и мир» (24–30 марта 2005, Токио, Япония).

[91] Цит. по: Правда — инфо. URL: htpp://www.pravda.info/news/ 24html (дата обращения: 23.08.2017).

ние политикам США вынес профессор Хьюстонского университета (США) Л. Митчелл: «любому человеку, который возьмет на себя труд прочитать статьи ведущих американских периодических изданий или изучить речи ведущих политиков США, станет ясно, что *религия, религиозная риторика, религиозный фактор все больше и больше присутствует в публичной американской политической и общественной жизни*».[92]

Другим примером является политический ислам, который развивался с конца XIX века, закрепив себя в форме протеста. В процессе европейской колониальной экспансии мусульмане оказались под властью немусульман. В то же время в исламе нет ничего, что требовало бы, чтобы организация политического пространства осуществлялась в соответствии с нормативными принципами ислама. Коран, отмечает профессор А. Барри, не является политическим договором, поскольку его цель не придать смысл социальным отношениям, а свободно связать сердце верующего с божественной трансцендентностью[93].

Ислам — это самая молодая из мировых религий и самая политизированная среди них, самая сильная по своему влиянию на политику. Мировоззрение мусульманина вообще носит очень юридический и политический характер, его поведение в жизни расписано досконально в законах шариата. Как говорил уже в XX веке духовный лидер иранской исламской революции Хомейни: «Ислам — это политика и только политика. Все остальное — вторично»[94]. Ислам учит, что Бог — единственный авторитет, а Коран — это его слово и он содержит все

---

[92] См.: Интернет-сайт «Утро». URL: http://www.Утро.ru (дата обращения: 23.08.2017).

[93] См.: *Barry A.* De l'islam, des musulmans et du terrorisme. URL: https://www.lapresse.ca/debats/opinions/201905/04/01–5224712-de-lislam-des-musulmans-et-du-terrorisme.php (дата обращения: 23.03.2020).

[94] Цит. по: *Пластун В.Н.* Эволюция деятельности экстремистских организаций в странах Востока. Новосибирск, 2002. С. 181.

необходимые правила для совместной жизни. Вот почему политические системы должны основываться только на учении Бога и ни на чем ином.

Терроризм — это политический вопрос, даже если за ним стоит религиозная культура. Конечной целью остается дестабилизация и контроль общества. К политически мотивированному религиозному терроризму обращаются тогда, когда необходимо прибегнуть к религиозной мотивации адептов или оформить в религиозном стиле и соответственно преподнести общественности националистический или политический терроризм. В качестве примеров можно привести появление в 2006 году на международной арене при поддержке США и их союзников террористической организации «Исламское государство (ИГИЛ)», в 1994 году — движения «Талибан», идеология которого сочетала исламский фундаментализм с пуштунскими обычаями.

Сегодня отмечается определенное сращивание религии и политики. Как отмечает компания Ipsos (2005), «37% американцев считают, что религия должна влиять на решения, принимаемые их правительством».[95] Подобная статистика отмечается и в других странах. Данных воззрений придерживаются 30% итальянцев, 25% канадцев, 22% австралийцев, 21% южнокорейцев, по 20% мексиканцев, немцев и англичан, 17% испанцев и 12% французов (рис. 1.7).

В Российской Федерации, согласно данным опросов, проведенных ВЦИОМ с 2007 по 2015 гг., доля россиян, выступающих за сохранение конституционной нормы о светском государстве, заметно выросла: с 54% до 64%. Восстановление государственной религии на законодательном уровне поддерживают только около 10% (13% в 2007 г. и 12% в 2015 г.). Православные придерживаются данной точки зрения реже, нежели последо-

---

[95] См.: Русская народная линия. URL: http://ruskline.ru/news_rl/2005/06/08/ssha_religioznyj_zapovednik/(дата обращения: 23.08.2019).

ватели других религий (13% и 19%, соответственно), однако чаще, чем неверующие (3%). Церкви следует влиять на духовную жизнь социума, но не вмешиваться в политику — таково представление 47%.[96]

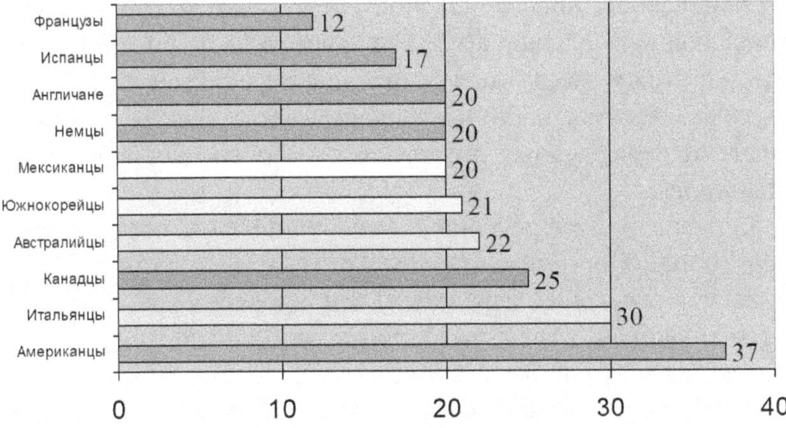

Рис. 1.7. Религия должна влиять на решения, принимаемые правительством. Так считали в 2005 году, в% (Источник данных: URL: http://ruskline.ru/news_rl/2005/06/08/ssha_religioznyj_zapovednik/)

С точки зрения возможности проявления в России религиозного терроризма политической направленности, наибольшую угрозу представляет Северный Кавказ, который является частью трансконтинентальной Кавказской зоны, зажатой между Черным морем на западе и Каспийским морем на востоке. В этом регионе представлен широкий спектр этнических и лингвистических групп, например, только в Дагестане их более 40. Кавказ служит ключевым защитным буфером для России, защищая от исламских держав, таких как Турция и Иран на юге. После окончания двух «чеченских войн» здесь так и не прекращаются исламистская воинственность, региональная напряженность и клановая вражда, порождающие напа-

---

[96] См.: ВЦИОМ: отношение россиян к церкви. URL: https://mresearcher.com/2015/06/vciom-otnoshenie-rossiyan-k-cerkvi.html (дата обращения: 23.11.2019).

дения на сотрудников правоохранительных органов, террористические атаки, убийства и похищения людей.

«Наибольшую проблему представляет Дагестан во всем его многообразии и радикализация исламистов на территории всего Северного Кавказа. Отрицательно подпитывает сознание колеблющихся и такой факт, что кавказские республики относятся к самым экономически отсталым субъектам Федерации, здесь безработица часто превышает 50%, а уровень жизни зависит от федеральных инвестиций и степени коррупции чиновников.

Сегодня в этом регионе сконцентрированы несколько сепаратистских организаций, принадлежащих к разным этническим и языковым группам. Если провести ранжирование по республикам, то величина угрозы религиозного терроризма выглядит следующим образом:

1. Дагестан — ворота исламизма на Северном Кавказе, через которые поступают экстремистские доктрины и боевики из стран Ближнего Востока, в первую очередь Саудовской Аравии;

2. Кабардино-Балкария — усилилось насилие в последние годы;

3. Карачаево-Черкесия — возросли этнические противоречия по поводу раздела республики»[97].

Между тем, как отмечают в Правозащитном центре «Мемориал», «в последние годы на Северном Кавказе именно в среде умеренных салафитов появились лидеры, которые осуждают насилие, вооруженную борьбу против государства. Этих людей экстремисты запрещенного в России ИГИЛ прямо называют "предателями"».[98]

---

[97] *Зеленков М.Ю.* Криминологические аспекты взаимосвязи социальных конфликтов и политического экстремизма в XXI веке//Расследование преступлений: проблемы и пути их решения. № 1 (19), 2018. С. 54–58.

[98] См.: Контртеррор на Северном Кавказе: Взгляд правозащитников. 2014 г.— первая половина 2016 г. Доклад Правозащитного центра «Мемориал». М., 2016. С. 76.

Сирийский конфликт, действия ИГИЛ и других групп салафитов-джихадистов, привлекающих иностранных боевиков, вызвали отток салафи-джихадистских последователей с Северного Кавказа для участия в религиозном конфликте на Ближнем Востоке. Между тем, приверженцы движений салафитов, которые остались на Северном Кавказе все еще являются источниками религиозно-политического терроризма в России.

«Особенно это касается молодежи, которая обратилась к салафи-джихадизму, единственной итерации движения салафитов, и способна совершать значимые политические действия посредством насилия. Проблема здесь кроется в том, что молодежь Северного Кавказа не в состоянии делать свою карьеру из-за высокой коррупции, низкого уровня экономики в регионе. Отсюда у нее остается один путь — это обращение к религиозному консерватизму, как к способу личного продвижения. В салафитских мечетях молодежь получает необходимые знания, идеологически обрабатывается и вливается в политические и другие террористические организации»[99].

Фундаментализм — идеология
религиозного терроризма

Термин фундаментализм в XXI веке у всех на устах. Не проходит и дня, чтобы о нем не вспомнили СМИ или политики. Фундаментализм — не новый факт. Он имеет долгую историю и представляет собой требование верующих той или иной религии по строгому соблюдению ее конкретных богословских догматов и доктрин. Как правило, под фундаментализмом понимают негативную эмоциональную реакцию адептов на по-

---

[99] *Зеленков М.Ю.* Криминологические аспекты взаимосвязи социальных конфликтов и политического экстремизма в XXI веке//Расследование преступлений: проблемы и пути их решения. № 1 (19), 2018. С. 54–58.

явление модернистского богословия или покушение на их религиозную культуру.

Так, 10 января 2015 года Центр исламской культуры «Иман» в Казани опубликовал заявление, в котором *обвинил либералов* в нагнетании межнациональной и межконфессиональной ситуации. Председатель Центра Н. Гарипов заявил, что после трагедии, произошедшей в Париже (атака террористов на редакцию «Шарли Эбдо»), в России представители «так называемой либеральной безбожной интеллигенции» активно нагнетают обстановку в сфере межнациональных и межрелигиозных отношений».[100]

На практике термин «фундаментализм» используется для разведения по разным полюсам тех, кто толкует Священные книги буквально и тех, кто верит в их субъективную интерпретацию. При этом данный термин теряет смысл, если нет противоречия между буквальными интерпретациями Священных книг, с одной стороны, и логикой, наукой, антропологией, археологией и историей, с другой стороны. Этот термин также не имеет глобального значения, если конкретная религия содержит сотни таких Священных книг (индуисты, буддисты и др.).

Для фундаменталистов, чей мозг не привык мыслить критически, рациональные аргументы не оказывают влияния на их укоренившиеся системы убеждений. Типичным для фундаментализма является отсутствие дифференциации объекта веры, а также формулирование «претензий на покровительство всех других областей человеческой мысли и действий». Например, сикхские террористы пытаются отомстить Индии, мусульманские террористы имеют цель возродить ушедшую эпоху, фундаменталисты духоборов в дополнение к идеализации мира, лишенного всех технологий, также задумывали любую адаптацию своих единоверцев к современности как отвлечение, требующее возвращения к традиции.

___

[100] Интернет-сайт Московского бюро по правам человека. URL: http://pravorf.org/index.php/smi-review/1501-proyavleniya-agressivnoj-ksenofobii-v-rossijskoj-federaczii-v-yanvare-2015-g (дата обращения: 23.08.2019).

В то же время, внесшее определенный дискурс в сущность фундаментализма, исследование К. Армстронг, посвященное происхождению и истории религиозного фундаментализма, раскрывает нам, что фундаментализм представляет собой реакцию страха против современного светского мира. Огромные силы современности, которые с самого начала были достаточно разрушительными, вызывают острый страх уничтожения в умах досовременных обществ. Фундаментализм — это попытка спасти угрожающую форму существования путем воссоздания якобы незапятнанной религиозной традиции и ее догматического сохранения. Обладая все более радикальными тезисами и все более современными методами, отмечает К. Армстронг, фундаменталисты пытаются контролировать рычаги мирской власти и обратить вспять, казалось бы непреодолимый прогресс секуляризации. И вот, в конце концов, они превращают свои страхи перед уничтожением в активные фантазии о разрушении и действиях[101].

Обратимся к истории и раскроем этапы употребления слова *«фундаменталист»*, которое было введено в оборот редактором баптистской газеты «Уочмен-Икземиинер» К. Ли Лоусом.[102]

Впервые эта категория была задействована для характеристики адептов протестантских сект в США,[103] которые в начале XX века (1920–1925) сопротивлялись новаторским тенденциям того времени.[104] То, что сегодня звучит как оскорбление, когда-то было гордым самоназванием консервативных протестантов в Америке, которые были против либерального и настойчивого

---

[101] См.: *Армстронг К.* Битва за Бога: История фундаментализма. Пер. с англ. М.: Альпина нон-фикшн, 2013. 502 с.

[102] *Сагадеев А.* Исламский фундаментализм: жизненный факт или пропагандистская фикция?//Россия и мусульманский мир. Бюллетень реферативно-аналитической информации. 1993. № 10. С. 57.

[103] *Bruce S.* Fundamentalism. 2-nd edition. Published by Polity Press, Cambridge, UK, 2008. P. 11–12.

[104] *Brekke T.* Fundamentalism. Subtitled: «Prophecy and Protest in the Age of Globalization». Published by Cambridge University Press, UK, 2012. P. 22.

духа времени и призывали к возвращению фундаментальных принципов христианской веры. В их глазах это включало: словесное вдохновение Библии в сочетании с утверждением, что все библейские утверждения безошибочны, включая буквальное понимание девственного рождения, физического воскресения и сотворения мира за шесть дней. Затем в начале 1970-х гг. термин «фундаменталист» уже использовался для обозначения только тех групп, которые придерживались политического или воинственного вектора своего поведения,[105] а с конца XX века он стал применяться исключительно *для обозначения исламских групп, строящих новый халифат.*

Религиозный фундаментализм относится к убеждению отдельного человека или группы людей в абсолютной власти священного религиозного текста или учения конкретного религиозного лидера, пророка и/или Бога. Религиозный фундаментализм — это попытка поставить на место культурной идентичности, которая выступает в качестве ядра социальной общности, *религиозную идентичность.* Тем самым он отодвигает на второй план понятие этничности и позволяет объединить под одним религиозным знаменем представителей разных социальных общностей (наций, народностей, этносов и т.д.).

Согласно мнению П. Бергера, «современность, по вполне понятным причинам, подрывает все старые не требующие доказательств определенности, с которыми люди жили значительную часть своей истории. Неопределенность — это состояние, которое многим представителям человечества очень трудно перенести, поэтому любое изменение (не только религиозное), которое обещает обеспечить или обновить определенно имеет спрос».[106] А пропаганда религиозного терроризма самыми доступными

---

[105] *Harriet A.* Harris in «Encyclopedia of New Religions» by Christopher Partridge, 2004. P. 409.

[106] См.: *Berger P.* The Desecularization of the World: A Global Overview// The Desecularization of the World: Resurgent Religious and World Politics, Ed.P. Berger, Ethic and Public Policy Center Washington, D.C., 1999. P.11–12.

словами обещает решить эту неопределенность, вот и бегут в религиозные террористические организации новые адепты. Как отмечает ФАТФ в своем отчете, построенном на основе информации, изначально опубликованной в Washington Post 30 октября 2014 года, численность иностранных боевиков-террористов разной этнической принадлежности в составе ИГИЛ оценивалась примерно в 15000 человек из 80 стран: Тунис — 3000, Саудовская Аравия — 2500, Иордания — 2089, Марокко — 1500, Ливан — 890, Ливия — 556, Великобритания — 488, Франция — 412, Турция — 400, Египет — 358, Бельгия — 296, Австралия — 250, Германия — 240, Нидерланды — 152, США — 130, Дания — 84 и т.д. (рис. 1.8)[107]

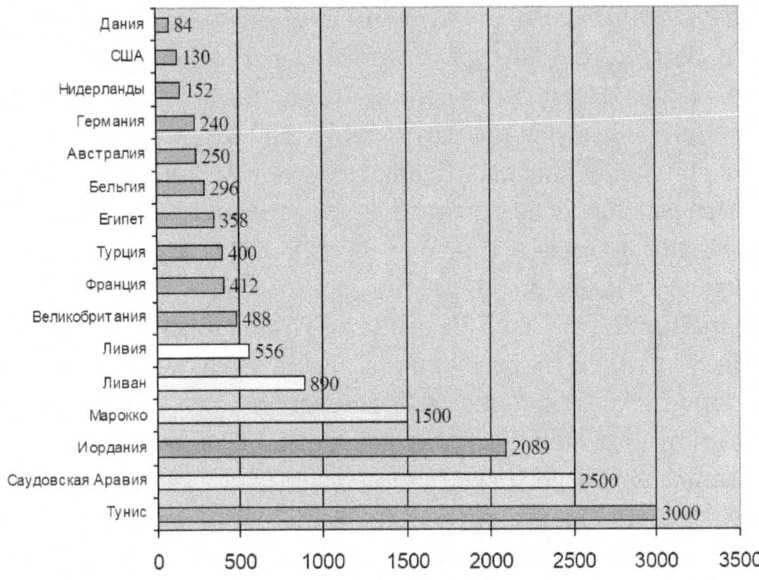

Рис. 1.8. Численность представителей стран в составе ИГИЛ в 2014 г. (Источник данных: URL: http://www.fatf-gafi.org/media/fatf/documents/reports/Financing-of-the-terrorist-organisation-ISIL.pdf/)

---

[107] См.: FATF report^ Financing of the Terrorist Organisation Islamic State in Iraq and the Levant (ISIL). February 2015. URL: http://www.fatf-gafi.org/media/fatf/documents/reports/Financing-of-the-terrorist-organisation-ISIL.pdf (дата обращения: 23.11.2019).

«Впервые о религиозном терроризме широко стали говорить после событий 1978 года, произошедших в иранском г. Абадан, когда религиозные фанатики подожгли кинотеатр, где демонстрировался американский фильм, запрещенный шиитским духовенством для просмотра исламским последователям. После "исламской революции" в Иране (1979) на передние полосы СМИ вновь вышел этот термин, только в интерпретации *исламского фундаментализма шиитов*. Связано это было с тем, что аналитики считали суннитов к этому не способными. Однако после событий 11 сентября 2001 года с полной ясностью проявился феномен *шахидизма*, характерный для всего ислама, как для его суннитского, так и для шиитского направления»[108].

В России сегодня проявление религиозного фундаментализма можно отметить в действиях т.н. «Царебожников», псевдорелигозного учения, которое отстаивает особую сакральную роль царя Николая II. Как отмечает А. Солдатов, «борьба "православной общественности" против еще не вышедшего на экраны фильма А. Учителя "Матильда" дала радикальному движению "царебожников" повод напомнить о себе. Едва ли "хэдлайнер" этой борьбы депутат Н. Поклонская полностью разделяет идеи "царебожников", но ее представление о "безгрешности" царя вполне им соответствует»[109].

Другим примером служат действия гр.Ю., который на протяжении некоторого времени выкладывал в социальной сети «ВКонтакте» электронную страницу, на которой размещал, согласно результатам психолого-лингвистических судебных экспертиз, материалы, разжигающие религиозную ненависть.

---

[108] Религиозный и политический фундаментализм в современном мире//Мировая экономика и международные отношения. 2003. № 11. С. 42–50.

[109] См.: *Солдатов А.* Восстание «секты царебожников», отец Сергий (в миру Николай Романов) и Поклонская. Почему они так влиятельны, хоть и раздражают РПЦ. URL: https://www.novayagazeta.ru/articles/2017/08/15/73480 (дата обращения: 23.011.2019).

Приведем сокращенное описание некоторые из них: «Фотоизображение ангела, держащего в руке за хвост птицу с надписью: «Современные … люди, как они выглядят на самом деле. Как они себя ощущают»; «Фотоизображение профиля Патриарха Кирилла «Свечи зажигаются — …»; «Фиксированная надпись: «Деньги — это зло — несите их в …»; «Фотоизображение: «Богородица с младенцем в марлевых повязках с записью «в Карелии из-за эпидемии гриппа проведут …».[110]

Религиозный фундаментализм, отмечает профессор Й. Фрайз, сегодня рассматривается как феномен современности и одновременно религиозно мотивированное сопротивление современности. В неуправляемом глобализированном мире с широким разнообразием мировоззрений и религий, которые конкурируют друг с другом в одном и том же месте, растет потребность в простых, четких ориентациях, обеспечивающих поддержку. Религиозный фундаментализм (будь то исламский, христианский, иудейский или светский) можно рассматривать как нечто, зародившееся в современности и сопротивляющееся ей через модели мышления дня сегодняшнего. В этом контексте фундаменталисты — это те, кто абсолютизирует свою собственную точку зрения, кто выступает за исключительный доступ к религиозной истине и кто не проявляет уважения к тем, кто мыслит иначе и кто верит иначе[111].

Анализ позволяет выделить основные *психологические черты религиозных фундаменталистов:*

- считают, что их религия находится за пределами любых форм критики, следовательно, должна быть навязана всем представителям земной цивилизации как мирными средствами, так и с применением силы;

---

[110] Материалы уголовного дела. Обвинительное заключение по уголовному делу 800023.

[111] См.: *Freise J.* Gegen den Terror und für den Frieden. URL: https://www.forumzfd.de/de/gegen-den-terror-und-fuer-den-frieden (дата обращения: 23.08.2019).

- логическому объяснению и научному доказательству нет места в системе их религиозных убеждений, если они работают против них, только доктринальное содержание веры диктует порядок их жизнедеятельности;

- система религиозных ценностей охватывает все сферы бытия и затрагивает вопросы вечной жизни, основным критерием понимания смысла жизни является ее тождественность трактовке понимания Священных текстов;

- наличие в группе мнения, что их религия находится под угрозой смерти, в первую очередь, от секуляризма современного мира, и они защищаются, являясь ему оппозицией.

Мировой опыт учит, что адепты выбирают в качестве своей идеологии религиозный фундаментализм для того, чтобы сохранить имеющуюся систему верований и культа от бурных волн модернизации, однако следственная практика показывает, что в процессе парирования тех или иных угроз своей религиозной традиции они настолько запутываются в границах индивидуального или коллективного убеждения, что уже не в состоянии выйти из отчаяния, не прибегая к актам насилия и агрессии.

Как отмечает российский историк Р. Ланда, «самым важным ключом к успеху фундаменталистов является их ставка на молодых людей. Им удалось завоевать поддержку среди традиционных спортивных клубов, популярных среди юношей. Позже они также стали изучать Коран и работы мусульманских лидеров под руководством мулл».[112]

Генезис религиозного фундаментализма показывает, что он своими корнями уходит в XVII век. Его элементы можно найти в методизме Джона Уэсли (конец XVII в.), в движении Моравских братьев со времени их исхода в Саксонию (1722). В последние годы, как мы уже отмечали, термин используется

---

[112] *Ланда Р.* Ислам в истории России. М., 1995. С. 264.

для характеристики самых крайних взглядов верующих любой религии в мире. Исследование развития религиозной сферы жизнедеятельности человечества позволяет сделать вывод, что от фундаменталистских взглядов не избавлена ни одна религия. Приведем некоторые примеры[113].

Христианство. Для христианских фундаменталистов «библейская истина является и объективной, и абсолютной», а «значение, выраженное в каждом библейском тексте, одно, определенное и неизменное». Христианские фундаменталисты с момента рождения религии вынуждены были силой завоевывать свое «место под солнцем». Еще с начала своего развития в Римской империи христианство настаивало на том, что является единственно верной религией. Абсолютное убеждение в истинности слов Священного Писания и любые попытки оспорить их истинность встречались в «штыки». Приведем несколько выдержек из Священных книг христианства.

Левит 20: 3: «Если кто ляжет с мужчиною, как с женщиною, то оба они сделали мерзость: да будут преданы смерти, кровь их на них».

- Исход 32: 26,27: «И стал Моисей в воротах стана и сказал: кто Господень,— ко мне! И собрались к нему все сыны Левиины. И он сказал им: так говорит Господь Бог Израилев: возложите каждый свой меч на бедро свое, пройдите по стану от ворот до ворот и обратно, и убивайте каждый брата своего, каждый друга своего, каждый ближнего своего».
- Евангелие от Луки 14: 23: «Заставляй людей войти!».

---

[113] Подробнее см.: *Зеленков М.Ю., Бочарников И.В.*/под. ред. М.Ю. Зеленкова. Международные конфликты XXI века.М.: ИНФРА-М, 2018. 362 с., *Зеленков М.Ю.* Информационная аналитика трендов терроризма XXI века: монография.М.: РУСАЙНС, 326 с., *Зеленков М.Ю.* Экстремизм в современном мироустройстве и Российской Федерации XXI века (политико-правовой аспект): монография.М.: ЮНИТИ-ДАНА, 2018. 351 с.

- Евангелия от Матфея 10: 34–39 содержит слова Иисуса Христа: «Не думайте, что Я пришел принести мир на землю; не мир пришел Я принести, но меч …».

Эти фразы и многие подобные им в Ветхом Завете создали почву для агрессии против тех, кто не верил правильным, в понимании христиан, вещам.

Начиная с конца XVIII века, некоторые немецкие ученые начали рассматривать Священное Писание не как единое откровение, а как последовательность вдохновляющих текстов, которые происходили в определенные времена и в конкретном месте и имели различные значения. Данная тенденция в христианской традиции продолжилась и в XIX веке, когда на повестку дня вышли мнения о том, что необходимо «современное» понимание Библии, которое предполагает, что ее содержание нельзя понимать в буквальном смысле. Например, мир не был создан за семь дней, а потоп, охвативший мир Ноя, был скорее метафорой, чем фактом истории.

С христианской точки зрения фундаменталист традиционно ссылается на любого последователя Христа, который считает, что Библия является вдохновенным Словом Божьим, и кто верит в ее буквальное толкование и фундаментальные учения. Последователи христианского фундаментализма верят в переживание «нового рождения», которое происходит, когда вера помещается во Христа как Спасителя и Господа. Для мира это может быть расценено как радикальное, но оно очень важно для христианской веры. Христиане верят, что мир обречен пока не вернется Иисус и наступит поражения Антихриста.

Таким образом, христианский фундаментализм — это совокупность верований, основанных на взгляде на божественное происхождение Библии и вытекающую отсюда непогрешимость, а также абсолютный авторитет во всех вопросах веры и жизни. Фундаменталисты объясняют, что Писание — это «откровение», а не просто «свидетельство об откровении».

Одним из примеров идеологии христианского фундаментализма является т.н. список «Освобождение пяти пунктов» северных пресвитериан. В 1910 году Пресвитерианская Генеральная Ассамблея постановила, что все, кто хотел быть рукоположенными в своих рядах, должны были подтвердить Вестминстерское исповедание и подписаться под пятью основными доктринами:

1) вдохновленная и непогрешимая Библия,

2) девственное рождение Христа,

3) заместительное искупление Христа,

4) телесное воскресение Христа,

5) историчность библейских чудес.

В то же время проведенное исследование позволяет нам утверждать, что фундаменталистское движение христиан с течением времени имеет тенденцию модернизации. Для примера приведем результаты анализа генезиса христианского фундаментализма в США:

- в начале ХХ века христианские фундаменталисты в США протестовали против теории эволюции, выдвинутой Ч. Дарвином, а также поддерживали запрет на продажу спиртного;

- в середине ХХ века его последователи отошли от радикальных отношений с адептами других христианских направлений;

- в 70-е годы ХХ века опросы, проведенные в США, выявили, что евангелисты фундаменталистского направления — ведущая сила в американской жизни. Их число тогда достигало 40–50 млн человек, в то время как численность всех прочих протестантов и католиков уменьшилась;

- в конце 1970-х годов американские христианские фундаменталисты взяли курс на внедрение в политическую сферу общества и присоединились к консервативным евангелистам и другим сторонникам в поддержке политических кандидатов (прежде всего в Республиканской партии), которые поддерживали их взгляды на построение общества в целом;

- сегодня американская фундаменталистская мысль тесно связана с реакционной политической идеологией.

Иудаизм. Иудейский фундаментализм является весьма распространенным в Израиле, где его последователи делают все возможное по созданию ортодоксальной еврейской культуры в регионе и обеспечению строгого соблюдения догматики и еврейского религиозного права во всех сферах жизни израильского социума. Если верить Библейским сюжетам, основание иудаизма произошло среди бессмысленных кровопролитных сражений с законными коренными жителями Ханаана. При этом огромное количество библейских высказываний можно использовать для поддержки насилия и агрессии во имя религии.

Второзаконие 7:1 говорит израильтянам о том, что необходимо занять свою будущую землю и уничтожить первоначальных жителей, потому что они неверные.

- Второзаконие 13:6–9 говорит, что, если ваши родственники или друзья попытаются заставить вас поклоняться другим богам, вы должны убить их без пощады.

Как отмечает А. Волобуев, в мире существуют несколько иудейских ультраортодоксальных движений, которые формируют иудейский этнорелигиозный фундаментализм:

Гуш Емуним — организация, которая в борьбе с пораженчеством израильских элит строила еврейские поселения до 1977 года, это строительство велось против воли израильского правительства;

- Еврейская оборонная лига (США), ратует за защиту прав меньшинств, в частности против воинствующих выступлений чернокожего населения.

- Движение «Харедим», приверженцы которого требуют последовательного соблюдения всех многочисленных предписаний иудаизма[114].

---

[114] См.: *Волобуев А.В.* Религиозный фундаментализм в глобализованном мире. Издательство «Прометей», 2019. 410 с.

- *Ислам.* Эта религия насквозь пронизана фундаменталистскими взглядами. Первые четыре халифа правили в атмосфере большого насилия между мусульманами, которое привело к расколу единой веры на суннитов и шиитов. С самого начала из первых четырех преемников Мухаммеда трое были убиты. В 9-й суре («Покаяние», аят 29) Корана содержится призыв пророка *Мухаммеда* к открытой борьбе: «Сражайтесь с теми из людей Писания, которые не веруют ни в Аллаха, ни в Последний день, которые не считают запретным то, что запретили Аллах и Его Посланник, которые не исповедуют истинную религию, пока они не станут собственноручно платить дань, оставаясь униженными».

Исследование, проведенное в 2014 году, показало, что «41% людей в Пакистане поддерживали акты смертоносного насилия в защиту ислама. 39% таких же последователей было в Ливане, 15% в Индонезии, 13% в Марокко и 57% в Иордании. Даже в светской Турции 14% считают, что терроризм совершается во имя ислама» (рис. 1.9).[115]

Исламские фундаменталисты верят в буквальное толкование Священного Корана и хадисов и пытаются внедрить шариат в каждый аспект общественной жизни. Исламский фундаментализм усилился в последние годы и в настоящее время существует как базовый для правовых систем во многих исламских государствах мира.

Однако опрос, проведенный Исследовательским центром Pew (США) среди мусульман в 39 странах, показал, что не все мусульмане хотят в своей стране функционирования права шариата, официального юридического кодекса, основанного на Коране и других исламских писаниях. Спектр убеждений был очень широкий: в Афганистане (99%), Ираке (91%) и Па-

---

[115] См.: *Kressel N.* Bad Faith: The Danger of Religious Extremism.— New York: Amazon Kindle. Prometheus Books, 2007. 327 p.

кистане (84%) большинство населения поддерживает законы шариата в качестве официального права. Но в Восточной Европе и Центральной Азии, включая Турцию (12%), Казахстан (10%) и Азербайджан (8%) относительно мало мусульман ратует за реализацию закона шариата на практике (рис. 1.10).[116]

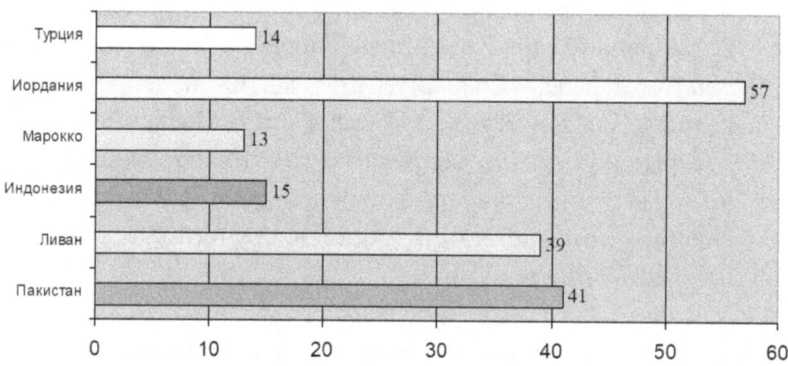

Рис. 1.9. Количество людей, поддерживающих акты смертоносного насилия в защиту ислама, в% (Источник данных: Kressel N. Bad Faith: The Danger of Religious Extremism)

Руководитель департамента общественных связей Федерации еврейских общин России (ФЕОР) Б. Горин подчеркивает: «Считается, что ислам — некая воинственная религия, которая призывает убивать неверных. Это не так, поскольку ислам как философия, как Коран мало чем отличается в этом отношении от Торы, евангелических проповедей или других ближневосточных монотеистических течений»[117].

Индуизм. Индуизм, будучи древнейшей национальной религией, не признает верховную власть какого-либо священного текста, пророка или Бога. «Индуизм представляет собой ком-

---

[116] См.: The global religious landscape. Muslims. URL: http://www.pewforum.org/2012/12/18/global-religious-landscape-muslim (дата обращения: 23.08.2019).

[117] См.: Интернет-сайт Интерфакс Религия. URL: http://www.interfax-religion.ru/cis.php?act=print&div=4545 (дата обращения: 23.08.2019).

плекс из нескольких групп убеждений, основанных на большом количестве священных текстов, включая Веды, Бхагавад Гита, Упанишады и Брахманы. Следовательно, в этой религии присутствует несколько направлений фундаменталистов»[118]. Главное назначение индуистского фундаментализма, отмечает Н. Крессель, который взяли на свое вооружение правые националисты — борьба с исламом.[119]

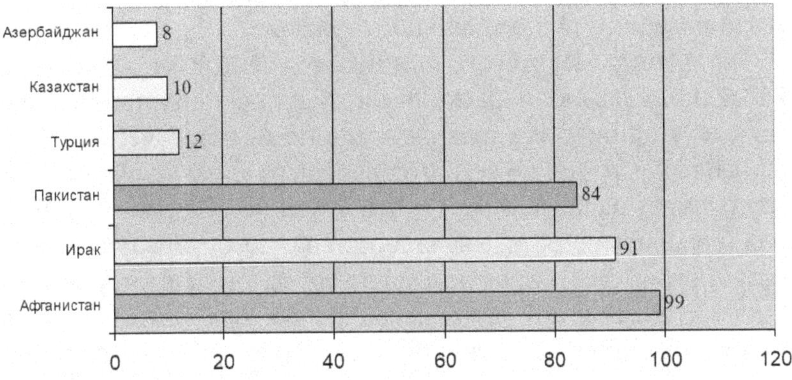

Рис. 1.10. Желание мусульман по введению законов шариата в стране, в% (Источник данных: URL: http://www.pewforum.org/2012/12/18/global-religious-landscape-muslim)

Одним из представителей индуистского фундаментализма является движение «Раштрия Сваямсевак Сангх» (RSS, «Национальный добровольческий корпус»). Движение образовалось в 1925 году, как воинственный авангард индуистской партии «Махасабхи», созданной в 1919 году. Ее лидер Веер Саваркар был инициатором придания индуизму националистической и расовой окраски. Согласно его идеологии, общее у истинных индусов — это кровь. Индиец, обратившийся в другую веру,— это ненормальный человек, который должен быть «отрезан»

---

[118] *Зеленков М.Ю.* Дисфункциональные факторы религии как источник экстремизма//Вопросы безопасности, 2019. № 4 С. 66–77.

[119] Цит. по: *Donnelly J.* Universal Human Rights in Theory and Practice. Cornell University Press, 2013. P. 157.

от тела нации, если он не обратится обратно в индуистскую веру. Сегодня это движение также известно многочисленными актами насилия в отношении христиан и мусульман в Индии. Оно пропагандируют идеологию, которая характеризуется лозунгом: *«нация, культура, религия».* Его представители обвиняют миссионеров и христиан в разрушении индийской культуры и создании экономического и социального неравенства между самими коренными народами, в прозелитизме, замаскированном под социальное служение.

По мнению некоторых индийских ученых и политологов, RSS организовано иерархически и широко распространено по всей Индии: оно управляет 300000 идеологических школ и учебных центров по всей стране, контролирует 10 млн адептов и имеет около 100 млн сочувствующих. Одним из примеров террористической деятельности данного движения можно назвать убийство австралийского протестантского миссионера Грэма Стейнса и его двоих детей в 1999 году в штате Орисса. RSS находит благодатную почву, особенно среди высших каст и молодежи. Его районы наибольшего влияния — Северная и Западная Индия[120].

Буддизм. Буддизм не имеет практического проявления фундаментализма, поскольку эта религия основана на пропаганде мира и ненасилия, таким образом, принуждение любого рода не практикуется ее последователями. Тем не менее, различные формы буддизма в разное время были орудиями войны и насилия. Буддийские секты спорили и боролись за свою доктрину, за гордость и национальную независимость насилием и крайними методами. Например, представителей буддистских сект в Японии ученые иногда относят к фундаменталистам за их отрицание всех других форм буддизма. Война за национальную независимость на Шри-Ланке во II веке до нашей эры шла под лозунгом: «Не для королевства, а для буддизма». Приме-

---

[120] См.: Fondamentalismo indù. URL: http://www.dimarzio.info/it/articoli/psicologia/100-fondamentalismo/272-fondamentalismo-indu.html (дата обращения: 23.03.2020).

рами современного буддийского фундаментализма являются религиозные организации, которые преследуют, в первую очередь, мусульманское меньшинство в своих странах, например, в Мьянме это религиозная организация «Ма Ба Та», состоящая из ультранационалистических буддийских монахов.

Итак, религиозный фундаментализм имеет глубокие источники и многообразные причины своего рассвета в современное время. Его концепция включает в себя множество догматических утверждений, которые несут в себе интегрирующий и очень мощный фактор для движения человеческой совести: экстремистское видение религий, фанатичное и буквальное следование священным текстам.

Анализ вышеизложенного позволяет сделать вывод о том, что религиозные фундаменталисты всех религий мира имеют в основе своих идеологий и практических действий несколько **универсальных базовых постулатов**:

Во-первых, они не разбираются с фактами и причинами, приведшими к модернизации религиозной идеологии, они подвергают сомнению любые мотивы, аргументы и убеждения, они просто должны вернуться к основам своей веры, содержащим начальный доктринальный набор ценностей и убеждений, благодаря которому они идентифицируют свое религиозное учение как фундаментальную истину, противостоящую силам зла.

Во-вторых, идеализация какой-либо прошлой эпохи в сочетании с убеждением, что мир пошатнулся. У них нет заботы о земных доказательствах, за исключением тех, которые санкционированы религиозной системой. Абсолютный критерий истины, выступающий в качестве цели жизни, содержится для них только в Священных книгах каждой религии. Логика — это не их метод. Они склонны совершать логические ошибки, проецировать желаемые результаты, преувеличивать значимость информации, которая хоть чуть-чуть совпадает с их предрассудками, а также умалять или игнорировать информацию, которая противоречит их субъективизму.

В-третьих, они с благоговением относятся к своему Высшему разуму (Богу), помогают ему в достижении заявленной им цели всему человечеству, а также готовы взять на себя роль «защитника Божества» от всех высказываемых оскорблений. Их враги — те, кто придерживается противоположных взглядов, потому что они «чужие», аморальные, нечестные, недобросовестные, злобные, жестокие и т.д.

В-четвертых, слепая уверенность или близость к фундаменталистской позиции, сопровождающаяся божественным предназначением, резко меняет природу их сознания, они становятся полностью внутренне рациональными, уверенными в получении вечной награды, а мученичество перестает быть всеобъемлющим самопожертвованием, они интенсивно сосредотачиваются на жизни после смерти. Свои аргументы они формулируют в виде запугивания своих противников: «Ты не согласен с нами — ты слуга дьявола и должен гореть в аду!».

В-пятых, в своей деятельности они прибегают к эпитетам, простым и понятным всем лозунгам, «наклеивают» на своих врагов ярлыки, делают публичные заявления или суждения, однако практически не имеют доказательств или вообще «все сваливают в одну корзину». Почитание своего религиозного лидера и слепая уверенность в правильности своего религиозного видения — вот их главный стиль жизни.

В-шестых, они постоянно стремятся идентифицировать себя с точки зрения того, кто их враги, кого они ненавидят, и кто их ненавидит. Это приводит к тому, что они становятся часто эмоционально и психологически связанными с теми, кто противостоит им на религиозном идеологическом поле, а также к непроизвольному подражанию действий своих оппонентов[121].

---

[121] Подробнее см.: *Зеленков М.Ю., Бочарников И.В.*/под. ред. М.Ю. Зеленкова. Международные конфликты XXI века.М.: ИНФРА-М, 2018. 362 с., Зеленков М.Ю. Информационная аналитика трендов терроризма XXI века: монография.М.: РУСАЙНС, 326 с., *Зеленков М.Ю.* Экстремизм в современном мироустройстве и Российской Федерации XXI века (политико-правовой аспект): монография.М.: ЮНИТИ-ДАНА, 2018. 351 с.

Таким образом, фундаментализм основывается на непоколебимой вере в авторитет фиксированных принципов, обычно закрепленных в Священных текстах, для диктования категориальных правил ведения личной и общественной жизни. Религиозный терроризм зарождается в лоне фундаментализма и представляет собой агрессивное конфессионально-политическое течение, в основе которого лежат субъективные толкования вероучений, использование крайних методов действия для достижения поставленной цели, нетерпимость к представителям других конфессий или жестокое конфликтное противоборство в границах одной конфессии.

Христианский фундаментализм процветает в местных общинах, в средствах религиозного вещания, в сети и в кампаниях общественных движений.

Исламский фундаментализм шагает в ногу со временем и активно использует весь спектр новых информационных технологий, особенно специализированные сайты ИТС «Интернет» и социальные сети, а также консервативные институты исламского образования.

Индуистский фундаментализм тесно связан с политической мобилизацией ресурсов в Индии и в диаспорных сообществах в поддержку индуистского национализма.

Буддийский фундаментализм набирает обороты в тех регионах, где его адепты проживают совместно с исламским меньшинством.

Иудейский фундаментализм наиболее распространен в местах компактного проживания представителей данной конфессии.

Сегодня приверженцы религиозного терроризма являются противниками,

во-первых, руководства религиозных объединений, занимающего лояльную позицию по отношению к государству и принимающего происходящую в обществе модернизацию, *во-вторых*, единоверцев, не разделяющих их крайних взглядов,

в-третьих, других конфессий и религиозных направлений, так как только религия террористов, по их мнению, является «истинной».

В этом случае религиозный терроризм интегрируется с клерикализмом и религиозным фундаментализмом, принимая последний в качестве своей идеологии. Однако следует отметить, что эти категории не тождественны. Фундаментализм — это не обязательно проявление крайних взглядов и применение насилия на практике.

ГЛАВА 2
ФУНДАМЕНТАЛЬНЫЕ ПРИЧИНЫ РОСТА ЧИСЛА ТЕРРОРИСТИЧЕСКИХ ОРГАНИЗАЦИЙ РЕЛИГИОЗНОЙ НАПРАВЛЕННОСТИ

> «Вот, о монахи, благородная истина о происхождении страдания. Это Тришна (желания, жажда), ведущая от возрождения к возрождению, вместе с радостью и вместе с желанием, которое находит здесь и там свою радость: жажда бытия, жажда тленности».
>
> *(2-я благородная истина буддизма)*

Терроризм является и внутренним национальным, и глобальным цивилизационным явлением, открытым путем ко всем насильственным, унижающим достоинство и запугивающим действиям. Он реализуется без каких-либо оговорок или соблюдения моральных и нравственных устоев. Сегодня это уже не единичная, недавняя или неорганизованная практика, а высоко структурированная сетевая деятельность (например, религиозная террористическая организация «Аль-Каида» представлена своими филиалами на Аравийском полуострове («Аль-Каида на Аравийском полуострове»), на Индийском субконтиненте («Аль-Каида на Индийском субконтиненте»), в странах Магриба («Аль-Каида в странах исламского Магриба»), филиалом «Аш-Шабааб» в Сомали). В последние годы проявление терроризма приобрело вселенский характер. В связи с этим на повестку дня выходит проблема, связанная с тем, что, несмотря на определенные успехи государств мира в борьбе с этим асоциальным явлением, он продолжает набирать обороты, сеять панику, хаос и смерть.

Литература по этому вопросу, пишет С. Войцеховский, выявляет значительные различия при указании основных причин терроризма[122]. П. Уилкинсон, например, называет следующие генераторы терроризма:

этнические, религиозные или идеологические конфликты,

- бедность,
- негативные последствия модернизации,
- несправедливость,
- революционные настроения в обществе,
- слабые правительства,
- внутренняя борьба за власть.
- Он ссылается на широкий спектр детерминант из различных категорий политического, социального, экономического, культурного и психологического характера.[123]

На подобные факторы указывает и Х. Холл, который видит источники терроризма в политической, религиозной и идеологической сферах или в ответе на насилие.[124]

Другой список был составлен К. Стерлингом, который указывает следующие причины террористической деятельности:

---

[122] См.: *Wojciechowski S.* Reasons of Contemporary Terrorism. An Analysis of Main Determinants. URL: https://www.peterlang.com/view/9783631706381/xhtml/chapter03.xhtml#fn_21 (дата обращения: 23.12.2019).

[123] См.: *Wilkinson P.* Political Terrorism, Macmillan Press, London 1974.

[124] *Hall H.* Terrorism: Strategies for Intervention, The Haworth Press, Binghamton 2002. P. 2.

инициатива, предпринятая от своего имени или от имени определенной группы;

- желание привлечь к себе внимание или привлечь внимание общественности к определенным вопросам;
- демонстрация неприятия и неуважения к существующему правопорядку, принципам социального сосуществования или принципам определенной политической или религиозной группы;
- попытка подорвать власть и ее политическую роль;
- попытка заставить правительство вести себя определенным образом;
- месть за определенную деятельность правительства или его представителей;
- обоснование теракта определенной идеологией[125].

В такой широкой палитре причин достаточно неплохо выглядят результаты исследования М. Креншоу, считающего, что существует четыре основных мотива террористической деятельности:

надежда на то, чтобы изменить статус-кво,

- потребность принадлежать к определенной группе,
- попытка улучшить социальный статус,
- желание получить материальное вознаграждение.[126]

Анализируя вышеперечисленные причины террористической деятельности, следует отметить, что в каждой науке, как и положено, существует свой подход к данному явлению. Так, отмечает Э. Каллеха из Университета Карлоса III (Испания), социологи, основываясь на функционалистской парадигме, пытаются объяснить терроризм как альтернативу протеста против дисфункций и структурных дисбалансов в различных социальных подсистемах:

---

[125] См.: *Sterling C.* The Terror Network, The Secret War of International Terrorism, Henry Holt & Co, New York 1981.

[126] *Crenshaw M.* An Organizational Approach to the Analysis of Political Terrorism//Orbis. № 29. 1985. P. 465–488.

экономических (неравенства обостряются на промежуточных этапах материального роста);

- *социальных* (социальные разногласия, возникающие в результате ускоренных процессов модернизации);
- *политических* (неэффективность перераспределительного и принудительного аппарата государства);
- *культурных* (выживание традиций насильственного противостояния при быстрых изменениях в системе ценностей)[127].
- Очень качественно, по нашему мнению, в данном аспекте Р. Гриффин выделил два основных варианта террориста, которые достаточно легко адаптируются к его религиозному профилю:

регрессивный фанатик, стремящийся сберечь от внутренних и внешних врагов традиционное сообщество, мифически задуманное как священный и неизменный космологический и социальный порядок или номос;

- *модернист*, желающий эстетически, социально и политически понять смысл и цель существования, создать утопическое общество, формирующее новую культуру на границе или вне принципов западной современности.
- При этом также им было отмечено, что могут существовать и гибридные модели обоих вариантов[128].

Разделение причин террористической деятельности на непосредственные и косвенные позволяет нам утверждать, что согласно вышеприведенным интерпретациям, среди косвенных причин терроризма наиболее часто выделяются:

- модернизация,
- урбанизация,

---

[127] См.: *Calleja E.* Los estudios sobre terrorismo: balance de los últimos 25 años. URL: https://www.redalyc.org/jatsRepo/122/12249087005/html/index.html#redalyc_12249087005_ref22 (дата обращения: 23.12.2019).

[128] *Griffin R.* Terrorist's Creed. Fanatical Violence and the Human Need for Meaning, Basingstoke: Palgrave Macmillan, 2012. P. 11–12.

- социальное содействие,
- существование революционных идеологий,
- недееспособность и вседозволенность правительств.
- Но, как показывает практика, блокада системы не является непосредственной причиной терроризма, в социуме должны созреть подрывные настроения и организационные возможности для вооруженных действий. С данной всеобъемлющей точки зрения терроризм будет служить индикатором существующей институциональной блокады, поскольку он актуализирует слабые стороны чисто формальной демократии.

Представление терроризма как адекватного ответа на реальность укоренившейся политической системы, посредством которой революционные группы намерены захватить власть, чтобы разблокировать ситуацию неподвижности, связано с «этической последовательностью» (т.е. доктриной, что возможные освобождающие последствия определяют моральную ценность деяний, которые исторически связаны с происхождением современной террористической деятельности).

В то же время различные опросы и анализы последних десятилетий показывают, что с годами возрастает роль религиозных факторов, которые также вдохновляют терроризм. Например, по данным RAND Corporation (США), в 1980-х годах лишь небольшая доля террористических атак в мире была вызвана религиозными мотивами. Однако в настоящее время эта особенно доля высока во всем мире[129].

В то же время уровень угроз религиозного терроризма зависит, в частности, от географического региона его происхождения и распространения. Так, в частности, будучи высоким на Ближнем Востоке или в Азии он относительно низкий в Ла-

---

[129] См.: RAND Corporation and St. Andrews University in Edinburgh. URL: http://www.rand.org, accessed 2 February 2016 (дата обращения: 23.01.2020).

тинской Америке. В целом нам близка позиция и выводы профессора Х. Олмос (Испания), который считает, что причины современного религиозного терроризма лежат в:

контексте конфликтов на Ближнем Востоке (Афганистан, Ирак, Сирия, Палестина),

- нестабильности в Северной Африке, Сахеле, Гвинейском заливе, Африканском Роге,

- провале исламистов в так называемой «арабской весне»,

- таких структурных факторах, как бедность, неравенство, безработица и институциональная слабость, отсутствие интеграции в западных обществах у некоторых мусульман, которые испытывают отчуждение, расизм и ксенофобию[130].

- Интересны в данном аспекте результаты исследования, проведенного под эгидой ООН в период с 2015 по 2017 годы на предмет причин, побуждающих человека присоединиться к террористической деятельности. Исследование проводилось в африканских странах (Сомали, Нигерия, Кения, Судан, Нигер, Камерун) и охватило 718 респондентов, которые в прошлом принадлежали к следующим религиозным террористическим организациям: «Сомалийское молодежное движение», «Боко харам», ИГИЛ, «Аль-Каида», «Аль-Мурабитун», «Таухид» и «Джихад».

Причины вступления в террористическую организацию распределились следующим образом: религиозные идеи — 40%, стремление человека быть чем-то в рамках более обширной системы — 16%, поиск работы — 13%, вера в слова своего религиозного наставника — 13%, факторы дружбы и родства — 10%, этнические причины — 5%, групповые политические идеи — 4%, приключения и услуги, предоставляемые тер-

---

[130] См.: *Olmos J.* Las causas del terrorismo yihadista. El terrorismo en el mundo. URL: http://catedrapsyd.unizar.es/archivos/obs_opina/j._jimenez_23_1_2015.pdf (дата обращения: 23.12.2019).

рористической организацией — по 3%, поддержка духовного учителя — 2%, социальная изоляция и политическая маргинализация — по 1%, и процент «других причин» достиг 3% (рис. 2.1)[131].

Рис. 2.1. Причины вступления в религиозную террористическую организацию в% (Источник данных:. URL: https://www.scientificamerican.com/arabic/articles/news/marginalization-and-deprivation-are-the-strongest-drivers-of-extremism/)

Исследование М. Абдиле из Института исследований безопасности (ISS), проведенное в Сомали на предмет, почему люди присоединились к религиозной террористической организации «Аш-Шабаб» показало следующие результаты: 27% респондентов присоединились по экономическим причинам, 15% упомянули религиозные причины, а 13%, что были вынуждены присоединиться. Причины пребывания столь же разнообразны: 21% — чувство «принадлежности» и 11% — чувство

---

131 См.: التطرف دوافع أقوى والحرمان التهميش URL: https://www.scientificamerican.com/arabic/articles/news/marginalization-and-deprivation-are-the-strongest-drivers-of-extremism (дата обращения: 23.02.2020).

ответственности. Тем не менее, страх и экономическая зависимость также являются факторами, с которыми приходится считаться. В то же время исследование, проведенное доктором А. Ботха из этого же института показывает, что 87% респондентов назвали религию в качестве причины, по которой они присоединились к «Аш-Шабаб»[132].

Другое исследование, проведенное в Германии на основе статистического анализа имеющихся в стране данных об истории радикализации 784 человек, которые до конца июня 2016 года уехали в Сирию и Ирак или которые активно пытались это сделать показало, что в более 60% случаев активную роль сыграла агитация, проводимая в мечетях, 54% — влияние семьи и друзей, 44% — исламистские предложения в Интернете, 27% — так называемые семинары по исламу, 6% так называемых сборщиков денег, 3% — контакты в школе и 2% в тюрьмах. Очень редко в качестве мотива отъезда выступало «революционное намерение» (8%), желание жениться (6%) или последующая поездка или сопровождение супруга или члена семьи (5%)[133].

Кроме того, необходимо отметить, что половина участников исследования показала, что именно религия является причиной присоединения к террористическим группам. Однако 57% из них признали, что они мало или совсем не понимают религиозные тексты или, что вообще их не читали. Исследование также пришло к выводу, что террористические организации используют религию для оправдания насилия в семье и что правильное понимание человеком своей религии может повысить его устойчивость к попыткам рекрутеров. Так, если-

---

[132] См.: Why do people join terrorist organisations? URL: http://eip.org/en/news-events/why-do-people-join-terrorist-organisations (дата обращения: 23.12.2019).

[133] BKA/BfV 2016; Im Folgenden vgl. Goertz 2017 Ist eine Profilbildung islamistisch motivierter Attentäter möglich? S. 22–34.

человек имел 6 лет религиозного образования, то вероятность его вступления в террористическую организацию может быть уменьшена на 32%.

Как показывает анализ результатов социологических исследований, в медиане основными факторами, приводящими адептов в ИГИЛ, считаются следующие: 22% — экономические трудности, 18% — «промывание мозгов» и «пропаганда», 17% — религиозная риторика, 11% — внутриполитические проблемы страны, 7% — маргинализация и социальное неравенство, 6% — экстремистские взгляды адептов, 5% — желание бороться с внешними врагами ислама (рис. 2.2).

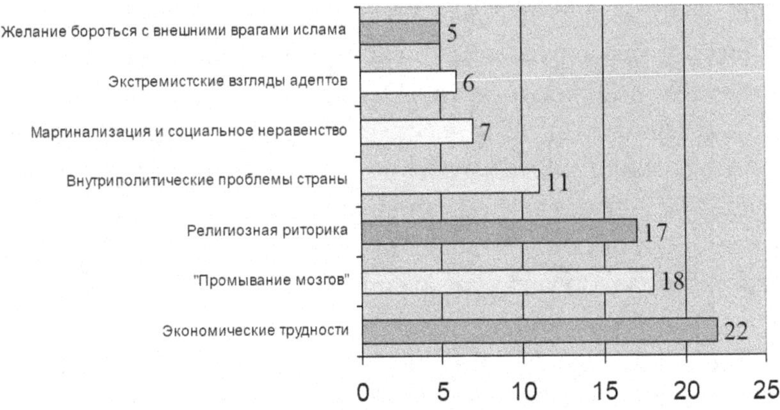

Рис. 2.2. Факторы, приводящие адептов в ИГИЛ, в%
(Источник: составлено автором)

Как видим, религия играет ведущую роль в процессе рекрутирования новобранцев в религиозные террористические организации. Однако спектр ответов, указывающих на религию в качестве причины присоединения к религиозной террористической организации достаточно широк. В том случае, когда религиозными убеждениями эффективно манипулируют рекрутеры, то, как показывает практика последних лет, поток рекрутов не прерывается.

Рассмотрим некоторые, наиболее часто применяемые методы, используемые для привлечения боевиков в религиозную террористическую организацию «Боко харам»[134].

Предполагаемое ложное обещание улучшения благосостояния и экономических условий. Большинство людей ссылаются на отсутствие экономических возможностей, бедность, безработицу и доступ к лучшему благосостоянию в качестве причин для присоединения к террористическим организациям, которые извлекают из этого определенную выгоду. Например, член президентского комитета Нигерии по Северо-восточной инициативе (PCNI) доктор Сиди Али Мохаммед 29 апреля 2019 года, выступая с докладом на конференции Международного валютного фонда в Абудже, заявил, что «Боко харам» действует как картель. Так, нигерийские военные получают в качестве пособия 1000 евро в день за то, что они находятся на северо-востоке страны, на фронте войны с терроризмом. Там же боевики «Боко харам» получают 3000 долларов в день в качестве надбавки. Иногда террористы даже дают деньги заранее. Это мотивирует людей присоединиться к этой организации, руководствуясь стремлением к улучшению экономического благосостояния[135].

Принудительный призыв. С начала своей деятельности «Боко харам» привлекла более 8000 детей, которые выполняют боевые и некомбатантские действия. Она похищает девушек и женщин, которых заставляет совершать теракты-самоубийства, или выполнять обязанности поваров и жен членов терро-

---

[134] См.: *Maza K., Koldas U., Aksit S.* Challenges of Countering Terrorist Recruitment in the Lake Chad Region: The Case of Boko//Religions 2020, 11 (2), 96. P. 1–26. URL: file:///C:/Users/%D0%9C%D0%B8%D0%BA%D0%B8/Downloads/religions-11–00096-v2.pdf (дата обращения: 12.02.2020).

[135] См.: *Nduka C. Boko Haram Fighters Paid $3000 Daily, Says Presidential Committee*//The Nation. April 30. URL: https://thenationonlineng.net/boko-haram-fighters-paid-3000-daily-says-presidential-committee/(дата обращения: 12.02.2020).

ристов. Данная стратегия позволяет снизить финансовую нагрузку на оплату боевиков и оправдывает представление о том, что дети и женщины могут легко проникать в выбранные для теракта цели без малейших подозрений[136].

Использование ловушек с кредитами и наличными. «Боко харам» использует это в качестве бизнес-модели, чтобы помочь молодым неработающим людям, трейдерам, пытающимся спасти свой проблемный бизнес или начать новые бизнес-проекты, а также тем, кто не в состоянии погасить кредиты[137]. Так, контроль, осуществляемый террористической организацией за ловлей рыбы в районе озера Чад позволяет ей рекрутировать лиц, которые не в состоянии погасить свои долги, используя их в этих рыбных хозяйствах в качестве предварительного условия для погашения своих кредитов.

Использованием социальных сетей. Интернет и социальные сети дают транснациональный эффект достижений рекрутеров. Благодаря социальным сетям и дружбе, сложившейся в этом виртуальном пространстве, дети подвергаются негативной идеологической обработке и манипулированию идеями со стороны рекрутеров «Боко харам». Например, в ноябре 2015 года племянница лидера общины в Ангване-Рими в Джосе покинула дом и отправилась в Майдугури (штат Борно), чтобы встретиться с саураем (парень), которого она якобы встретила в Facebook. Это был последний раз, когда ее видели, т.к. поиски не дали успешных результатов. Последнее известие, которое семья получила относительно

---

[136] См.: *Galehan J.* Boko Haram deploys lots of women suicide bombers. I found out why//The Conversation, June 13. 2019.

[137] См.: *Sigelmann L.* Lake Chad Remains Stable, Yet Boko Haram Still Thrives Part 2: The Extremists.//American Security Project. June 14. 2019. URL: https://www.americansecurityproject.org/lake-chad-remains-stable-yet-boko-haram-still-thrives-part-2/(дата обращения: 12.02.2020).

нее, было то, что она была замужем за командиром подразделения «Боко харам»[138].

Негативное использование религии. «Боко харам» применяет ложные учения и искажение ислама через священнослужителей-мошенников для загипнотизирования и вербовки ничего не подозревающих людей. Эти священнослужители используют социально-экономические и культурные проблемы, стоящие перед северо-восточным регионом Нигерии, чтобы внушить людям веру в то, что их проблемы возникли в результате западной цивилизации[139]. Неспособность правительства Нигерии решать проблемы привело к тому, что «Боко харам» не только поставляет продукты питания в некоторые деревни, но также собирает налоги и обеспечивает безопасность членам сельских общин. Благодаря этому члены деревень не только видят в «Боко Хаарам» альтернативное правительство, но это побуждает их также вступать в организацию.

Анализ проявлений религиозной террористической деятельности позволил выделить определенную совокупность трендов, лежащих у истоков пополнения рядов современных религиозных террористических организаций. Эту совокупность мы разбили на две группы: *индивидуальные и социально-политические (рис. 2.3)*.[140]

---

[138] См.: *Slutzker J.* The Online Frontline: Inside Boko Haram's Social Media and A Movement to Push Back//. Creative. October 10. 2018. URL: https://www.creativeassociatesinternational.com/stories/the-online-frontline-inside-boko-harams-social-media-and-the-movement-to-push-back/(дата обращения: 12.02.2020).

[139] См.: *Sigelmann L.* Lake Chad Remains Stable, Yet Boko Haram Still Thrives Part 2: The Extremists.//American Security Project. June 14. 2019. URL:: https://www.americansecurityproject.org/lake-chad-remains-stable-yet-boko-haram-still-thrives-part-2/(дата обращения: 12.02.2020).

[140] Подробнее см.: *Crabtree V.* Fundamentalism and Literalism in World Religions. URL: http://www.humanreligions.info/fundamentalism.html. (дата обращения: 23.12.2019).

Индивидуальные причины включают в себя следующие компоненты: *религиозные убеждения; реакция на извращение традиционной семьи и ЛГБТ; проблемная семья и бедность; индивидуальный экзистенциализм.*

Социально-политические причины: *противоречия на религиозной почве; реакция на мультикультурализм; секуляризация; проблемы государственно-религиозных отношений.*

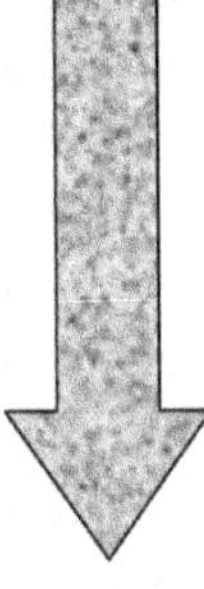

Рис. 2.3. Причины, лежащие у истоков присоединения человека к террористической организации

2.1. ИНДИВИДУАЛЬНЫЕ ПРИЧИНЫ

Религиозные убеждения

Религии и убеждения общеизвестно трудно измерить, поскольку они не являются фиксированными или врожденными. Все убеждения, отмечает Д. Бертини (Университет Пармы, Италия), по содержанию можно разделить на фактические и нефактические:

- *фактические убеждения* выражают то или иное существо определенного конкретного или возможного опыта. Они описывают состояние мира, которое основывается на том или ином опыте, или онтологическую структуру, которая определяет то или иное состояние мира;

- *нефактические убеждения*, напротив, выражают определенную семантическую точку зрения (интерпретативную), относящуюся к существованию и, следовательно, к данному состоянию мира или фактам, которые определяют бытие и конкретные состояния мира.
- Религиозные убеждения носят в основном нефактический характер. Они касаются не описания эмпирических фактов, а аксиологических оценок измерения природы явления, превосходящего опыт[141].

Все основные религиозные убеждения обладают потенциалом, препятствующим социальному, психологическому, политическому и интеллектуальному развитию адепта. И семена этого, как показывает практика, лежат в священных текстах, которые адепты считают безошибочными и которые содержат большое богатство знаний. При этом согласно документам, опубликованным сирийским оппозиционным сайтом Zaman al-Wasl и проанализированным Associated Press (AP), 70% новобранцев в период с 2013 по 2014 год имели только базовые знания шариата (законы, основанные на стихах Корана) и слов пророка Мухаммеда, в то время как 24% имели промежуточный уровень религиозного образования, и только 5% могли считаться продвинутыми учениками ислама[142].

Религиозная вера, пишет социолог С. Аббруззезе, понимаемая как приверженность к структурированной определенной доктрине спасения, побуждает верующего «подписывать-

---

[141] См.: *Bertini D.* Una proposta per la caratterizzazione della credenza religiosa//Dialegesthai. Rivista telematica di filosofia. 2016. № 16. URL: https://mondodomani.org/dialegesthai/dbe03.htm (дата обращения: 23.12.2019).

[142] Цит. по: *Nurra M.* Isis: chi sono i terroristi in Europa, come agiscono e perché è così difficile fermarli URL: https://www.valigiablu.it/isis-terrorismo-europa/(дата обращения: 12.02.2020).

ся под ней» и извлекать для себя целый ряд догматических истин. Погружение в когерентно структурированную доктрину позволяет видеть мир как единое целое, а также выделить ряд принципов, необходимых для проживания в нем, структурирования своего существования и достойной вечной жизни после смерти. Поэтому каждая религия является производителем как когнитивного, так и нормативного измерения. В связи с этим, прежде чем присоединиться к религии, субъект должен сначала сделать выбор между тем, искать или не искать осмысленное представление о реальности и отвергать или нет принцип отсутствия этого в человеческом существовании[143].

Каждая религия проповедуют важность служения социуму, действия на благо человека. Например, буддисты придерживаются девиза *«Поступай во славу государства и при этом имей собственные интересы и радость»*, православные и католики — заповеди *«Славь господа Бога и осчастливь людей добрыми делами»*, ислам учит: *«Молитесь Аллаху за воздаяние в этом грядущем мире».*[144]

Д. Малышева, главный научный сотрудник МГУ им. М.В. Ломоносова, утверждает, что «особенности религиозной доктрины как таковой не могут стать причиной конфликта, иное дело — они могут создать благоприятные условия для его вызревания. Вместе с тем, предсказать заранее, в каких случаях религиозные противоречия могут привести к конфликту, весьма сложно, а порой и просто невозможно, ибо в этих противоречиях нет ничего «фатального», предписанного заранее, они — результат действия факторов, содержание которых бывает часто глубоко скрыто».[145]

---

[143] *Abbruzzese S.* Il caso delle credenze religiose: buone ragioni o dimissioni dalla ragione?//Quaderni di Sociologia. 2015. № 68. P. 107–122.

[144] См.: Религия и свобода совести в Китае (Белая книга). URL: http://russian.china.org.cn/russian/32958.htm (дата обращения: 23.12.2019).

[145] *Малышева Д.Б.* Религиозный фактор в вооруженных конфликтах современности.М., 1991. С. 15.

Об этом, в свое время, очень ярко сказал один из основоположников христианского богословия Тертуллиан, который полагал, что попытки составить представления о боге с позиции разума есть «похоть любознательности». При этом он считал, что бога можно постигнуть только верой. Ему также принадлежит знаменитая фраза: *«Верую, потому что нелепо»*.[146]

Реакция на извращение традиционной семьи и ЛГБТ

После расцвета в Европе и США гомосексуализма (85% религиозных «нонов» в США, две трети католиков, 68% белых протестантов, 35% белых евангелических протестантов поддерживали в 2016 году однополый брак) и придания ему формальных признаков, среди адептов религии появилось достаточно большое число приверженцев, которые не просто это не приняли, но и поставили своей целью борьбу с этим асоциальным явлением. Так, сравнительное исследование среди мусульман турецкого и марокканского происхождения и христиан в шести европейских странах (Германия, Франция, Голландия, Австрия, Бельгия, Швеция) показало, что «почти 60% мусульман не хотят иметь гомосексуального друга, против 13% среди христиан».[147] В ИГИЛ, например, судьба гомосексуалистов заранее известна: их бросают с крыши зданий, забивают камнями до смерти или стреляют в голову. Эта террористическая организация называет гомосексуализм «мерзостью».

Особая теологическая жесткость салафизма, отмечает известный исламовед О. Рой (Франция), отражена именно в консервативном видении семьи, брака и социальных отношений.

---

[146] Цит. по: 100 ответов верующим. Под общей ред. В.А. Мезенцева.М., 1980. С. 6.

[147] См.: *Georgen A.* Le fondamentalisme islamique serait plus répandu qu'on ne le pense en Europe. URL: http://www.slate.fr/monde/81159/fondamentalisme-islamique-plus-repandu-europe. (дата обращения: 23.12.2019).

Разделение полов является обязательным, и жены должны прикрывать себя (хиджаб или паранджа). Ежедневные культовые практики высоко кодифицированы и занимают центральное место в салафитской ортопраксии[148]. Связано это с тем, что выполнение религиозного долга является непременным условием принадлежности к исламу, ибо вера должна быть явной и реальной.

В самой «демократичной» стране мира так же не все гладко. Например, «окружной клерк округа Роуэн штата Кентукки (США), отказавшаяся регистрировать однополые браки, была отправлена под стражу.К. Дэвис обвинили в неуважении к суду, который ранее предписал регистрировать однополые союзы. Судья окружного суда Д. Баннинг уточнил, что Дэвис отказывала в регистрации брака всем, а не только тем четырем парам, которые инициировали против нее дело. Свои действия Дэвис объясняет *религиозными убеждениями*. Она является прихожанкой апостольской христианской церкви — это течение отличается буквальным толкованием Библии. Как она заявила в суде, брак может быть только между мужчиной и женщиной, и для нее невозможно признать однополые союзы. После вынесения вердикта чиновница поблагодарила судью. Ранее Дэвис заявляла, что она готова пойти в тюрьму за свои убеждения. 26 июня 2015 года Верховный суд США постановил, что равенство брака является фундаментальным правом гражданина, и снял запрет на однополые союзы в 14 штатах, где он еще существовал».[149] Как видим, в этом примере корреляционно соединились и религиозные убеждения, и извращения традиционной семьи.

---

[148] *Roy O.* Analyse d'une stratégie de la terreur », 05/11/2016, radio programme on RTS. URL: http://www.rts.ch/play/radio/sous-les-paves/audio/olivier-roy-analyse-dune-strategie-de-la-terreur?id=8108729 (дата обращения: 213.04.2020).

[149] См.: В США чиновницу отправили в тюрьму за отказ оформлять гей-браки. URL: https://lenta.ru/news/2015/09/03/davis/. (дата обращения: 23.12.2019).

В то же время следует отметить, что сегодня не все приверженцы ислама стоят на страже традиционного понимания семьи и отношения полов. По данным CNN, имам Дайи Абдулла, 65-ти лет является одним из немногих открытых мусульманских священнослужителей-геев. В течение четырех лет он трудился, чтобы построить мечеть для мусульман-ЛГБТ в Вашингтоне, округ Колумбия (США), но потерпел фиаско. Разочарованный, усталый и без денег Абдулла сдался и перебрался в горы Колорадо, откуда до ближайшей мечети 8 часов езды. Однако либеральные мусульмане говорят, что есть намеки на перемены. Под воздействием внешней среды, особенно со стороны представителей «свободного» американского социума, процент мусульман-американцев, которые заявили, что общество должно принять гомосексуализм, удвоился за последнее десятилетие до 52% и даже выше среди миллениалов.

Согласно недавнему опросу, проведенному «Институтом социальной политики и понимания», 31% американцев-мусульман заявили, что придерживаются положительного мнения о ЛГБТ-сообществе, 23% сказали, что это «неблагоприятно», а 45% отметили, что «не имеют мнения». Опрос показал, что среди опрошенных католиков, евреев и протестантов только белые евангелисты придерживались менее благоприятных взглядов на ЛГБТ[150].

При этом в США (2016) 52% американцев считают экстремистским «полагать, что сексуальные отношения между людьми одного пола являются морально неправильными». Однако ряд консервативных христианских владельцев бизнеса сделали объявления об отказе в предоставлении цветочных композиций, тортов или услуг фотографии для ЛГБТ-пар, же-

---

[150] См.: In a survey of American Muslims, 0% identified as lesbian or gay. Here's the story behind that statistic. URL: https://edition.cnn.com/2019/05/28/us/lgbt-muslims-pride-progress/index.html (дата обращения: 23.12.2019).

лающих жениться. Однако 83% американцев считают экстремистским «отказ от обслуживания кого-либо на основе того, что образ жизни клиента противоречит их убеждениям».[151]

Известный социальный психолог Н. Крессель (США) так характеризует сложившуюся ситуацию: «Враждебность большинства боевиков к гомосексуалистам, преувеличенная забота о сексуальных контактах с другими людьми, сердитая реакция на разрешительные широковещательные передачи в средствах массовой информации, предпочтение женщин в неподобающей одежде и настойчивость в отношении структуры власти с преобладанием мужчин можно рассматривать как наводящую на мысль о трудностях в управлении сексуальными импульсами. Возможно, боевики боятся собственных сексуальных импульсов»[152].

Но вот, что интересно, после террористических атак в Орландо и Ницце выяснилось, что сексуальная принадлежность этих двух террористов оставляет желать лучшего. Вскоре после совершения данных двух событий появились многочисленные статьи о профилях убийц, Омара Матина, который в ночь на 12 июня 2016 года убил 49 человек в ночном клубе для геев в Орландо, штат Флорида (США) и Мохамеда Лауэж-Булья, который 14 июля 2016 года убил 84 человека в Ницце (Франция). Первый, по словам его друга, был «100% геем», а второй — бисексуалом. Похоже, что эти два террориста не процветали в полной мере в своей гомосексуальности и отвергли ее, что могло частично объяснить среди множества других причин их радикализацию.

Как отмечает Ф. Бенслама, профессор психопатологии Университета Париж Дидро, Франция: «В случае Орландо очевидно,

---

[151] Подробнее см.: Are Conservative Christians 'Religious Extremists'? URL: https://www.theatlantic.com/politics/archive/2016/03/are-conservative-christians-religious-extremists/473187/(дата обращения: 23.12.2019).

[152] См.: *Kressel N*. Bad Faith: The Danger of Religious Extremism. New York: Amazon Kindle. Prometheus Books, 2007. 327 p.

что не гомосексуализм лежит в основе акта, а ненависть к себе, полученная в проявлении гомосексуализма. Гомосексуализм Омара Матина мог показаться ему мерзостью, которую нужно лечить, "стирая" себя и тех, кто его воплощает». Он добавляет: «Джихадисты часто являются нарушителями, стремящимися стереть свои грехи. Религиозная деятельность позволяет попытаться избавиться от своих гомосексуальных побуждений, задушить их». Для геев-джихадистов служение делу ИГИЛ, таким образом, кажется способом искупить себя и заставить их забыть о своей разной сексуальности, переживаемой как позор.

В качестве корректора своих грехов и для получения пропуска в рай они выбирают для себя содержание тех сур Корана, которые прямо указывают на «священную войну»: «О те, которые уверовали! Указать ли вам на торговлю, которая спасет вас от мучительных страданий? Веруйте в Аллаха и Его посланника и сражайтесь на пути Аллаха своим имуществом и своими душами. Так будет лучше для вас, если бы вы только знали. Он простит вам ваши грехи, введет вас в Райские сады, в которых текут реки, и в прекрасные жилища в садах Эдема. Это — великое преуспеяние» (Коран 61:10–12).

В толковании аятов шейхом ас-Саади сказано: «Это — завещание, наставление и назидание Милосердного Господа Своим верующим рабам. Он сообщил им то, как можно осуществить самую выгодную сделку, достичь самой великой цели, претворить в жизнь самое заветное желание. Он научил их тому, как можно спастись от мучительного наказания и обрести вечное преуспеяние. ...Аллах простит вам как великие и малые грехи, потому что вера в Аллаха и борьба на Его пути смывают все грехи, в том числе и великие. ...»[153].

Психотерапевт из Контртеррористической координационной группы (Uclat) подтверждает, что гендерная идентичность может

---

[153] Толкование Корана ас-Саади. URL: https://quran-online.ru/22/saadi (дата обращения: 23.08.2017).

быть фактором радикализации. Она отмечает, что в трети сообщений от радикализированных людей, составленных с помощью телефонного опроса, проведенного в 2014 году, содержался ответ, что их авторы «имели трудности в достижении своей сексуальной идентичности, часто из-за травмы в детстве».[154]

В то же время тот факт, что некоторые террористы, по-видимому, представляют собой эту модель подавленной гомосексуальности, не означает, что все репрессированные гомосексуалисты являются потенциальными террористами, но очень четко ставит вопрос об их паранойе. Согласно данным ВЦИОМ (2015), «к людям нетрадиционной сексуальной ориентации в российском обществе в целом относятся довольно прохладно. 15% считает их обычными мужчинами и женщинами, но не желает общаться с ними лично. 20% воспринимают их как людей крайне опасных и даже советуют изолировать их от общества (с 2004 г. эта доля выросла более чем в 1,5 раза — с 12%). Толерантность в этом вопросе проявляют 22%. К бракам геев и лесбиянок относятся более категорично, чем 10 лет назад: в 2004 году в праве на официальную регистрацию отношений лицам одного пола полностью отказывали 59%, в 2015 году — 80% (чаще мужчины — 86%, чем женщины — 75%)».[155]

Проблемная семья и бедность

Анализ социальной характеристики бывших и действующих религиозных террористов показывает, что у большинства из них есть общее в социальном плане, но разное в идеологическом. Речь здесь идет о т.н. проблемной семье и бедности.[156]

---

[154] См.: Pourquoi l'identité sexuelle est souvent un facteur clé chez les djihadistes. URL: https://www.lesinrocks.com/2016/07/news/lidentite-sexuelle-souvent-facteur-cle-chez-djihadistes/ (дата обращения: 23.12.2019).

[155] См.: Пресс-выпуск № 2876. URL: https://wciom.ru/index.php?id=236&uid=115315 (дата обращения: 23.12.2019).

[156] Подробнее см.: The Economist/Of skinheads and jihadists. A report on the Dublin meeting, held 2011. Jun 27.

Так, исследования молодых джихадистов в Тунисе показало, что большинство из них страдают от социальной незащищенности. Например, в 2012 году уровень безработицы в г. Дуар Хичер достигал 18%, что было на 3% выше национального уровня безработицы. При этом количество заявок на работу составляло 24000, а вакантных мест не более 5000. И все это происходило при 16% уровне бедности. В своих интервью 58,4% джихадистов из этого города заявили, что их главная задача — обеспечение деньгами своих семей, а 52% указали безработицу в качестве основного затруднительного положения, 81,1% заявили, что их матери были безработными.[157]

Действительно в условиях финансового и экономического кризиса, постоянного роста цен, инфляции и безработицы терроризм и другие проявления радикализма становятся подчас единственным способом для человека, живущего в низких социально-экономических условиях, заработать себе средства на достойную жизнь. Ранее мы уже приводили цифры гонораров боевиков в «Боко харам». Теперь обратимся к данным по другим религиозным террористическим организациям. Так, по данным ИА «K-press», на заре своего существования террористическая организация ИГИЛ каждому боевику ежемесячно выплачивала заработную плату и различные социальные компенсации (таблица 1,2)[158]:

Палестинская администрация также выплачивает осужденным террористам ежемесячное пособие по принципу: чем серьезнее преступление, тем больше денег они получают. Семьи террористов, убитых израильскими силами безопасности во время террористической атаки, получают ежемесячные пенсии[159].

---

[157] См.: Expanding research on countering violent extremism. Hedayah and Edith Cowan University, 2016, P. 43.

[158] См.: Сколько платят террористам ИГИЛ? URL: https://sm-news.ru/news/world/skolko-platyat-terroristam-igil/(дата обращения: 20.01. 2020).

[159] См.: Wave of terror 2015–2019. URL: https://mfa.gov.il/MFA/ForeignPolicy/Terrorism/Palestinian/Pages/Wave-of-terror-October-2015.aspx (дата обращения: 20.01. 2020).

Таблица 1. Ежемесячные социальные компенсации, выплачиваемые боевикам в ИГИЛ

Компенсация	Размер в долларах США
Заработная плата	50
Питание	2,5
Личные расходы	40
На бензин при наличии автомобиля	35
При наличии жены на ее содержание	50
При наличии несовершеннолетнего ребенка на его содержание	35

Таблица 2. Единовременные социальные компенсации, выплачиваемые боевикам в ИГИЛ

Компенсация	Размер в долларах США
Бракосочетание, если невеста впервые выходит замуж	800
Бракосочетание, если невеста вдова убитого боевика	1300
На обустройство дома при женитьбе	500
В случае смерти мужа-боевика	200
На погребение мужа-боевика	800

На международной конференции в Каире (2007) доктор Аль-Менуфи выделил феномен терроризма в качестве материального фактора, который позволяет нижнему слою общества бороться с бедностью. Он сказал: «Я убежден и на основе полевых исследований вижу, что террористические акты частично связаны с бедностью. Самые бедные регионы Египта были наиболее представлены среди террористов, а трущобы стали их инкубаторами». Однако он добавил: «Это, конечно, относится не ко всем случаям. Мы не можем сказать, что террористы из Саудовской Аравии бедны».[160]

---

[160] См.: غياب الديمقراطية ساهم في إعادة الإرهاب. URL: https://www.swissinfo.ch/ara/(дата обращения: 20.11. 2019).

Согласно индексу Глобального терроризма (2019), пять африканских наций входят в десятку наиболее подверженных росту терроризма. В период с 2002 по 2018 год в десяти странах было сконцентрировано 87% убийств,— это страны зоны Магриба-Ближнего Востока. Почти 93000 жертв за тот же период — против 45000 в странах Африки к югу от Сахары. А если сравнить страны, где происходит больше всего террористических атак с их индексом человеческого развития (ИЧР), то здесь мы видим ярко выраженную корреляцию (таблица 3):

Таблица 3. Зависимость роста числа смертей от террористических атак в 2018 году и места в Индексе человеческого развития в 2019 году (за 2018 год)

Страна	Место в индексе Глобального терроризма	Приращение/ Снижение	Место в индексе Человеческого развития[1]
Афганистан	1	+ 2726	170
Ирак	2	-3217	120
Нигерия	3	+ 508	158
Йемен	8	Нет данных	178
Мали	13	+ 286	184
Мозамбик	25	+ 110	180
Буркина-Фасо	27	+ 40	182
Чад	38	+ 34	187

В отчете Центра Аль-Азхар (2018) «О бедности, терроризме и греховных отношениях между ними» говорится, что в мире насчитывается 820 млн человек, сталкивающихся с нищетой, нехваткой продовольствия и угрозой голода, которые живут в 39 странах. Этими странами являются 31 африканская страна, 7 азиатских стран и одна страна Карибского бассейна. Как видим, африканские страны несут «львиную» долю бедности и в то же время они также имеют большую долю террористических организаций и проявления их действий, что, несомненно, подтверждает существование тесной взаимосвязи между бедностью и терроризмом.

Следует подчеркнуть, что такое предположение наравне с учеными также выдвигают политические и общественные деятели. Приведем несколько примеров (таблица 4)[161]:

Таблица 4. Цитаты представителей власти и общественных деятелей о взаимосвязи бедности и терроризма

Политический деятель и представители общественности	Содержание заявления
Президент России *В.В. Путин*	Бедность и огромный разрыв в уровне развития стран является питательной средой для терроризма,— выступление в 2017 году.
Президент Туниса *К. Саид*	Причиной распространения терроризма является нищета, которую люди вынуждены компенсировать путем обмена на согласие присоединения к террористам,— выступление на встрече с молодежью в ноябре 2019 года.
Бывший президент США *Дж. Буш–младший*	Мировое сообщество должно стремиться искоренить бедность, поскольку «надежда — это ответ на террор».
Бывший президент США *Б. Клинтон*	Без помощи развитых стран бедные государства Азии и Африки южнее Сахары станут «благодатной почвой» для террористов. Террористы появляются в странах, где господствуют унижение и скорбь,— выступление в 2002 г. в Сингапуре.
Бывший государственный секретарь США *Дж. Керри*	Мы очень заинтересованы в решении проблемы бедности, которая во многих случаях является основной причиной терроризма или даже коренной причиной бесправия миллионов людей на планете,— заявление после встречи с государственным секретарем Ватикана в 2014 году.

---

[161] *Zelenkov M., Boykova G., Boykov S., Bikov M., Rezakov R.* Dichotomous approach to poverty as a source of modern terrorism// REVISTA INCLUSIONES volumen 7 — número especial — abril/junio 2020. pp. 432–445.

Окончание табл.

Политический деятель и представители общественности	Содержание заявления
Бывший президент Всемирного банка *Дж. Вулфенсон*	Мы не выиграем войну против терроризма без решения проблемы бедности.
Бывший государственный секретарь США генерал *К. Пауэлл*	Я полностью верю, что коренная причина терроризма происходит от ситуаций, когда существует нищета, где есть невежество, когда люди не видят надежды в улучшении своей жизни,— выступление в 2002 году.
Основатель некоммерческой организации, помогающей сомалийским женщинам *Ф. Вели*	Дети вербуются. Да, это факт. Что мы будем делать с этим? Мы должны поговорить о коренных причинах, которые делают сомалийских детей уязвимыми, мы должны убедиться, что у нашего сообщества есть возможности для выхода из нищеты,— из интервью «Голосу Америки».
Южноафриканский архиепископ *Десмонд Туту*	Вы никогда не сможете выиграть войну против террора, если в мире существуют условия, которые приводят людей в отчаяние: нищета, болезни, невежество,— выступление в 2007 году.

Другим направлением индивидуальных причин, приводящих к росту числа современных террористов, является рождение и воспитание молодежи в неполных семьях или в условиях отсутствия обоих родителей. Например, в Кении 18% членов религиозной террористической организации «Аш-Шабааб» выросли без отца, 16% — без матери, 11 чел.— росли без обоих родителей. Применительно к Сомали эти цифры для данной группировки следующие: 34% — выросли без отца, 16% — выросли без матери.

Особенно показательным является возраст, когда будущий террорист потерял отца или мать:

19–23% потеряли своего отца и 8–13% — мать, когда они были моложе 5 лет,

- 68–81% потеряли своего отца и 48–69% — мать в возрасте от 16 до 18 лет,
- 9% потеряли отца, а 23–47% потеряли свою мать в возрасте 19–20 лет, т.е. уже сформировавшимися людьми.
- Как видим, отмечает доктор А. Ботха из Института исследований безопасности (ISS), большинство террористов «Аш-Шабааб» потеряли родителя (ей) между ранней юностью и ранней взрослой жизнью, в то время, когда индивид особенно уязвим к потере своих родителей[162].

Еще одним фактором, оказывающим сильное воздействие на психику человека и катализирующим его направленность в сторону религиозного терроризма, является процветание насилия в семье. Как отмечает датский психиатр Н. Сеннел, насилие гораздо больше присуще европейским мусульманским семьям, чем европейским немусульманским семьям. Он считает, что воздействие насилия и разжигание ненависти, особенно в очень раннем возрасте, увеличивает риск психических расстройств. И на основе этого приходит к выводу, что исламская культура с большей вероятностью, чем западная, ведет к преступному и антиобщественному поведению. Яркое проявление гнева на Западе свидетельствует о слабости и хрупкости личности. Гнев, считает Н. Сенел, является более распространенным явлением в исламской культуре, а способность запугивать людей — это сила и источник общественного престижа, поэтому гнев в данном случае рассматривается как «святой гнев»[163].

Нахождение в этих условиях в начальный период своей жизни оказывает сильное давление на мировоззрение и психику молодого человека. Результаты исследований показывают, что, как правило, выходцы из проблемных семей:

---

[162] См.: Botha A. Radicalisation in Kenya. Recruitment to al-Shabaab and the Mombasa Republican Council. URL: http://docplayer.net/ 25309545-Radicalisation-in-kenya.html (дата обращения: 23.12.2019).

[163] См.: الجهاد والغرب: علم أسدوس فوق لباب. URL: https:// eeradicalization.com/ar/(дата обращения: 23.03.2020).

- неспособны к логическому анализу,
- не могут выдвигать цели и ставить перед собой задачи, адекватные развитию социума,
- имеют ограниченные социальные контакты,
- недовольны собой, разочарованы в жизни и несчастные.
- В определенный момент времени они понимают, что не стоят ничего и никогда не попадут в группу признания. В такой ситуации они плохо воспринимают советы, но *достаточно легко поддаются внушению*, которое сулит им благую жизнь и возможность отомстить за «свалившиеся» на них невзгоды. Найдя в определенный момент своей жизни утешение в религиозной вере (хорошо, если традиционной), представители этой социальной группы становятся потенциальными объектами идеологического и психологического воздействия со стороны рекрутеров религиозных террористов.

Следующей ветвью данного направления радикализации молодежи является ситуация, в которой представители тех или иных религий испытывают давление и издевательства со стороны представителей титульных религий. Так, например, в США, согласно Отчету, составленного Советом американских исламских отношений (CAIR) мусульманская молодежь все чаще испытывает религиозные издевательства. Опрос, проведенный в 2017 году среди мусульманских подростков в Калифорнии, показал, что 53% учащихся-мусульман испытали религиозное издевательство в школе — почти вдвое больше, чем в среднем по стране. Другие исследования показывают, что мусульманская молодежь сообщает о росте депрессии, беспокойства, проблемного поведения (например, курения, употребления алкоголя) и снижении уровня академической активности в результате издевательств[164].

---

[164] CAIR. (2017). Unshakable: The bullying of Muslim students and the unwavering movement to eradicate it: CAIR-CA School Bullying Report 2017. URL: https://ca.cair.com/sfba/publications/2017-bullying-report/(дата обращения: 23.12. 2019).

Как видим, мотивация объясняется факторами, которые действуют индивидуально или согласованно друг с другом. Выделяется прагматизм, который включает в себя как поиск защиты от предрассудков, жестокого обращения и насилия, так и стремление получить материальные и психологические выгоды, вытекающие из включения в ограниченное защищенное сообщество; желание обладать чувством идентичности, выполнения «святой» миссии, высокой самооценки, силы или превосходства.

Человек, находящийся в процессе радикализации, испытывает облегчение, когда он может связать свои страдания со страданиями своего сообщества. Его боль — больше не его вина. Чувство потери и беспомощности перед лицом своих внутренних демонов отходит на второй план, т.к. его теперь замещает крепкое братство, и путь к выздоровлению — стать его полнокровным членом. И вот поддавшись всесторонней обработке, он внезапно становится частью «солидарности» джихадистского сообщества. Воображаемое моральное превосходство повышает его самооценку. Признание и поощрение психологическими узами связывают его с исламистскими группировками, которые, таким образом, становятся своего рода суррогатной семьей. Дихотомическое мировоззрение становится его путеводной звездой. Для него или против него нет промежуточных позиций. Он начинает делить всех только на: «злых» и «добрых», «правильных» и «неправильных», «своих» и «чужих» и в конце концов, осознает свою идентичность — «борец за истинную веру». А его лозунгом становиться известная фраза: «Кто не с нами, тот против нас!»[165].

Индивидуальный экзистенциализм

Считается, что сразу террористами не становятся. Для того чтобы человек примкнул к группе, которая пропагандирует радикальные насильственные взгляды, в его сознании должен

---

[165] *Зеленков М.Ю.* Информационная аналитика трендов терроризма XXI века: монография.М.: РУСАЙНС.С. 127–128.

накопиться определенный контент знаний, исходя из которого он принимает свое решение. Этот период террористической социализации у каждого индивидуума имеет свою продолжительность и зависит от воздействия внешних и внутренних факторов, создающих среду религиозного терроризма. При этом любой случай может стать исходом уникального сочетания благоприятных условий с личными обстоятельствами, характеристиками и психологией конкретного субъекта.

Например, отмечает Дж. Штерн, эксперт целевой группы Института Гувера, США, согласно «Учебному пособию Аль-Каиды», для того, чтобы стать членом этой международной террористической организации, потенциальный рекрут должен отвечать следующим требованиям:

быть зрелым, здоровым, приверженным исламу и идеологии организации, готовым принести себя в жертву;

- уметь слушать и хранить секреты;
- соблюдать послушание, осторожность, осмотрительность и правдивость;
- обладать терпением, спокойствием, невозмутимостью, умом и проницательностью;
- иметь способность наблюдать, анализировать и действовать[166].
- Поскольку эти качества, пишет доктор М. Сайджман, экс-консультант правительства США по антитерророру, обрамлены почти неоспоримо и имеют положительный смысл, молодой человек или женщина, которые хотят быть идентифицированы как зрелые, невозмутимые, умные и т.д., скорее всего, будут рекрутированы в террористическую группу. Для большинства потенциальных рекрутов желание стать частью группы и установить социальные связи с другими ее членами так же важно, если

---

[166] *Stern, J.* Terror in the name of God: Why religious militants kill. New York: Ecco, 2003. P. 249.

не более важно, как и идеологическая привлекательность группы[167].

В качестве доказательства этого вывода приведем пример деятельности рекрутеров ИГИЛ в Тунисе, где рекрутеры строили свою обработку потенциальных рекрутов на показе того, как локально-контекстные невзгоды являются виной «другого» и изображали положение таким образом, что мусульманское население угнетается немусульманами (в основном по отношению к палестино-израильскому конфликту)»[168]. Это давало им возможность обосновать своим объектам воздействия экзистенциальную угрозу и активизировать у них чувство долга по защите общей группы (собратьев мусульман), к которой принадлежали и рекрутер, и рекрутируемый.

Другой яркий пример — это радикализация мигрантки-горничной, который приводит CNN: «Я начала слушать подкасты салафитов, убираясь в доме»,— сказала одна индонезийская горничная из Семаранга, работающая в Сингапуре. «В Facebook я следила за людьми, чьи профили казались очень исламскими, потому что мне нужны были друзья, которые могли бы руководить мной». Она сказала, что ее особенно тронула учетная запись в Instagram, на которой были размещены графические изображения мусульманских жертв в Сирии. Затем она он-лайн познакомилась с 29-летним индонезийским мясником, живущим в Батаме. Она сказала, что он позвал ее поехать в Сирию, чтобы присоединиться там к ИГИЛ. Но правительство Сингапура узнало о ее планах и депортировало обратно в Индонезию в 2017 году.[169]

---

[167] См.: *Sageman, M.* Understanding Terror Networks. Philadelphia: University of Pennsylvania Press, 2004.

[168] *Зеленков М.Ю.* Экзистенциальные потребности молодежи как источник преступлений экстремистского характера//Российский следователь, 2018. № 5. С. 52–56.

[169] См.: ISIS recruiters are preying on vulnerable domestic workers in Hong Kong and Singapore. URL: https://edition.cnn.com/2019/11/09/asia/indonesia-singapore-domestic-worker-isis-intl-hnk/index.html (дата обращения: 23.12. 2019).

Практика показывает, что одни молодые люди вербуются сочувствующими членами семьи или убеждаются ими в том, что членство в террористической религиозной организации поможет им защитить свои семьи или общины. Другие обмануты, проданы, похищены, или насильно завербованы. При этом стоит отметить, что насильственная вербовка детей путем похищения или прямого насилия не является новым явлением в террористической деятельности. Так, с 1987 года «Армия сопротивления Господа» в Уганде похитила более 20000 детей. «Боко харам» совершила массовые похищения в Нигерии, в том числе похищение 276 школьниц в Чибоке в апреле 2014 года и еще 110 девочек из школы в Дапчи в марте 2018 года.

В Сомали «Аш-Шабааб» только в 2017 году призвала в свои ряды около 1770 молодых людей, используя задержание, насилие или запугивание.

По мере расширения ИГИЛ в Ираке его боевики похищали тысячи детей из детских домов, школ и даже мест их проживания с семьями. Дети в возрасте до 14 лет составляют более трети от общего числа детей (6800) езидов, похищенных ИГИЛ в Синджаре в 2014 году. Согласно сообщениям, еще 800–900 детей были похищены из Мосула для религиозной и военной подготовки[170].

Отдельно остановимся на вопросе рекрутирования в религиозные террористические организации женщин. Как сказал более 25 лет назад британский журналист Э. Макдональд: «Женщины-террористки обладают гораздо более сильными характерами, большей властью и большей энергией, чем мужчины. Есть несколько примеров, когда мужчины, которые

---

[170] См.: *Darden J.* Tackling Terrorists' Exploitation of Youth. URL: https://www.un.org/sexualviolenceinconflict/wp-content/uploads/2019/05/report/tackling-terrorists-exploitation-of-youth/Tackling-Terrorists-Exploitation-of-Youth.pdf (дата обращения: 23.12.2019).

были загнаны в угол, ждали мгновение, прежде чем покончить собой, а женщины стрелялись сразу»[171].

Однако информационная аналитика показывает, что здесь есть существенная разница в зависимости от страны рождения, условий жизни и целей женщин-террористок:

- женщины из азиатских стран вливаются в террористические организации из-за личных отношений, предыдущих связей и ради создания семьи. Так, рекрутеры, набирающие женщин в государствах Центральной Азии, используют небольшие интимные женские ячейки, которые часто скрыты от глаз общественности и работают на укрепление религиозных убеждений;

- западные женщины рекрутируются, благодаря призыву к приключениям и острым ощущениям, предоставления им возможности использовать настоящее оружие, привлекательных командиров и административные роли ради удовлетворения своих амбиций.

- Как видим, и представители Азии, и представители Европы привлекаются в стан террористов романтикой, но первая группа имеет своей целью найти подходящего человека мужского пола для создания семьи, а вторая — находится под влиянием иллюзии настоящего мужчины.

Одним из ярких примеров подражания террористической деятельности женщин является «известная знаменитость» — доктор А. Сиддики, которая сама никогда не была членом ИГИЛ, однако была осуждена и заключена в тюрьму за формирование террористической группы. Для многих будущих террористок она являлась примером «мусульманской женщины-воина», идеалом, отмечаемым джихадистами во всем

---

[171] Цит. по: Beware the Women of ISIS: There Are Many, and They May Be More Dangerous Than the Men. URL: https://www.thedailybeast.com/beware-the-women-of-isis-there-are-many-and-they-may-be-more-dangerous-than-the-men (дата обращения: 23.12.2019).

исламском мире. Будучи высокообразованной мусульманкой, она отвергла то, что считается западными свободами и представляет собой альтернативный, хотя и весьма противоречивый идеал, который ИГИЛ использует в качестве эталона при обращении к другим женщинам.

Другой пример — это женщина-блогер из ИГИЛ Умм-Лэйт, привлекавшая новобранцев путем размещения своих постов, например, «Наша роль в исламе еще важнее, чем женщины в исламе».

Примерами учителей и наставников являются также бывшие лидеры женского крыла запрещенной террористической группы, когда-то известной как «Аль Мухаджирун». «Три женщины идентифицируют себя в Twitter как Умм Саалиха, Умм Л и Умм Усмаан. Они работают на руководящих должностях в своих кругах и читают лекции женщинам на тайных занятиях»[172].

Конкретным примером поведения подражателей среди молодых девушек в ИГИЛ являются девочки-джихадисты, разыскиваемые Интерполом, которые исчезли из своих домов в столице Австрии Вене. «Интерпол считает, что они в возрасте 16 и 15 лет, были обмануты и отправились в Сирию. Полиция обеспокоена тем, что они могут вдохновить других девушек присоединиться к «священной войне»[173].

Приведем типичный случай рекрутирования в ИГИЛ, пребывания там и разочарования. Лора Пассони, когда ей было всего 19 лет, приняла ислам и была брошена отцом ее маленького сына. Решив углубить свое познание веры и в надежде привлечь мужчину, который будет выполнять свои обязатель-

---

[172] *Юнусова А.Б.* Женщины в экстремистских сообществах//Научный журнал. 2017. № 1 (14) С. 21–25.

[173] См.: Mobilization of Women to Terrorism: Tools and Methods of ISIS. URL: https://www.cambridge.org/core/journals/international-annals-of-criminology/article/mobilization-of-women-to-terrorism-tools-and-methods-of-isis/0D0A0698047A21494327686352C7A2CF/core-reader# (дата обращения: 23.12.2019).

ства в семейной жизни, Лора разместила свой набожный профиль в Facebook, и очень быстро с ней связался рекрутер ИГИЛ. Он пообещал ей мужчину, который никогда не покинет ее, дом в Сирии, обучение профессии медсестры и хорошую школу для ее малыша. С разбитым сердцем и поверив рекрутеру, она согласилась отправиться в путешествие в ИГИЛ.

Чтобы избежать обнаружения, она, ее малыш и человек, которого она выбрала по совету вербовщика, отправились по суше в Венецию, а затем на круизном судне в Измир (Турция). Оттуда они поехали на такси в Газиантеп и перешли в Сирию, чтобы присоединиться к ИГИЛ. Пассони считала круиз романтическим путешествием, поскольку она вступила в брак с почти незнакомым человеком. Однако ее вступление в ИГИЛ было далеким от того, что она предполагала. В итоге она осталась в «доме сестер», а ее муж ушел, чтобы пройти обучение шариату и стать борцом. Ее также пригласили служить ИГИЛ в качестве интернет-соблазнительницы или сотрудника полиции нравов (хисбах). Она отклонила оба предложения. Пассони была глубоко разочарована, когда оказалась дома в одиночестве, пока ее муж отсутствовал, сражаясь за ИГИЛ.

В итоге ни одно из обещаний рекрутера ИГИЛ не было выполнено — ни подготовки на медсестру, ни богатства. Ей пришлось выбирать: или позволить своему сыну играть в одиночестве без присмотра на улице, или идти с «братьями», другими бойцами ИГИЛ в мечеть. Увидев, как молоды были мальчики, которых ИГИЛ завербовало в детёнышей халифата, многие из которых стали террористами-смертниками, она испугалась, что её сына постигнет та же участь. Кроме того, она повторно забеременела. Отчаянно пытаясь спастись, Пассони взяла сына, села в такси и направилась к границе территории ИГИЛ, но вместо этого испуганный водитель передал ее полиции ИГИЛ. Муж Пассони согласился поручиться за нее, и она была заключена под домашний арест с бойцами ИГИЛ, охранявшими ее, когда он отсутствовал, и не позволяющими ей совершить еще одну попытку побега. В конце концов, Пассони удалось убедить своего мужа присоединиться к ней, чтобы бежать и с помощью контрабандистов маленькая семья из трех человек вернулась в Бельгию.

История Пассони — это шаблон для тех женщин, которые присоединяются к ИГИЛ. Путь к насилию почти всегда включает в себя классическое взаимодействие четырех важных факторов: *группы, ее идеологии, социальной поддержки и личных мотивов, уязвимостей*[174].

В 2014 году французские специалисты провели исследование 1134 молодых людей, склонных к вступлению в террористическую организацию. В это число входило 809 человек, которые были остановлены на французской границе по пути на территорию ИГИЛ. Интервью с радикализированными личностями показало, что вербовщики-джихадисты использовали в своем рекрутинге реляционные, эмоциональные и идеологические аспекты. Эта стратегия идеально подходит для демографического возраста, так как люди в молодом возрасте обычно ищут идеал, группу, к которой нужно принадлежать, и испытывают сильные эмоции[175].

Анализ данной группы потенциальных бойцов за веру позволил выявить и подчеркнуть следующие четыре ключевых момента, повышающих эффективность действия рекрутеров религиозных террористических организаций:

- *Возраст, пол и социальный класс новобранцев.* В выборке был представлен каждый социально-экономический класс. Подростки были выходцами из трущоб, семей среднего класса и довольно обеспеченных семей. 64%

---

[174] См.: Beware the Women of ISIS: There Are Many, and They May Be More Dangerous Than the Men. URL: https://www.thedailybeast.com/beware-the-women-of-isis-there-are-many-and-they-may-be-more-dangerous-than-the-men?ref=scroll (дата обращения: 23.12.2019).

[175] Подробнее см.: *Зеленков М.Ю.* Информационная аналитика трендов терроризма XXI века: монография.М.: РУСАЙНС, 326 с.

подростков были женщинами. Эта цифра может быть несколько искажена, поскольку признаки радикализации среди девочек более очевидны. Этими признаками являются: прекращение посещения школы или занятия спортом, а также изменения в их одежде, включая ношение никаба. Особо отмечается, что были четыре 12-летние девочки, которые трижды пытались уехать в Сирию. Большинство мужчин были в возрасте от 17 до 25 лет.

- *Религиозные верования семей.* Как мусульмане себя идентифицировали 24%, 44% идентифицировали себя как атеисты, 30% — как христиане, а 2% — как евреи.

- *Интернет против реальных контактов.* Все исследуемые представители использовали социальные сети. Личные встречи с рекрутерами либо предшествовали просмотру контента в ИТС «Интернет», либо сопровождали их. ИТС «Интернет» дает рекрутерам существенное преимущество: они могут выдавать себя за кого угодно (например, учителя, сокурсника, специалиста в какой-либо области и т.д.) и обещать все, что угодно для достижения своей цели.

- *Настройка сообщения.* Вербовщики использовали для воздействия на свои жертвы методы очень похожие на методы разведчиков: кейс-модули, представление себя в ИТС «Интернет» как нового друга, начинали беседы с целью оценки индивидуальных уязвимостей своих целей и построения доверительных отношений с ними. Как только вербовщик определял социальный, психологический и культурный уровень потенциального новобранца, он начинал постепенно внедрять идеологию джихада, используя адаптированный специальным образом рассказ. Каждый из этих рассказов предлагал рекруту тройку образов: идеал, группа, сильные эмоции[176].

---

[176] См.: ISIS Recruiting: In is Not (Just) ideological. URL: https://www.fpri.org/contributor/dounia-bouzar/(дата обращения: 23.12.2019).

- Однако психологи не имеют убедительных доказательств того, кто и по каким причинам в любом случае примкнет к рядам сторонников религиозной воинственности. Результаты анализа показывают, что причины этого выбора следует искать в:
индивидуальной психологии,
- *семейном окружении,*
- *проблемной среде социума,*
- *политической системе общества,*
- *исторических событиях,*
- *религиозных традициях,*
- *легкодоступных псевдорелигиозных писаниях.*
- Считается, что социальные отношения играют важную роль в процессе повышения радикализации индивидуума и его участия в террористической деятельности. Социальная и эмоциональная поддержка, а также развитое чувство религиозной идентичности являются ключевыми в этом процессе. Например, на Западе очень ценятся обещания. Заслуги здесь зарабатывают через действия по выполнению обещания. В западной культуре считается, что «действия говорят громче, чем слова». С другой стороны, на Ближнем Востоке намерения значат больше, чем действия. Если человек обещает то, что он будет делать в дальнейшем, а впоследствии он не в состоянии это сделать, то это не считается проступком до тех пор, пока человек искренне не признается, что сделать это не может.

Результаты исследований, проведенные в Германии, показывают наличие следующих внешних признаков социального взаимодействия, которые указывают на продвинутый процесс религиозной радикализации:

- социальная изоляция, прекращение контактов с «неверными», участие в полемике или агитации против религиозных и политических противников или (предполагаемых) «врагов»;
- заявления относительно исключительности в области религии, политики и убеждений, нулевая терпимость к альтернативным позициям и мнениям в этих областях;

- демократические принципы, такие как народный суверенитет и законодательство посредством народного представительства, отвергаются как «неисламские» в соответствии с принципом «таухид» (учение об «абсолютном единстве и уникальности Бога»);
- строгое соблюдение религиозных верований, заповедей и обрядов, пропагандируемых как «единственно правильных», наличие агрессивности, по отношению к представителям других конфессий;
- наступательные и агрессивные миссионерские тенденции;
- усиление зацикливания на будущей жизни делает земную жизнь адепта второстепенной.[177]

Анализ, проведенный Советом Европы (2016), показывает, что наиболее подвержены религиозной радикализации люди, отвечающие следующим параметрам:

наличие у них осознанного чувства маргинализации;

- подвергшиеся жестокому обращению;
- социально исключенные и отчаянно ищущие смысл жизни и принадлежность к какой-либо группе;
- молодые мужчины (однако доля женщин растет);
- имеющие низкий уровень образования;
- плохо знающие содержание исламской религии;
- безработные или неквалифицированные работники;
- часто из бедных семей[178].

Разумеется, это длинный перечень можно дополнить результатами и других исследований. Однако он не будет сильно отличаться от приведенного нами, только расширяться грани-

---

[177] Цит. по: *Goertz S.* Profilbildung von islamistischen Terroristen// Bayerisches Staatsministerium des Innern, für Bau und Verkehr, Bayerisches Landesamt für Verfassungsschutz (2016): Informationen zu islamistischen Anwerbeversuchen 2016.

[178] Цит. по: *Laurano P., Anzera G.* L'analisi sociologica del nuovo terrorismo tra dinamiche di radicalizzazione e programmi di de-radicalizzazione//Quaderni di Sociologia. 2017. № 75. p. 99–115.

цы его спектра. В связи с этим целесообразно провести классификацию вышеизложенных факторов и выделить следующие *три группы ключевых факторов риска*, способствующих становлению современного человека на путь в члены религиозной террористической организации (рис. 2.4).

«*1. Социум и социальные факторы*: низкий уровень воспитания в школе, высокий уровень преступности в районе проживания, наличие в нем мест дислоцирования террористических организаций, продавцов оружия и наркотиков, низкий уровень социальной сплоченности социума.

2. Семья и сверстники: наличие в составе малых социальных групп, к которым принадлежит индивид, асоциальных друзей и сверстников, низкий социально-экономический статус семьи, мать молодого индивида родила первого ребенка в раннем возрасте, низкая сплоченность семьи и привязанности к ней ее членов, родительский конфликт в семье или развод родителей в раннем детстве индивида, суровые физические наказания в отношении индивида или физическое насилие к нему со стороны родителей, слабый контроль родителей.

3. Индивидуальные факторы: слабый поведенческий самоконтроль, импульсивность, гиперактивность и проблемы внимания, низкий IQ, невысокие достижения в школе»[179].

Крайне негативное влияние на индивидуальный экзистенциализм оказывает и деятельность различного рода объединений закрытого типа, в обиходе называемые *«тоталитарными сектами»*. Религиозные секты, отмечает эксперт Ф. Морено (Франция), обладают большим количеством характеристик. Из этих характеристик принципиально выделяется интенсивный контроль над всеми основными аспектами жизни человека, дихотомическая мысль, которая включает в себя четкое разграничение между нами и ими и устранение любой возможности появления критического мышления.

---

[179] *Зеленков М.Ю.* Экзистенциальные потребности молодежи как источник преступлений экстремистского характера//Российский следователь, 2018. № 5. С. 52–56.

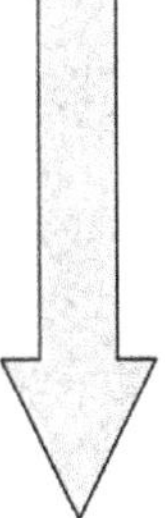

Рис. 2.4. Группы ключевых факторов риска, способствующих становлению современного человека на путь в члены религиозной террористической организации

Несмотря на то, что секты и террористические группы в теории демонстрируют заметные различия между собой, между ними существует и много общих характеристик:

- *разграничение*: группа изолирует завербованных от внешнего мира, отделяет своих членов от тех, кто мыслит иначе, иногда также через одежду;
- *обнадеживающие обещания*: предлагаются будущие (нереальные) решения проблем и обещания спасения;

- *абсолютизм*: завербованный, как часть группы, считает, что он обладает абсолютной истиной;
- *элитарность*: члены группы являются «избранными», а те, кто вне группы,— глупы, неверны, злы или потеряны;
- *изменение сознания*: старая система ценностей заменяется, рекрутируемый крестится с новым именем и новой личностью;
- *иерархия*: организация группы строго иерархическая и доктринальная;
- *запрещение критики*: собственные суждения — это нелояльность.
- *эксплуатация*: группа получает выгоду от своих членов, от них требуют послушания и подневольного состояния, а деньги забирают руководители;
- *стыд, вина и страх*: тот, кто сомневается или не совершает того, что ему приказывает гуру, тот не обладает необходимой верой, и он мешает остальным членам группы;
- *контроль за окружающей средой*: члены группы вмешиваются во все аспекты частной жизни человека;
- *дихотомическое мышление*: все классифицируется как хорошее и плохое, черное или белое;
- *непрозрачность*: люди вне группы не знают своей истинной внутренней динамики за пределами пропаганды;
- *привлечение*: группы стремятся предложить привлекательный образ, который, кажется, идеально соответствует потребностям человека, который может быть рекрутирован и оправдать все его ожидания;
- *чрезмерное регулирование*: строгие правила установлены в отношении основных аспектов жизни, и только самые преданные могут получить доступ к определенным исключениям — например, сексуальному распутству или употреблению наркотиков;
- *заговор*: любая информация, противоречащая доктрине группы, любая внешняя критика, считается прямой и зло-

намеренной атакой, которая интерпретируется как неопровержимое доказательство того, что группа права [180].

Все эти критерии являются общими, потому что они переносимы на поведение сект и радикальных религиозных групп в их насильственной стороне — террористической, так что граница между сектой и террористической группой часто ограничивается конкретными практиками или границами оправданий.

По данным экспертов, сегодня в мире функционирует от нескольких сотен до нескольких тысяч подобного рода сект. Так, например, только в Российской Федерации по состоянию на 2003 год насчитывалось около 500 новых религиозных движений, а к концу 2010 года было зарегистрировано 23,5 тыс. религиозных общин.[181] Предельно широким является их спектр: от псевдохристианских и псевдоконфуцианских до неоязычных, оккультных и сатанистских (рис. 2.5).

Основным направлением деятельности сектантских организаций является вовлечение адептов в свою структуру путем оказания влияния на их сознание и подчинение их воли интересам тех или иных лиц или организаций, позиционирующих себя в качестве единственно «истинных». Когда организация становится деструктивной сектой, она больше не придерживается какой-либо нормы, морали или правила. Ее доктрина и правила поведения могут меняться каждую минуту, чтобы служить двум основным целям секты: выжить и осуществить мечты ее лидера. Из-за этого даже секта, которая была вынуждена воздерживаться от своей основной тактики, способна обратиться к терроризму в любое время, если это возможно и необходимо для нее.

---

[180] См.: *Moreno F.* Características comunes de sectas y grupos extremistas religiosos. URL: https://www.melillahoy.es/noticia/98285/seguridad/caracteristicas-comunes-de-sectas-y-grupos-extremistas-religiosos.html (дата обращения: 28.09.2019).

[181] См.: Религия в России. URL: http://www.encyclopaedia-russia.ru/article.php?id=376 (дата обращения: 28.09.2019).

Направления сектантской деятельности
в Российской Федерации

Деструктивные псевдохристианские культы:
«Церковь Христа» (ЦХ), «Семья», Церковь адамитов, Благодать (Grace), Ревнители истинного благочестия, «Движение веры» и др.

Искажения православия и околоправославные секты:
Учение Георгия Кочеткова, Секты и ереси, паразитирующие на Православии и др.

Культы восточного направления:
Пять путей спасения, которые предлагают современные гуру, «Международное Общество Сознания Кришны» (МОСК), Институт знания о тождественности, «Брахма Кумарис Международный Духовный Университет» и др.

Теософия, оккультизм и группы движения «Новый Век»:
«Новый век», Теософское общество, Рериховское движение (Агни-йога, Учение Живой Этики, Рерихианство), «Академия Фронтальных проблем им. Золотова», Секта В.М.Бронникова и др.

Сатанизм и примыкающие к нему культы:
Церковь сатаны, Церковь Сайентологии («Дианетика»), Орден друзей Люцифера и др.

Группы русского язычества и ультраправые организации:
«Белый лотос», «Новый Акрополь», Церковь «Нави» и др

Культы, основанные на «новом откровении»:
Свидетели Иеговы, Мормоны, Богородичный Центр (Православная церковь Державной иконы Божьей Матери), Белое братство, «Церковь Последнего Завета» (секта Виссариона), Аум Синрике, Церковь Объединения (движение Муна)

Рис. 2.5. Направления сектантской деятельности
в Российской Федерации[182]

---

[182] Подробнее см.: Энциклопедия «Религии и секты в современной России». URL: http://www.sektainfo.ru/sekty-i-kulty/spravochniki-po-sektam/religii-i-sekty-v-sovremennoy-rossii (дата обращения: 28.09.2019).

Наиболее ярким примером этого является японская секта «Аум Синрике». Ее основатель С. Асахара будучи молодым почувствовал призвание к «высшим вещам». Однако в достижении своей цели он потерпел несколько фиаско. В дальнейшем, во время поездки в Гималаи в 1986 году Асахара, по сообщениям, «обрел просветление и сверхъестественную силу», а его последователи поверили в это и поклонялись ему как возрождению индуистского бога Шивы.

В июле 1987 года новоиспеченный гуру создал свою религиозную группу и назвал ее Aum Shinri Kyo («Высшая Истина»). В 1989 году секта была официально признана религиозным органом. Сочетая элементы буддизма, индуизма и христианства, а также курсы йоги и диеты, Асахара особенно привлекал молодых японцев, включая многих ученых из элитных университетов. Он показал им выход из общества, которое рассматривало, прежде всего коллективную охоту за материальным счастьем как цель в жизни.

Асахара не уклонялся от насилия даже в начале расширения своей секты: в ноябре 1989 года он жестоко убил адвоката Цуцуми Сакамото, его жену и их годовалого ребенка в Йокогаме. В середине 1990-х годов в секте было уже более 10000 верующих. Чтобы быть принятым в Аум, монахини и монахи должны были передать свое богатство общине. Получив, таким образом, богатство, Асахара создал процветающую бизнес-империю.

В феврале 1990 года гуру совместно с 24 учениками безуспешно баллотировался в парламент Японии. Неудачная попытка легально захватить политическую власть ускорила поворот «Аума» к террору. Его «министр науки» Х. Мурай наладил собственное производство ядовитого газа и оружия, вместе с «министром строительства» К. Хаякавой. Мурай купил в России много военной техники, в том числе вертолет Ми-17. Гуру обещал перспективу спасения только тем избранным, кто охотно подчинялся его религиозным обрядам. При этом любого, кто избежал «промывания мозгов» или подозревался в шпионаже, отправляли в «загробную жизнь» путем удушения, купания в горячей воде или уничтожения с использованием ядовитого газа.

По-видимому, в качестве пробного запуска запланированного государственного переворота 27 июня 1994 года «Аум» провел атаку зарином в центральном японском городе Мацумото. В результате нападения, нацеленного на местных судей, в течение десяти минут погибли 7 человек, а 144 получили ранения. 20 марта 1995 года по приказу гуру его ученики совершили террористический акт в столице Японии: в утренний час пик они распылили зарин в токийском метро. В результате 12 человек погибли и более 5000 получили ранения[183].

Таким образом, усилия, направленные на то, чтобы убедить индивидуума отказаться от нашедшей свое место в его сознании фундаменталистской идеологии религиозного терроризма, должны иметь комплексный и адресный характер. Самое важное преимущество, которое адепт получает от фундаменталистской идеологии — простое решение, которое она предоставляет для устранения экзистенциальных проблем. Это может быть то, что изначально приводит большинство людей к религии в ее различных формах. Для некоторых воинствующая вера может работать лучше, чем умеренная традиционная религия.

2.2. СОЦИАЛЬНО-ПОЛИТИЧЕСКИЕ ПРИЧИНЫ

Противоречия на религиозной почве

Согласно иудейской, христианской и мусульманской религиям мы все создания Божьи. И это дало нам правила, побуждающие нас жить вместе, в мире и единстве. Но тогда почему

---

183 Подробнее см.: Japan — Die Aum-Sekte. URL: https://www.spiegel.de/spiegelspecial/a-306738.html (дата обращения: 28.09.2019).

так много терроризма во имя религии? Почему даже верующие, совершая террористические преступления, прячутся за религиозным идеалом? Религиозные противоречия возникают как между конфессиями, так и внутри них. Противоречия этого типа обычно имеют исторические корни, а также порождаются вмешательством третьей стороны или дисбалансом в отношениях между соседними народами, исповедующими разные религии.

Основными формами, приводящими к возрастанию деструктивной роли религии в социальных отношениях, являются следующие:

насильственные действия, связанные с религиозными нормами (например, преследование женщин за нарушение религиозных дресс-кодов: в Боснии и Герцеговине работникам судебных учреждений запрещено носить «религиозные знаки отличия» на работе, в том числе появляться платках; во Франции запрет на полнолицевые покрытия был введен в 2011 году и не разрешает мусульманским женщинам носить паранджу или никаб на публике; в 2015 году Камерун, Чад, Республика Конго и Нигер — запретили исламские вуали для женщин);

преследование со стороны отдельных лиц и социальных групп (например, в Бангладеш в ноябре 2017 года толпа из примерно 20000 человек в Рангпуре подожгла и разорила около 30 домов, принадлежащих местному индуистскому меньшинству, посчитав, что их пост в Facebook унижает пророка Мухаммеда; в Пакистане отмечено несколько случаев нападений толпы в ответ на обвинения в богохульстве; в США в 2017 году, отчасти из-за митинга «Объединим право» в Шарлоттсвилле, штат Вирджиния белые сторонники превосходства протестовали против удаления статуи Конфедерации из парка и выражали антисемитские и расистские настроения, демонстрируя флаги со свастикой и выкрикивая: «Евреи не заменят нас!»; в ЦАР в ходе конфликта между силами христианской и мусульманской полиции происходили массовые убийства и переме-

щение людей, мусульмане были непропорционально переме-
щены, а примерно 80% были вынуждены бежать из страны);

религиозное насилие со стороны организованных групп (например, в Нигерии девушки, похищенные террористической
группировкой «Боко харам», подвергались насильственному
обращению в религиозные обряды и другим злоупотреблениям; талибы в Афганистане убивали суннитских священнослужителей или угрожали им за проповеди, которые они считали
неисламскими; в 2015 году некоторые алжирцы пообещали
«возмездие» женщинам, которые вышли на улицу в не закрытых одеждах, угрожая опубликовать их фотографии в ИТС
«Интернет» или напасть на них и вылить кислоту на их лица;
в Израиле водители, которые управляли автомобилями возле
ультраортодоксальных еврейских кварталов в субботу, сообщали о случаях преследования, в том числе обзывания и оплевывания ультраортодоксальными жителями);

межрелигиозная напряженность и насилие (например,
межрелигиозные или общинные столкновения между индусами и мусульманами в Индии; в 2016 году в Соединенном
Королевстве мусульманин-суннит убил лавочника мусульманина-ахмади, потому что он «неуважительно относился к пророку Мухаммеду»; в Бельгии в 2016 году раввин сообщил, что
в него и в его друга бросали камни, потому что он «явно иудей»; в Нигерии мусульманские пастухи совершили ответные
нападения на христианских фермеров после того, как пастухи
заявили, что они не получили правосудия, когда фермеры убили членов пастушьей общины и украли их скот; в Ираке произошли суннитско-шиитские столкновения после освобождения некоторых районов от правления ИГИЛ.)[184].

---

[184] Подробнее см.: A Closer Look at How Religious Restrictions Have
Risen   Around   the   World.   URL: https://www.pewforum.org/
2019/07/15/a-closer-look-at-how-religious-restrictions-have-risen-around-
the-world/#government-restrictions-categories   (дата   обращения:
23.08.2019).

Противоречия на религиозной почве сотрясают нашу планету Земля и вызывают исход с родных мест ни в чем не повинных людей. В основе такого положения дел лежит постулат о том, что природа религии не допускает даже мысли о том, что на Земле могут существовать другие религиозные верования. Практически во всем мире миллионы христиан, мусульман, индусов и людей других конфессий вынуждены покидать места проживания из-за своих религиозных убеждений. От Ближнего Востока до Азии, от Африки до Европы религиозные общины уходят из своих традиционных и исторических ареалов и расселяются по территориям, более приспособленным для мирной жизни.

В качестве примера приведем краткое описание некоторых конфликтов, порожденных противоречиями на религиозной почве[185].

Противостояние христианства и ислама нашло свое проявление в нагорно-карабахском и косовском конфликтах, дискриминации прав и свобод адептов православия в центрально-азиатских государствах СНГ и т.д. Кровавые сектантские конфликты являются неотъемлемой частью религиозной ситуации в Нигерии. По самым скромным оценкам, на сегодняшний день в беспорядках погибли более 6000 человек. Мусульмане и христиане — это около 40% населения Нигерии. Мусульмане на протяжении многих веков составляют большинство на севере, в то время как восточные и западные районы страны населены христианами. Основной нигерийский конфликт концентрируется вокруг попытки ввести шариат в северных штатах. Христианское меньшинство яростно про-

---

[185] Подробнее см.: *Зеленков М.Ю., Бочарников И.В.*/под. ред. М.Ю. Зеленкова. Международные конфликты XXI века.М.: ИНФРА-М, 2018. 362 с., *Зеленков М.Ю.* Информационная аналитика трендов терроризма XXI века: монография.М.: РУСАЙНС, 326 с., *Зеленков М.Ю.* Религиозные конфликты: природа и перспективы развития.М.: Юридический институт МИИТа, 2007. 244 с.

тестует против новых законов. С 1999 года в Индонезии идет борьба между христианами и мусульманами, которая унесла жизни уже более 5000 человек. Индонезия является самой крупной мусульманской страной в мире (214 млн чел.): 87% — мусульмане, 9,5% — протестанты и 3% — католики. Вот уже более 30 лет на юге Филиппин активно функционирует сепаратистское движение, целью которого является создание мусульманского государства. Большая часть населения Филиппин (78 млн чел.) — католики. Мусульмане составляют около 3,5 млн человек и проживают в основном на юге страны. Корни этого конфликта уходят в XVI век, а число жертв в XXI веке постоянно растет.

С. Хантингтон в своей нашумевшей в научном и политическом мире книге «Столкновение цивилизаций» приводит краткое историческое объяснение противостояния ислама и христианства, а затем перечисляет пять факторов, которые усугубили конфликт между этими двумя религиями в конце XX века:

- «рост мусульманского населения породил большое количество безработных и недовольных среди молодежи, которые становятся новобранцами джихада по исламским причинам;
- недавнее возрождение ислама дало мусульманам подтверждение достоверности ислама по сравнению с другими религиями;
- попытка Запада по универсализации ценностей и институтов и поддержанию военного превосходства вызвала сильное негодование в мусульманских общинах;
- без общей угрозы коммунизма Запад и ислам теперь воспринимают друг друга как врагов;
- усиление связи и взаимодействия между исламом и Западом преувеличивает воспринимаемые различия между двумя обществами»[186].

---

[186] См.: *Huntington S.P.* The Clash of Civilizations and the Remaking of World Order.N. Y.: Simonand Schuster, 1996.

1. *Противостояние иудаизма и ислама* вылилось в палестиноизраильский конфликт. Так, основные арабские требования к территории Палестины и к Израилю были религиозными и относились к святости земли для ислама. Именно с этих позиций следует рассматривать ведущую роль муфтия Иерусалима в палестинском национальном движении в 1930-х и 1940-х годах, а также религиозные компоненты в палестинском национальном опыте. Стоит отметить, что религиозные элементы существуют в концепции конфликта не только в арабской части, но в немалой степени и в еврейской части. Значительные части еврейско-израильской общественности видят мессианский след в этой конфликтной ситуации.

2. *Противостояние ислама и протестантизма,* начиная с 1983 года, отмечается в Судане (в 2011 г. Судан с согласия ООН был разделен на два государства: Судан и Южный Судан), где правительство насильственно обращает в мусульманство живущих в стране протестантов. Север Судана примерно 2/3 суданских земель и населения является мусульманским, а Южный Судан — в большей степени христианским. Хотя христианство предшествовало исламу на севере Судана, оно было искоренено и заменено исламом к началу XVI в. Затем ислам был введен в южную часть страны британскими миссионерами.

4. *Противостояние буддизма и ислама* наиболее ярко выражено в Юго-Восточном регионе Азии, где буддисты и мусульмане имеют долгую историю конфликтов друг с другом. Буддизм когда-то был преобладающей религией в Азии. Его ареал простирался от Центральной Азии до Японии и от южной Сибири до Индонезии. Во второй половине первого тысячелетия ислам из Западной Азии постепенно продвигался дальше на восток. Значительная часть Центральной Азии также была буддистской, пока ислам не смог здесь утвердиться в качестве религиозного превосходства благодаря продвижению арабов. Такие страны, как сегодняшний Таджикистан и Афганистан,

когда-то были оплотом буддизма. В Индии падение буддизма в основном объясняется приходом захватчиков-мусульман. В период с VII по XVI–XVII века буддизм исчез со всей Азии. Это оставило линию разлома, которая все еще формирует отношения между этими двумя религиями.

Однако распространение ислама не повсеместно приняло форму вторжений. Как правило, это было характерно для Индии и Центральной Азии, но в Юго-Восточной Азии это был медленный процесс, который исходил из портовых городов. Между Восточной Азией и мусульманским миром шла оживленная торговля, особенно через арабских торговцев. Они относительно рано поселились в портовых городах Юго-Восточной Азии и оказали влияние на прилегающие территории. В Таиланде вот уже много лет идет конфликт на его мусульманском юге (провинции Паттани, Яла и Наратхиват на границе с Малайзией). С одной стороны,— мусульманские повстанцы, которые борются за большую автономию и дифференциацию от Королевства Таиланд, а с другой стороны,— тайские военные, которые изо всех сил стараются искоренить ячейки террора.

В XXI в. отношения между буддистами и мусульманами существенно обострились. Так, в Мьянме (Ракхайн) инициаторами конфликта выступают буддийские монахи, призывающие бороться с мусульманами, которые вследствие высокой рождаемости могут заполонить всю страну. Кроме того, рохиньи (мусульмане) весьма успешны в определенных секторах экономики. Это приводит, с одной стороны, к тому, что они чувствуют себя несколько лучше, а с другой стороны, к тому, что большинство населения относится к ним с подозрением и зачастую даже с завистью.

5. Противостояние буддизма и религий этнических меньшинств (индуизм, ислам и др.). Ярким примером данного конфликта является Шри-Ланка, где буддизм объединяется с растущей этнической и националистической идентичностью. Организация *Bodu Bala Sena (BBS,* «буддийская сила») объединила членов этнического сингальского большинства страны и проповедует доктрину нетерпимости против меньшинства исламского населения (около 10% страны), чья рождаемость, как они утверждают, также вызывает тревогу. Галагода Атте Гнанасара, лидер *BBS* утверждает: «Это буддийская страна. У нас есть сингальская буддийская культура. Это не Саудовская Аравия. Поэтому вы должны принять культуру и вести себя так, как нами установлено, чтобы не нанести вреда». Религиозное измерение конфликта возникло после рождения нового сингальского национального государства (1948), когда пришедшие к власти пробуддийские правящие классы стали навязывать идею о том, что нация является единой с землей, обозначенной как остров Дхармы (освященной, согласно мнению буддийских монахов, самим Буддой, который ступил на остров во время одной из его странствующих проповедей в южной Индии), имеющей один язык (сингальский) и одну религию (буддизм). В итоге идея вошла в противоречие с индуистским меньшинством — носителем тамильского языка и культуры, которое со времен английской колонизации заселило северные районы Шри-Ланки. В своей деятельности буддийские монахи Шри-Ланки развили фундаменталистскую тенденцию, неоднократно ссылаясь на необходимость священной войны (дхарма юдхайя) против тамилов, которые, по сути, требовали расчленения земли, освященной буддизмом на протяжении веков. В конечном итоге часть тамилов и другие религиозные меньшинства, например мусульманское меньшинство, также встали на путь фундаментализма.

6. *Противостояние китайской национальной религии с другими конфессиями.* Территорией одного конфликта является Тибет, где проживают буддисты. В ходе конфликта разрушаются буддийские монастыри, происходят убийства, изгнание

буддистов со своей территории и заселение ее этносом, исповедующим другую религию. Другой территорией конфликта является Восточный Туркестан (Синьцзян), где часть исламской фундаменталистской оппозиции (уйгуры) борется за создание независимого государства.

Реакции на мультикультурализм

В современном сложном и глобализированном мире миграция и мультикультурализм стали нормой. Для любой страны, где нет закрытых границ, мультикультурализм является сегодня свершившимся фактом и присутствует в обществе. Для примера, в США, где на гербе есть надпись «единство в многообразии», 56% американцев согласны с тем, что все большее число людей разных рас, этнических групп и национальностей является позитивным для США. В Европе, однако, медиана всего 22%. Так, до начала 2000-х годов Великобритания была одной из европейских стран, наиболее твердо приверженных «мультикультурному» подходу к интеграции мигрантов. Но с начала 2000-х годов ее лидеры стали совершать все более заметный сдвиг в сторону более интеграционного, даже «неоассимиляционного» подхода к культурному разнообразию.

Экс-премьер-министр Великобритании Д. Кэмерон в своем выступлении на конференции по безопасности в Мюнхене в 2011 году сказал: «В рамках доктрины государственного мультикультурализма мы поощряли разные культуры жить отдельной жизнью, оторвавшись друг от друга и от фундамента. Однако мы не смогли предоставить мигрантам полноценное видение нашего общества, к которому они хотят принадлежать. Все это позволяет некоторым молодым мусульманам чувствовать себя оторванными»[187].

---

[187] Цит. по: *Cecchinato P.* Promuovere le affinità, per uscire dalla trappola del multiculturalismo//Diritto e libertà. 01 Settembre. 2017.

Как это ни парадоксально, государства, которые когда-то были яркими примерами попыток формирования новых наций вокруг узкого этнического ядра (например, Канада и Австралия), развились за последние десятилетия в направлении двойного представительства или кратном национальной принадлежности. Эти государства, сохранившие свои моноэтнические основы со строгим надзором за миграционными потоками и строгим контролем над своими коренными жителями, теперь осуждают ассимиляцию и восхваляют достоинства культурного плюрализма[188].

Во всей Европе, Северной Америке и Австралии существует твердое мнение о том, что в их странах возросло разнообразие (опрос Pew, 2019, США). И по большей части это разнообразие приветствуется (кроме Греции — 62% против, и Италии — 45%). В Великобритании, Канаде, США, Австралии и Испании примерно 6 из 10 опрошенных говорят, что они выступают за большее разнообразие. Однако внутри стран существуют различия между различными демографическими и политическими группами. В Европе, Северной Америке и Австралии люди, которые больше склоняются к разнообразию, как правило, моложе, имеют больше образования и ставят себя на левый край политического спектра. В некоторых европейских странах люди с положительным мнением о правых, антииммиграционных партиях больше против увеличения разнообразия в своей стране[189].

Как видим, точки зрения на культурное и религиозное многообразие, возникающее в результате транснациональных потоков и очередного переселения народов, среди представи-

---

[188] См.: *Pearson J.* The Politics of Ethnicity in Settlers Societies, States of Unease. Basingstoke: Palgrave, 2001.

[189] См.: A Changing World: Global Views on Diversity, Gender Equality, Family Life and the Importance of Religion. URL: https://www.pewresearch.org/global/2019/04/22/a-changing-world-global-views-on-diversity-gender-equality-family-life-and-the-importance-of-religion/(дата обращения: 23.12.2019).

телей того или иного социума не совпадают. В каждом национальном обществе есть социальная группа, которая призывает к отмене мультикультурализма, утверждая, что он представляет собой «угрозу для самой основы социума». Противники мультикультурализма считают, что нет причин, по которым культура мигрантов должна поддерживаться за счет общей национальной культуры. Они выступают против культурной интеграции различных этнических и религиозных групп с существующими законами и ценностями страны. То, что раньше регулировалось политическим выбором, который выражался в кабине для голосования по вопросам многокультурного общества, иммиграции и ислама, в настоящее время, по мнению экспертов, регулируется силой и оружием.

Например, в Финляндии Движение Сопротивления Северных стран (неонацистская группа) опубликовало антисемитские и антимусульманские материалы и организовало небольшие тренировочные лагеря и митинги. Они опубликовали контент на своем веб-сайте, утверждая, что евреи привезли мусульман в Европу и что «финны должны быть осведомлены о расовом насилии над белыми людьми и болезнях, распространяемых мусульманскими иммигрантами». Группа также организовала в 2017 году многочисленные антирелигиозные акции в Швеции. В сентябре около 500 ее сторонников прошли через город Гетеборг в день еврейского праздника Йом Кипур, столкнувшись с полицией и тысячами противников демонстрации[190].

В Швеции «Партия демократов» (SD) в ходе всеобщих выборов в 2018 году добилась значительных успехов, завоевав около 18% голосов. Партия имеет свои корни в неонацизме, выступает против мультикультурализма и хочет строгого иммиграционного контроля.

---

[190] Подробнее см.: A Closer Look at How Religious Restrictions Have Risen Around the World. URL: https://www.pewforum.org/2019/07/15/a-closer-look-at-how-religious-restrictions-have-risen-around-the-world/#government-restrictions-categories (дата обращения: 23.12.2019).

В 2017 году крайне правая партия «Альтернатива для Германии» (AfD) впервые вошла в федеральный парламент с 12,6% голосов, став крупнейшей оппозиционной партией Германии. С самого начала своей деятельности в качестве антиевропейской партии она настаивала на строгой антииммиграционной политике, занимала враждебную позицию по отношению к исламу и ломала давние антинацистские табу. Ее популярность возросла, поскольку Германия допустила более миллиона незарегистрированных мигрантов. Сегодня партия имеет представителей в каждом парламенте земель Германии.

«Рост популярности крайне правых политических группировок (Национальный фронт во Франции, Республиканская партия в ФРГ, праворадикальные партии в Бельгии, Нидерландах, Австрии),— считает профессор И. Узнародов,— отражает недовольство той части населения, которая с трудом вписывается в процессы трансформации общества и выступает с позиций национализма, критикуя сложившиеся политические порядки, осуждая интеграцию и либеральную иммиграционную политику, культурную унификацию и гомогенизацию. При этом подчёркивается необходимость сохранить то, что есть — свою культуру и традиции».[191]

Так, опрос 2017 года показал, что текущие дебаты о мультикультурализме в Европе часто фокусируются на исламе и мусульманах, однако, во многих странах Западной Европы также давно существуют еврейские (читай: иудейские) общины. В этих условиях христиане на всех уровнях религиозного культа с большей вероятностью, чем не принадлежащие к религии взрослые, говорят, что они не захотят принимать евреев в свою семью, и, в целом, они с большей вероятностью согласятся с крайне негативными утверждениями о них: например,

---

[191] См.: *Узнародов И.М.* Новый национализм в современной Европе. URL: www.sov-europe.ru/2015/5/Uznarodov.pdf. (дата обращения: 22.06.2019).

«евреи всегда преследуют свои собственные интересы, а не интересы страны, в которой они живут»[192].

Ненависть к мультикультурализму и страх потерять этническую самобытность нации напоминают действия, предпринятые А. Брейвиком, который также взял на себя ответственность за них во время нападения в Утойе в июле 2011 года и открыто вдохновил автора резни в Крайстчерче, Новая Зеландия, с которым он имел контакт и где погибли 49 человек и 20 получили ранения. Видео и документы, распространяемые в ИТС «Интернет», но официально не подтвержденные, показали, что террорист, изображающий из себя 28-летнего австралийца, опубликовал свою атаку на Facebook Live. «Манифест», размещенный на аккаунтах, связанных с той же страницей Facebook, относится к тезисам «великой замены», циркулирующим в крайне правых кругах и теоретизирующим исчезновение «европейских народов». При этом премьер-министр Новой Зеландии С. Моррисон подтвердил, что стрелок является правым экстремистом.

В такой обстановке религия становится частным делом, потому что нет общей публичной религии, за которую ратуют религиозные фундаменталисты. Индивидуумы представляют многие зарубежные религии и культуры, и в этих условиях собственная религия оказывается на переднем крае индивидуального самоопределения. Сближение разных религий приводит к гораздо меньшей уверенности в религиозных идеях. Из-за этих проблем религиозная вера сильно ослабевает, но те, кто все еще остаются твердыми приверженцами своей религиозной самобытности, становятся на ее защиту. По мере того, как центральная масса верующих сокращается, происходит рост фундаменталистских и экстремистских фракций, который является неконтролируемым со стороны власти и конфессий.

---

[192] См.: Being Christian in Western Europe. URL: https://www.pewforum.org/2018/05/29/being-christian-in-western-europe/(дата обращения: 23.08.2019).

Одной из причин роста современного религиозного терроризма, как показывают результаты исследования, было именно восприятие верующими того, что их традиции и обычаи подвергаются нападению со стороны прогрессивных сил. В тот момент, когда собственная религия кажется под неустанной атакой, чувствуется большая потребность в восстановлении чувства собственного достоинства, основанного на традиционной идентичности. И это становится катализатором увеличения числа членов религиозных террористических организаций.

А если тебе с пеленок насаждается мнение о том, что во всем виноваты представители других этносов или религий, то эффективность радикализации существенно повышается. В качестве примера приведем результаты исследования, проведенного некоммерческой организацией IMPACT-SE, которая отслеживает учебники, используемые на Ближнем Востоке. Анализ учебных материалов, предполагаемых для использования на палестинских территориях в 2019–2020 учебном году показал, что они содержат больше антисионистской и, в некоторых случаях, антисемитской пропаганды, чем в прошлом:

в учебниках всех классов подчеркивалась необходимость непрерывной борьбы с использованием таких терминов, как «революция», «восстание», «рибат» (термин, означающий защиту ислама даже с применением насилия) и «джихад», который понимался не только как национальная борьба, но также как передача и призыв к соблюдению экстремистских религиозных верований;

- в учебнике по математике есть следующее упражнение: «Число мучеников Первой интифады составляет 2026 мучеников, а число мучеников Интифады Аль-Акса — 5050. Каково число мучеников двух Интифад?»;
- в одном из текстов отмечается террорист Далал аль-Муграби, ответственный в 1978 году за резню на прибрежной дороге, которая произошла в Тель-Авиве и в которой погибли 38 человек, в том числе 13 детей;

- в одном из учебников говорится, что «сионисты основали свое образование на фундаменте терроризма, уничтожения и колониализма»[193].

Секуляризация

Секуляризм возник в Европе и глубоко вторгся в ее жизнь. Разделение государства и церкви является одним из величайших достижений западной цивилизации. Борьба продолжалась столетия — от конкордата Вормсе в 1122 году до эпохи Просвещения в XVIII веке. Однако секуляризация определяет лишь общую тенденцию модернизации роли религии в обществе. В то же время она не исключает и вероятность того, что позиции религии под влиянием благоприятно складывающихся для нее факторов могут усилиться.

Роль религии в жизни современной цивилизации достаточно противоречива, следовательно спрогнозировать ее перспективы практически не представляется возможным. Определенно можно констатировать только то, что характерным и закономерным для мирового сообщества имеет место быть нарастание процесса *секуляризации*, в ходе которого религия теряет свое былое величие в оказании влияния на жизнедеятельность человечества в целом и отдельной личности, в частности.

Так, сегодня в Европе священнослужители бьют тревогу, что «европейцы перестали ходить в церковь». Согласно результатам социологических опросов:

- в Дании 24% являются атеистами и только 28% верят в Бога (2010);
- число англиканцев в Великобритании «упало с 40% населения в 1983 году до 29% в 2004 году и до 17% в 2014 году»;

---

[193] См.: *Greppi N.* Nelle scuole palestinesi aumenta l'istigazione al terrorismo contro israeliani ed ebrei. URL: https://www.mosaico-cem.it/attualita-e-news/mondo/nelle-scuole-palestinesi-aumenta-listigazione-al-terrorismo-contro-israeliani-ed-ebrei (дата обращения: 23.12.2019).

- в Нидерландах 51% голландцев старше 15 лет не принадлежит ни к одной религии (2018);
- в Швейцарии граждане, не принадлежащие ни к одной религии, составляют 26% (2017).

Секуляризация, отмечают немецкие ученые, обычно считается связанной с процессами модернизации — будь то в качестве зависимого или независимого компонента. Например, в дополнение к сложным процессам, таким как возрастающая дифференциация и рационализация, как разочарование в религии, уже обсуждавшиеся в ранней философии, прагматические события в целом способствовали секуляризации в Германии в последние десятилетия. Урбанизация и рост мобильности нарушают социальную сплоченность религиозных общин, в данном случае христианских церквей. Тенденция религиозной социализации угасает, что приводит к потере членов от поколения к поколению. Сегодня только половина членов протестантской церкви Германии в возрасте от 14 до 29 лет до сих пор заявляют, что они воспитывались религиозно. В возрастной группе старше 45 лет все еще три четверти.[194]

Не обошел процесс секуляризации и некогда одну из самых религиозных стран мира США. Здесь «число членов Церкви составляло 70% или более с 1937 по 1976 год, скромно упав до 68% в 1970–1990-х годах. В последние 20 лет наблюдалось ускорение спада, и в 2018 году уровень религиозности опустился до 50%»[195]. При этом число принципиально неверующих людей в этой стране приближается к 25% населения.[196]

---

[194] См.: *Pollack D.*, *Pickel G.*, *Spieß T.* Religiöse Sozialisation und soziale Prägungen und Einflüsse//Bedford-Strohm/Jung (Anm. 11). S134.

[195] См.: *Jones J.* U.S. Church Membership Down Sharply in Past Two Decades. URL: https://news.gallup.com/poll/248837/church-membership-down-sharply-past-two-decades.aspx (дата обращения: 22.12.2019).

[196] См.: Информационное агентство REGNUM. URL: https://regnum.ru/news/society/2136222.html (дата обращения: 22.12.2019).

Интересно мнение представителя американской Фемиды, члена Верховного суда США С. Брейера, который заявил в эфире телеканала CNN, что священник Терри Джонс из Флориды, заявивший о своем желании сжечь Коран, имел право сжечь Коран 11 сентября 2001 года. По словам судьи, когда в стране живут 300 млн совершенно разных людей, для них полезно знать, что они вправе говорить то, что думают.[197]

Секуляризм — это явление, рожденное в обществе, которое имеет свою собственную культуру и свой генезис. Суть секуляризма заключается в развитии человеческой свободы и ценности индивида как личности, независимо от того, является ли это решением политической власти или религиозного священства. История учит, что прогресс в развитии секуляризма может быть достигнут только параллельно с проведением в обществе качественной религиозной реформы, основанной на понимании роли религии в жизнедеятельности социума. Особенно данный вывод актуален в современных условиях, когда религия играет определенную разновекторную роль в создании культурного поля общества и вносит свой вклад в формирование его мировоззрения.

Существует и другой подход к данному явлению. Секуляризм — это государственный нейтралитет и свобода совести. Он не позитивен, не агрессивен и не имеет ничего общего с атеизмом. По сути, секуляризм основан на исключении религии из политического процесса, потому что он считается фрагментарным элементом общества, его ограничением в личных (религиозных) рамках и рассматривает религию через исторический подход как причину войн и разногласий. Он признал и признает это в создании политической системы, основанной на теории суверенитета народа и на конституционных прин-

---

[197] См.: РБК. Сожжение Корана в США признано законным. URL: http://www.rbc.ru/society/16/09/2010/5703de3e9a79470ab5024f7f (дата обращения: 20.12. 2019).

ципах, разделяющих властью, на построении экономики, в которой люди ведут достойную и процветающую жизнь.

Доказательством нашего вывода можно считать результаты социологического опрос, проведенного в 2017 году в 15 странах Европы (Северной, Западной и Южной). Они показали, что здесь преобладает мнение о том, что религию следует отделять от политики правительства (медиана 60%), в отличие от позиции, согласно которой политика правительства должна поддерживать религиозные ценности и убеждения в их стране (36%). Причем, не практикующие христиане утверждали, что религия должна быть исключена из государственной политики. Однако в медиане 35% из них считают, что правительство должно поддерживать религиозные ценности и убеждения в своей стране (в Соединенном Королевстве — 40%). Христиане, посещающие церковь, гораздо чаще, чем не практикующие христиане, предпочитают государственную поддержку религиозных ценностей. Так, в Австрии 64% из них занимают эту позицию, по сравнению с 38% не практикующих христиан[198].

В современной науке большинство ученых придерживаются подхода, что *религиозный терроризм в значительной степени появился как реакция наиболее фанатичных приверженцев религий на процесс секуляризации*, сопровождающийся приспособлением религиозных институтов к изменениям, происходящим в социуме, а также модернизацией догматики и культа. С этим согласен и Патриарх Московский и Всея Руси Кирилл: «В своих взаимоотношениях с государством и светским обществом традиционные религиозные общины неизбежно сталкиваются с известным противоречием между исповедуемым ими идеалом и процессами секуляризации, которые сопровождают нынешнюю жизнь. Многие современные противоречия, кото-

---

[198] См.: Being Christian in Western Europe. URL: https://www.pewforum.org/2018/05/29/being-christian-in-western-europe/(дата обращения: 23.08.2019).

рые подчас описываются журналистами как межрелигиозные, на самом деле отражают конфликт между секуляризмом и целостным, традиционным религиозным миропониманием».[199]

Думается, именно в таком же ключе рассуждает о секуляризации и президент Египта Абдель Фаттах эль-Сиси, который в одной из своих речей по случаю дня рождения пророка Мухаммеда в Каире заявил о необходимости «религиозной революции». Он призвал шейхов и имамов исправить неверные представления, которые «укоренились в умах исламской нации и были священны в течение сотен лет». При этом он подчеркнул, что от них избавиться очень трудно, но эти концепции и идеи враждебны всему миру[200].

Таким образом, концепция секуляризма заключается не в том, чтобы избавить мир от религии, а в том, чтобы отделить государство от религиозной политики и позволить ему управлять принципами, взятыми «из этого мира».

Исследование позволило сделать вывод о том, что в сфере религиозного терроризма секуляризация имеет биполярный эффект. Как правило, те, кто «цепляются» за религию и не отвергают ее, постепенно в своем сознании накапливают запас фундаменталистских идей и обращают свой взор к терроризму. В итоге, в террористических организациях становится меньше умеренных. Уменьшая число и полномочия умеренных, секуляризация тем самым дает террористам больше власти в своей религии.

Например, «современный среднестатистический житель Европы делит себя как бы на две части: большую часть "себя" он отдает светским законам и образу жизни, а меньшую часть — оставляет для религии. И эта меньшая часть пробуждается в нем только либо по религиозным праздникам, либо

---

[199] См.: Баглиев М. Политический процесс в арабской республике Египет. URL: https://superinf.ru/view_helpstud.php?id=2222 (дата обращения: 20.04. 2019).

[200] См.: .؟ةيناملعلل هاجتا مأ فرطتلل دأو ..ةينيد ةروثل "يسيسلا"□ URL: https://www.dw.com/ar/(дата обращения: 20.04. 2019).

в критических ситуациях,— когда кроме как у Бога помощи и душевного утешения искать не у кого»[201].

Опрос, проведенный в 2016 году среди трех поколений турецких мигрантов в Германии, показал, что их собственная религиозная практика существенно отличается: респонденты из 2-го и 3-го поколений посещают мечеть реже (23%), чем представители 1-го поколения (32%), а также реже осуществляют личные молитвы (35%) в противовес старшему поколению (55%). В то же время 72% представителей 2-го и 3-го поколений считают себя гораздо более религиозными, чем респонденты первого поколения (62%). Это может отражать не столько прожитую религиозность, сколько сознательную приверженность культурному происхождению[202] (рис. 2.6).

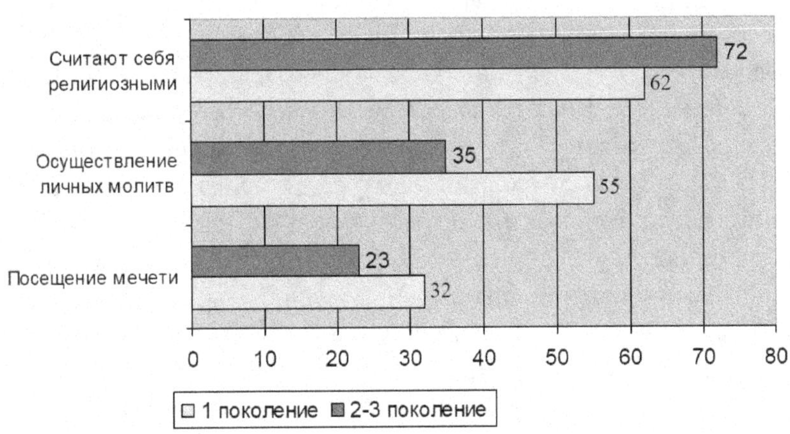

Рис. 2.6. Религиозная практика поколений турецких мигрантов в Германии, в% (Источник данных: URL: https://www.uni-muenster.de/ Religion-und-Politik/aktuelles/2016/jun/PM_Integration_und_Religion_aus_ Sicht_Tuerkeistaemmiger.htm)

---

[201] *Зеленков М.Ю.* Государственно-религиозные отношения: правовой аспект.М.: Юридический институт МИИТа, 2004. С. 129.

[202] См.: Hälfte der Türkeistämmigen fühlt Sich nicht Anerkannt/URL: https://www.uni-muenster.de/Religion-und-Politik/aktuelles/2016/jun/ PM_Integration_und_Religion_aus_Sicht_Tuerkeistaemmiger.html (дата обращения: 23.08.2019).

Следует отметить определенную корреляцию с результатами исследования, проведенного еще раньше в 2009 году среди мусульман Германии. Его результаты показали, что только 33,9% мусульман в Германии заявили, что они молятся ежедневно, не говоря уже о пяти разах в день. 15,3% молились «несколько раз в год» и 20,4% «никогда». При этом 15% респондентов заявили, что они «не» или «скорее не» верующие[203].

История учит, что секуляризация представляет собой процесс коллективной потери публичной религии и часто сочетается с крупномасштабной потерей знаний о ее догматике (например, атеизм в СССР). Связано это с тем, что переход большей части развитого мира к нерелигиозному мировоззрению заставил национальные государства и институты использовать технологии, науку и основанную на фактических данных, логику вместо религиозных текстов и откровений. Те же адепты религии, которые имеют фундаменталистское мировоззрение, не могут этого позволить и вступают в сражение с теми, кто не разделяет их взгляды на жизнь. Поэтому, когда политическая власть вольготно обращается с символами культуры и религии, фундаменталисты рассматривают это как угрозу религиозной идентичности и пополняют ряды религиозных террористов. Так, сегодня в Европе именно антирелигиозный секуляризм играет основную идеологическую роль в радикализации исламской молодежи, которая ведет в пригородных гетто безрадостную жизнь и становится агрессивной по отношению к окружающей среде.

Таким образом, можно сделать вывод, что проблема секуляризма в мусульманском мире связана с неправильными представлениями, понимающими его как одну из форм враждебности религиозной свободе. Это восприятие подогревается исламистами, официальной религиозностью и коррупцией светских элит многих мусульманских стран. Добавляют «ма-

---

[203] См.: Die Säkularisierung als Symptom der Krise. URL: https://www.cicero.de/kultur/islam-die-saekularisierung-als-symptom-der-krise (дата обращения: 23.08.2019).

сла в огонь» и репрессивные практики в ряде стран, корни которых берут свое начало в политической сфере (законы, запрещающие платки в государственных школах и преподавание исламского образования на начальных этапах обучения, закрытие мечетей, когда там не проводится молитва), а не в секуляризме. В то же время очень хорошо, по нашему мнению, разъяснена сущность секуляризма египетским аналитиком М. Джаброй: «секуляризм — это то, что защищает право мусульманина, который живет в Германии или Америке, свободно исповедовать свои обряды без преследования большинства, которое не верит в ислам. Если мы отвергаем секуляризм, мы словно призываем подавить миллионы мусульман, которые живут в качестве меньшинств в разных странах мира»[204].

Проблемы государственно-религиозных отношений

«В XXI веке давление на религиозные конфессии со стороны государственной власти осуществляется во многих странах мира. Аналитика религиозной обстановки показывает, что 75% населения мира проживает в странах, где свобода вероисповедания находится под угрозой. Например, в 2015 году правительства 38 европейских стран (84%) преследовали религиозные группы в ограниченных или широко распространенных формах, тогда как правительства 24 стран в Европе (53%) использовали даже некоторые виды насилия против религиозных групп. Усиление конфронтации между государством и религиозными конфессиями в Европе (2015) произошло после того, как 1,3 млн мигрантов подали ходатайство о предоставлении им убежища на континенте. При этом более 50% просителей убежища прибыли из мусульманских стран: Сирии, Ливии, Афганистана и Ирака»[205].

---

[204] См.: شيطنة العلمانية.. واية الإسلاميين المفضلة! URL: https://www.alhurra.com/different-angle/2019/12/28/(дата обращения: 23.02.2020).

[205] *Зеленков М.Ю.* Дисфункциональные факторы религии как источник экстремизма//Вопросы безопасности, 2019. № 4 С. 66–77.

Вышеизложенное подтверждают и результаты анализа от-
четов социологических и статистических исследований, проведенных за период с 2007 по 2017 гг., которые показывают, что
государственно-религиозные отношения в мире имеют тренд
на увеличение количества ограничений в сфере религии:

- в 52-х странах мира, в том числе имеющих поликонфесси-
  ональную структуру, были введены существенные ограничения на свободу вероисповедания;
- число стран, где люди испытывают самые высокие уров-
  ни социальной вражды на религиозной почве, возросло
  за 10 лет с 39 до 56 государств.
- Наиболее высокий уровень ограничений отмечается в регионах Ближнего Востока и Северной Африки, в Европе,
  где все большее число правительств устанавливают ограничения на одежду мусульманских женщин, и в странах
  Африки к югу от Сахары, где некоторые террористические
  группы пытаются навязать свои религиозные нормы через похищения людей и насильственные обращения[206].

Если обратиться к статистике по другим регионам, то можно отметить также безрадостную картину. «Доля стран, где те
или иные религиозные общины преследуются на государственном уровне, выглядит следующим образом:

- страны Ближнего Востока и Северной Африки — 95%;
- в странах Африки к югу от Сахары, в Северной и Южной
  Америке и в Азиатско-Тихоокеанском регионе отмечаются более низкие доли правительственных преследований
  или применения силы против религиозных групп, хотя

---

[206] Подробнее см.: A Closer Look at How Religious Restrictions Have Risen
Around the World. URL: https://www.pewforum.org/2019/07/15/a-closer-
look-at-how-religious-restrictions-have-risen-around-the-world/
#government-restrictions-categories (дата обращения: 23.08.2019); How
do European countries differ in religious commitment? Use our interactive
map to find out. URL: https://www.pewresearch.org/fact-tank/2018/12/05/
how-do-european-countries-differ-in-religious-commitment/(дата обращения: 23.08.2019).

более 7 из 10 стран в каждом регионе имели эти типы государственных ограничений;

- в общей сложности 32 правительства европейских стран (71%) специально преследовали мусульман в 2015 году, по сравнению с 27 правительствами (60%) в 2014 году;

- регион Ближнего Востока и Северной Африки — единственный регион, который имел большую долю стран, в которых преследовали мусульман (75%)».[207]

- Наибольший накал страстей в государственно-религиозных отношениях можно отметить в таких странах, как Китай, Индия, Египет, Узбекистан, Саудовская Аравия, Иран, Вьетнам, Сингапур, Марокко, Алжир, Ирак, Эритрея, Бруней, Мавритания и др.

Основными направлениями правительственных ограничений являются:

введение законов и осуществление политики, ограничивающих свободу вероисповедания (например, требования, чтобы религиозные группы регистрировались для своей деятельности);

- государственный фаворитизм религиозных групп (например, посредством финансирования религиозного образования, собственности и духовенства конкретных конфессий).

Приведем некоторые примеры[208].

«В *Индии* некоторые правительства штатов ограничили религиозное общение, а другие запретили убийство коровы

---

[207] См.: Government harassment, use of force against religious groups increased sharply in Europe in 2015. URL: http://www.pewresearch. org/fact-tank/2017/04/11/government-harassment-use-of-force-against-religious-groups-increased-sharply-in-europe-in-2015/(дата обращения: 23.08.2019).

[208] Подробнее см.: A Closer Look at How Religious Restrictions Have Risen Around the World. URL: https://www.pewforum.org/2019/07/15/a-closer-look-at-how-religious-restrictions-have-risen-around-the-world/#government-restrictions-categories (дата обращения: 23.08.2019), *Зеленков М.Ю.* Информационная аналитика трендов терроризма XXI века: монография.М.: РУ-САЙНС, 326 с., Зеленков М.Ю. Религиозные конфликты: природа и перспективы развития.М.: Юридический институт МИИТа, 2007. 244 с.

(многие индуисты рассматривают корову как священное животное, поэтому эти законы могут непропорционально влиять на мусульманское население меньшинства, а также на других неиндусов).

В *США* — самой "демократичной стране мира" в 2017 году после избрания нового 45-го президента Д. Трампа мусульмане отмечают много моментов дискриминационного характера в отношении своей религиозной группы. Они слушают его публичные издевательства и считают, что их коллеги-американцы не видят ислам как часть основного американского общества.

В *Египте* правительство не может защитить христиан (коптская церковь) от убийств, похищений и вымогательств.

В *Нигерии* мусульмане и христиане, составляющие почти половину нигерийского населения, сообщают о дискриминации, основанной на их религиозной принадлежности в тех районах, где они составляют меньшинство»[209].

В *Мьянме* более 1 млн мусульман, проживающих в штате Ракхайн, лишены гражданства и права голоса. Религиозные группы должны зарегистрироваться в правительстве, а граждане должны указать свою веру в официальных документах. Конституция Мьянмы предусматривает только ограниченную свободу вероисповедания, но отдельные законы и правительственные чиновники ограничивают ее еще больше.

В *Китае* только пять религиозных групп — буддисты, даосы, мусульмане, католики и протестанты — могут регистрироваться в правительстве и иметь юридические услуги. Сторонники незарегистрированных конфессий и народных религий часто проводят культовые мероприятия нелегально и тайно. В последние годы уйгурские мусульмане, тибетские буддисты и практикующие фалуньгун подвергались особенно сильным репрессиям, включая принудительное обращение, пытки и тюремное заключение.

---

[209] *Зеленков М.Ю.* Дисфункциональные факторы религии как источник экстремизма//Вопросы безопасности, 2019. № 4 С. 66–77.

В *Эритрее* правительство признает только четыре религиозные группы: Эритрейскую православную церковь, суннитский ислам, Римско-католическую церковь и Евангелическо-лютеранскую церковь Эритреи. Эти конфессиональные группы пользуются религиозной свободой, в то время как сторонники других конфессий сталкиваются с преследованием и тюремным заключением. Религиозные преследования в Эритрее в целом обусловлены скорее государственными, чем социальными проблемами.

В *Иране* Конституция гарантирует некоторые права на свободу религии для признанных сект ислама наряду с христианами, иудеями и зороастрийцами. В то же время бахаи, которых правительство считает отступниками и называет «политической сектой», исключаются из этих ограниченных мер защиты и систематически подвергаются дискриминации, что ограничивает их доступ к занятости, образованию и жилью. Евангельские христиане и другие религиозные группы также сталкиваются с преследованием за нарушение запретов на прозелитизацию.

В *Саудовской Аравии* Конституция не является отдельным документом и состоит из Корана и высказываний Пророка Мухаммеда, которые не включают гарантии свободы вероисповедания, изложенные в ст. 18 Всеобщей декларации прав человека. Здесь незаконно публично исповедовать любую веру, кроме официальной религии государства — суннитского ислама. Публичная практика всех немусульманских религий является незаконной в стране, включая публичное поклонение, прозелитизм и демонстрацию религиозных символов. Члены других вероисповеданий могут поклоняться частным образом, но немусульманские храмы не могут быть построены. Комитет по содействию добродетели и предотвращению вины, иначе известный как Комитет морали Саудовской Аравии или религиозной полиции, применяет закон шариата на улицах.

Отступничество и богохульство против суннитского ислама могут быть наказаны смертью.[210] Новый закон о борьбе с терроризмом, опубликованный в ноябре 2017 года, предусматривает уголовную ответственность для любого, кто прямо или косвенно бросает вызов религии или правосудию короля, или наследного принца и запрещает пропаганду атеистических идеологий в любой форме. Для мусульман также незаконно обращение в другую религию.

В *Иордании* правительство контролирует проповеди в мечетях и требует, чтобы проповедники воздерживались от разговоров о политике, чтобы избежать социальных и политических волнений и противостоять экстремистским взглядам. Правительство Иордании распространяет темы и рекомендованные тексты для проповедей имамам в мечетях с 2017 года, а те, кто не следует этим рекомендациям, подвергается штрафам и запретам на проповедь.

«В *Малайзии*, где свобода вероисповедания гарантирована конституционно, Государственный исламский департамент развития заявил, что исламское право должно применяться и к немусульманам. Власти также пытаются препятствовать христианам в использовании термина «Аллах» в своих публикациях и богослужении, несмотря на то, что «Аллах» является прямым переводом слова «Бог» на малазийский национальный язык.

В *Индонезии*, где миллионы немусульман пользуются легально защищенными свободами в самой большой мусульманской стране, предпринимаются попытки использовать законодательство для запрета продажи алкоголя и межконфессиональных браков»[211].

---

[210] Подробнее см.: The worst countries for religious freedom. URL: https://www.indexoncensorship.org/2014/01/worst-countries-religious-freedom/(дата обращения: 23.08.2019).

[211] *Зеленков М.Ю.* Дисфункциональные факторы религии как источник экстремизма//Вопросы безопасности, 2019. № 4 С. 66–77.

Особенно интересным для нашего исследования является Ближний Восток, где 19 из 20 стран (кроме Ливана — многоконфессиональная страна) имеют официальную государственную религию (17) или предпочитаемую религию (2). Во всех этих странах, кроме Израиля, традиционной религией является ислам. Кроме того, все страны региона тем или иным образом подчиняются религиозным властям или доктринам по правовым вопросам. Например, в случаях семейного права в Египте, когда супруги имеют одну и ту же религию, суды применяют канонические (т.е. традиционные религиозные) законы этой религиозной группы. Однако когда один из супругов является мусульманином, а другой имеет другую религию (например, коптское христианство), или если супруги являются представителями разных христианских конфессий, суды полагаются на исламское семейное право[212].

Следует отметить, что многие из отмеченных нами инцидентов связаны с давней напряженностью между религиозными общинами и правительствами, однако некоторые из них появились лишь в начале XXI века.

Анализ причин, а также содержания конфронтационных государственно-религиозных отношений показывает, что основными формами проявления насилия со стороны власти в отношении религиозных групп можно назвать следующие: *физическое принуждение, выделение представителей той или иной конфессии из общего социума с целью усложнить их жизнь или религиозную практику, применение негативных уничижительных публичных комментариев или характеристик со стороны правительства или правительственных чиновников в отношении отдельных религиозных конфессий, неспособность защитить (а может быть и преднамеренный*

---

[212] Подробнее см.: A Closer Look at How Religious Restrictions Have Risen Around the World. URL: https://www.pewforum.org/2019/07/15/a-closer-look-at-how-religious-restrictions-have-risen-around-the-world/#government-restrictions-categories (дата обращения: 23.12.2019).

отказ в защите) от нападений религиозных террористов (рис. 2.7).

Одним из новых трендов XXI века, оказывающих существенное влияние на возникновение и распространение террористических организаций религиозной направленности в отдельно взятом государстве, является *государственный фаворитизм*. Наибольший его рост произошел в *странах Африки к югу от Сахары*. Например, в 2009 году на Коморских Островах был проведен конституционный референдум, в соответствии с которым ислам был объявлен государственной религией. В 2014 году конкордат между островным государством Кабо-Верде и Ватиканом предоставил католической церкви привилегии, недоступные другим группам. Соглашение допускало «католические образовательные учреждения, благотворительную деятельность и пастырскую деятельность в военных организациях, больницах и пенитенциарных учреждениях, а также преподавание католической музыки в государственных школах». Оно также предусматривало налоговые льготы для католической собственности и места отправления культа.

Рис. 2.7. Формы проявления насилия со стороны власти в отношении религиозных групп

Следует отметить, что в *Азиатско-Тихоокеанском регионе* правительственный фаворитизм отдельных религиозных групп сегодня также существенно увеличился:

- в *Таиланде* в 2017 году вступила в силу новая Конституция с положением, которое повышает статус буддизма тхеравады, предписывая его «специальное продвижение» через «образование, пропаганду принципов, а также создание мер и механизмов для предотвращения осквернения буддизма в любой форме»;

- в *Самоа* в 2011 году правительство начало проводить в жизнь политику в области образования, согласно которой христианское обучение является обязательным в государственных начальных школах. А в 2017 году парламент Самоа внес поправки в Конституцию, чтобы определить страну как христианскую.

- В *Турции* в 2017 году правительство приняло закон, дающий мусульманским религиозным властям на уровне провинций и районов полномочия регистрировать браки и исполнять обязанности на свадьбах от имени государства. Правительство утверждало, что это сделает процесс регистрации более эффективным, в то время как критики парировали тем, что он нарушает принципы секуляризма в Конституции страны и не отвечает потребностям других (немусульманских) религиозных групп.

В *Европе* явление государственного религиозного фаворитизма находит свое отражение в нормативных правовых документах и действиях власти:

- правительство Греции признает православную церковь как «преобладающую религиозную организацию» и финансирует обучение духовенства, зарплату священников и религиозное обучение в школах;

- правительство Исландии предоставляет официальной государственной евангелическо-лютеранской церкви финансовую поддержку и льготы, недоступные другим религиозным группам;

- в Великобритании монарх является верховным правителем англиканской церкви и должен быть членом этой церкви.

- Если мы обратимся к *России*, то увидим, что согласно Федеральному закону от 26 сентября 1997 г. № 125-ФЗ «О свободе совести и о религиозных объединениях» здесь уважаются христианство, ислам, буддизм, иудаизм и другие религии, составляющие неотъемлемую часть исторического наследия народов России. В то же время в преамбуле сказано, что «признается особая роль православия в истории России, в становлении и развитии ее духовности и культуры»[213].

Как показывает практика, очень часто применение правительством силы (или не оказание помощи в защите) включает в себя действия, которые наносят ущерб религиозной идентичности: публичные оскорбления, фейковые обвинения, аресты, задержания, перемещения, нападения и даже убийства.

В качестве доказательства приведем несколько примеров:

1. Взаимоотношения титульных религий с исламской конфессией, построенные на унижении религиозных общин путем публичных оскорблений представителями власти:

премьер-министр Венгрии В. Орбан подверг критике религиозный состав беженцев, прибывающих в страну. В сентябре 2015 года он написал в немецкой газете: «Прибывшие были воспитаны в другой религии и представляют собой совершенно другую культуру. Большинство из них не христиане, а мусульмане». Позже он сказал журналистам: «Я считаю, что мы имеем право говорить о том, что мы не хотим, чтобы в нашей стране было большое количество мусульман»;

---

[213] Федеральный закон от 26.09.1997 № 125-ФЗ «О свободе совести и о религиозных объединениях». Преамбула.

- премьер-министр Словакии Р. Фицо заявил, что его страна будет принимать только беженцев-христиан, что исламу «нет никакого места» в его стране, и что «мультикультурализм — это фикция»;
- президент Чехии М. Земан в своих выступлениях относительно мигрантов подверг нападению мультикультурализм;
- министр внутренних дел Кипра С. Хасикос сказал, что его страна примет беженцев, но хотел бы, чтобы они были христианами. Для многих киприотов линия, которая делит остров, является границей между греческим христианством и турецким исламом, подобно Берлинской стене, которая была границей между демократией и коммунизмом.[214]

2. Использование антимусульманских настроений в интересах получения голосов электората:
- в Финляндии в 2015 году партия «Истинных финнов» стала второй по величине партией в парламенте после проведения кампании по борьбе с иммиграцией. Партия обещала рассмотреть проблему сомалийской и мусульманской миграции в Финляндии путем ужесточения иммиграционной политики, заявив при этом, что «общество и налогоплательщики не несут ответственности, добровольно или иным образом, для поддержки чувства идентичности, культуры или религиозной практики мигрантов»;
- в Польше на всеобщих выборах в 2019 году консервативная партия «Право и справедливость» (PiS), вернулась к власти, набрав 43,6% голосов. Ее основная поддержка находится в сельских районах Польши с их глубоко укоренившимися католическими традициями.

---

[214] См.: Восточная Европа: последний барьер между христианством и исламом. URL: https://rishonim.info/eastern-europe-christianity-islam/ (дата обращения: 23.08.2019).

3. Применение незаконной силы в отношении представителей религиозного меньшинства:

- в феврале 2015 года немецкая полиция вторглась в мечеть Исламского культурного центра в Бремене, заявив, что, по ее данным, представители мусульманской конфессии поддерживают салафитские террористические группы и что человек, связанный с мечетью, распределяет автоматическое оружие для террористического нападения. Полиция сломала входную дверь мечети, надела наручники на поклонников Аллаха, и заставила некоторых лежать на полу длительное время. Однако в мечети не было найдено оружия. В июле 2015 года региональный суд Бремена постановил, что обыск был незаконным.

Однако отмечает 48 вице-президент США М. Пенс, интересна и другая статистика, которая показывает, *что «ни один верующий человек сегодня не сталкивается с большей враждебностью или ненавистью, чем последователи Христа».* Христиан в 2015 году преследовали правительства или большие социальные группы в общей сложности в 128 странах — больше, чем любую другую религиозную конфессию (78% христиан жили в местах, где христиане подвергались преследованиям).

Справедливости ради, однако отметим, что в 2015 году в мире было 2,3 млрд христиан. Это также больше, чем любая другая религиозная конфессия (примерно две трети стран мира имеют христианское большинство). Отчасти из-за большого количества христианских стран христиане на самом деле подвергались преследованиям в основном в странах христианского большинства. В некоторых из этих стран христианское большинство подвергалось преследованиям часто и со стороны правительства.

Приведем несколько примеров:

в *Никарагуа,* где по оценкам, 59% населения являются католиками, католическая церковь сообщила, что правительство контролировало их электронные письма и телефонные разговоры и оказывало финансовую поддержку конфессиям, основанным на политической принадлежности духовенства. Церковь также сообщила, что никарагуанское правительство использовало католические традиции и символы при пропаганде политических программ, заявив, что это подорвало религиозную власть церкви;

в *Эритрее,* где православное христианство является доминирующей верой, Свидетели Иеговы (протестантское направление христианства, запрещенное в России в 2017 г.) сообщили, что не могут получить официальные документы, удостоверяющие личность, из-за их веры. Кроме того, большинство религиозных заключенных в Эритрее в 2015 году были протестантами, а именно пятидесятниками и евангельскими христианами;

в *Египте* христиан убивают за то, что они отошли от ислама или просто потому, что были христианами.[215] Так, 26 мая 2017 года при нападении террористов на автобус с коптскими христианами погибло около 50 человек, при этом нападавшие не пощадили и детей.

Как видим, религия не единственная, но центральная причина появления на свет такого бесчеловечного явления как терроризм. Насилие во имя Бога не является неизбежным естественным явлением, а есть реакция на текущие, рукотворные обстоятельства. Оно процветает как при демократических и авторитарных правительствах, так и при их отсутствии, в условиях гражданских войн или внешнего военного вмешательства. Оно растет в условиях крайней нищеты и коррупции, когда правительства раздувают ненависть к религиозным и этническим меньшинствам во имя укрепления их собствен-

---

[215] См.: Christians faced widespread harassment in 2015, but mostly in Christian-majority countries. URL: http://www.pewresearch.org/fact-tank/2017/06/09/christians-faced-widespread-harassment-in-2015-but-mostly-in-christian-majority-countries/(дата обращения: 23.08.2019).

ной идентичности. Или если государственные учреждения не могут защитить религиозное меньшинство и не замечают нападки на него. В этих условиях люди больше не доверяют государственной власти, сами начинают интерпретировать священные религиозные тексты так, чтобы с их помощью найти пути спасения, уничтожить виновников своего положения, поставить в центр своего сознания милосердие и справедливость в личной субъективной интрепретации.

Интересен пример, когда судебная власть, не разобравшись, выносит приговоры, которые в дальнейшем могут привести невинно осужденного в стан террористов с желанием отомстить. «31 мая Бердский городской суд Новосибирской области вынес обвинительный приговор 21-летнему местному жителю М. Кормелицкому. Он был «признан виновным в совершении преступления, предусмотренного ч. 1 ст. 282 УК РФ («Действия, направленные на возбуждение ненависти и вражды по признакам отношения к религии, совершенные публично и с использованием средств массовой информации») и приговорен к 1 году и 3 месяцам лишения свободы с отбыванием наказания в колонии-поселении. В январе М. Кормелицкий разместил в социальной сети «В Контакте» картинку с изображением христиан, купающихся в проруби в праздник Крещения, сопроводив ее уничижительными комментариями. По мнению осужденного, реальной причиной уголовного преследования стало не оскорбительное изображение, а его членство в партии ПАРНАС: «К верующим я отношусь нейтрально, какая бы религия у них ни была,— подчеркнул М. Кормелицкий.— Все имеют право верить или не верить, ни в коем случае не осуждаю верующих. А вот к "православным активистам" — крайне отрицательно, потому, что они навязывают другим людям свои ценности[216]». При этом в числе своих заслуг поли-

---

[216] См.: *Шевченко Д.* Из колонии я вернусь революционером URL: https://www.svoboda.org/a/27772962.html (дата обращения: 23.08.2019).

тический активист видит и организацию акции против «Русского марша».

Случай это не первый, но показательно в нем то, что приговор в отношении М. Кормелицкого возмутил не только правозащитников и журналистов, но и самих российских христиан. Так, известный блогер П. Соколов, исповедующий католицизм, заявил корреспонденту «Радио Свобода» о несогласии с вердиктом суда: «Приговор надо срочно отменять. Каждый имеет право на свое мнение. Меня, верующего христианина, не могут оскорбить подобные фотографии и реплики, потому что мой Бог — добрый Бог, который спускается к каждому».[217]

Таким образом, религиозный терроризм представляет собой одно из базовых направлений терроризма XXI века, который для обоснования своих целей эксплуатирует религиозные идеи и религиозные чувства верующих. Он возникает из апокалиптических, эсхатологических (конец жизни) идеологий. Террористические действия часто совершаются и ценятся, потому что они согласуются с более широкими мифами или системами смысла. Многие из этих идеологий сосредоточены на катастрофической гибели злых правящих сил (внешней группы), возвышении и прославлении праведных адептов. Такие системы убеждений включают в себя: хорошее и злобное обрамление, необходимость самоочищения, божественное санкционирование применения крайнего насилия, изображение мученичества как акта самоочищения и справедливости.

Религиозный терроризм независимое и интегрированное интеллектуальное явление, которое черпает свои силы из глубины конфессиональных историй, имеет свои проекты и цели по разрушению современного государства радикальными методами. У него есть свои теоретические концепции, реали-

____

[217] См.: Интернет-сайт Московского бюро по правам человека. URL: http://pravorf.org/index.php/news/2122-o-prigovore-maksimu-kormelitskomu (дата обращения: 23.08.2019).

зованные в догматических текстах, своя вооруженная армия борцов и самые современные средства поражения и рекрутирования новобранцев. Это агрессивный, подлинный и систематический акт, который не возникает в результате реакции на обиды или потерю надежды и отчаяния, а представляет собой злокачественную опухоль на теле цивилизации. Он исходит из фундаменталистских доктрин, которые захватили сознание отдельных индивидов и групп.

ГЛАВА 3
ИСЛАМСКИЙ ФУНДАМЕНТАЛИЗМ — ГЛОБАЛЬНЫЙ ФАКТОР СОВРЕМЕННОГО МИРОУСТРОЙСТВА

> «Не равны добро и зло. Оттолкни зло тем, что лучше, и тогда тот, с кем ты враждуешь, станет для тебя словно близкий любящий родственник»
>
> *(Коран 41:34)*

Характерной особенностью ислама является то, что он представляет собой конфессию, где религиозное право является единым с гражданским правом и регулирует все аспекты жизни мусульманина: частную, социальную и политическую. В исламском мире хорошо известно арабское выражение, представляющее ислам как «дин ва дунья», то есть совокупность религии (духовное) и общества (материальное), или «дин ва дунья ва давла»: религии, общества и государства. Связано это с тем, что ислам родился как социально-политико-культурно-религиозный проект. При этом его политический аспект показывает, как мусульмане должны взаимодействовать с другими народами и различными религиями, как относиться к вопросам войны и мира.

Именно поэтому, отмечает доктор Х. Яимут из университета Мухаммеда V (Марокко) всякий раз, когда религиозный фундаментализм распространяется в конкретной арабской стране, неофициальные религиозные элиты и даже часть религиозных элит государства оказываются в незавидной социальной, политической и эпистемической ситуации. Это происходит потому, что склонность фундаменталистского религиозного экстремизма к популизму и чрезмерной политизации религии, с одной стороны, и его склонность к столкновению и догматическому принятию единственного права представлять веру и государство, с другой стороны, делают модерацию и исламскую умеренность первостепенным призывом, затрудняя прогресс в ходе политического диалога. Это также делает исламскую умеренность и религиозную терпимость смутными и расплывчатыми концепциями, особенно с точки зрения светской и авторитарной фундаменталистской идеологии государств.[218]

Зародившись в VII веке, ислам на протяжении 16-ти столетий эволюционировал и имеет сегодня множество интерпретаций, особенно в сфере отношений между политикой и религией. Мусульмане — самая быстрорастущая религиозная группа в мире. Их рост и региональная миграция (особенно в Европу) в сочетании с продолжающимся влиянием ИГИЛ и других террористических групп, которые совершают акты насилия во имя ислама, выдвинули в XXI веке мусульман и исламскую веру на первое место в статистике террористической деятельности. «Совершенно очевидно, что не все мусульмане террористы, но и ...Почти все террористы мусульмане».[219] Эта ставшая крылатой фраза, исходит от Абдель Рахман аль-Рашида, бывшего директора телеканала Al Arabiya. Она ярко харак-

---

[218] См.: د. خالد يايموت يايمورت الظاهرة الأصولية.. معالم سوسولوجية. URL: https://aawsat.com/home/article/258556/ (дата обращения: 23.12.2019).

[219] Цит. по: Delvaux G. de Fenffe Islamischer Fundamentalismus. URL: http://www.planet-wissen.de/kultur/religion/islam/pwieislamischerfunda mentalismus100.html (дата обращения: 23.12.2019).

теризует образ новой реальности, которая в настоящее время сталкивается с западным миром.

Известный российский исламовед профессор А. Нурулаев по этому поводу отмечает следующее: «Исламский мир не без оснований начинает позиционировать себя как влиятельную силу, с которой нужно считаться сегодня, и уж совсем нельзя будет, не считаться завтра. Этот мир имеет не менее одного триллиона долларовых вложений на Западе. Экономика многих стран «золотого миллиарда», в известном смысле, сидит на его "нефтяной игле". У него огромные все увеличивающиеся людские ресурсы и очень важное геополитическое положение. Все возрастающие островки исламского мира, оказываются включенными в состав населения стран Запада».[220]

Есть у ислама и еще одна особенность, отмечает Б. Занарди в своей статье «Религия в основе общества: открытые вопросы», ислам как религия отделен от конкретной культуры социума. Это заставляет его адептов самим переформулировать религию, которая больше не поддерживается социальными доказательствами. Данный подход, прежде всего индивидуален, потому что коллективные инстанции (родители, социальное давление, улем, государственное законодательство) больше не работают, чтобы рассказать о сути ислама, и навязать определенный конформизм поведения и практики.[221]

Демографическая статистика показывает, что сегодня во всем мире наблюдается бурный рост исламского населения и при этом происходит постепенное вымирание населения в христианских европейских странах. Мусульмане планеты Земля составляют примерно 1,6 млрд человек (23%),

---

[220] См.: *Нуруллаев А.А.* Толерантность и диалог цивилизаций помогут спасти Запад и мир в целом//Социально-гуманитарные знания, 2004. № 5. С. 68–74.

[221] *Zanardi B.* La religion au coeur de la société: des questions ouvertes. URL: http://www.irenees.net/bdf_fiche-analyse-926_fr.html (дата обращения: 23.12.2019).

в 1980 году они составляли 18% населения мира, в 2000 году — около 23%, а к 2025 году составят 31%, превысив по численности население «христианских» стран (рис. 3.1).

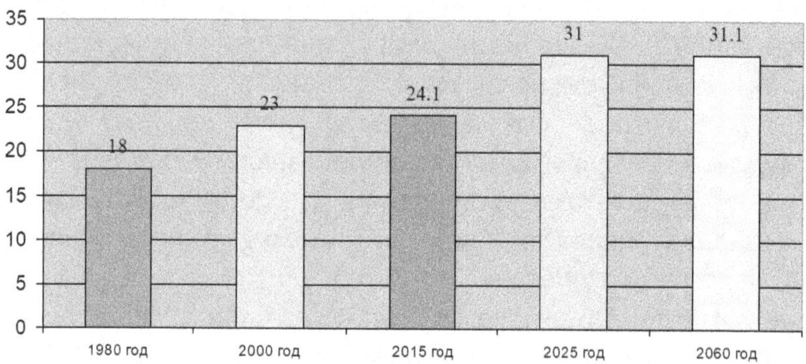

Рис. 3.1. Динамика увеличения численности мусульман в мире, в% (Источник: составлено автором)

Согласно прогнозам, в Европе к 2050 году будет 10% мусульман. Покойный М. Каддафи, лидер Ливийской Джамахирии, как-то заявил: «Похоже, что Аллах подарит мусульманам победу в Европе без мечей, оружия и завоеваний. Нам не нужны террористы, нам не нужны смертники, всего лишь через 20 лет десятки миллионов мусульман в Европе превратят ее в мусульманский континент».[222]

Насколько прозорлив был М. Каддафи, говорят нам данные Агентства внутренней разведки Германии (2018). Согласно опубликованным отчетам, за последние пять лет число салафитов в Германии впервые удвоилось и составило 10800. По оценкам офиса, в Германии проживает более 25000 исламистов (2017), из которых 2000 являются прямой угрозой для государства. Салафиты являются самой большой исламистской группой в Германии. Их число неуклонно растет: 9700 человек

---

[222] Цит. по: К 2050 году Европа может превратиться в мусульманский континент.. URL: http://www.sedmitza.ru/text/6179794.html (дата обращения: 23.08.2019).

в 2016 году, 8350 человек в 2015 году, 7000 человек в 2014 году, 5500 человек в 2013 году и 4500 человек в 2012 году (рис. 3.2). Кроме того, в дополнение к салафитам в Германии сейчас проживает около 1040 членов религиозных террористических организаций «Братьев-мусульман», 950 членов «Хизбаллы» и 320 членов движения «Хамас»[223].

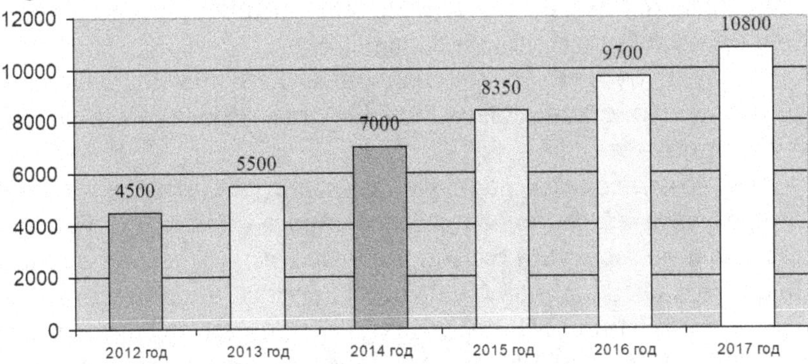

Рис. 3.2. Динамика увеличения численности салафитов Германии, чел. (Источник: URL: https://ar.gatestoneinstitute.org/12840/.html)

В Великобритании разведывательные службы МИ-5 считают, что в стране насчитывается 23000 джихадистов. По оценкам Службы безопасности Великобритании, 3000 человек представляют собой серьезную угрозу для государства и находятся под следствием или контролем. Остальные 20000 считаются остаточным риском.

Возвращение иностранных боевиков из Сирии представляет собой еще одну проблему для безопасности стран Запада. Европейские специалисты отмечают, что из 5000 европейцев, отправившихся с 2014 года на Ближний Восток воевать в ИГИЛ и другие террористические организации, 1500 боевиков сегодня уже вернулись в Европу[224].

---

[223] См.: أملاني: صعود السلفيين URL: https://ar.gatestoneinstitute. org/12840/.html (дата обращения: 23.08.2019).

[224] Вестник национального антитеррористического комитета. 2019. № 1 (20). С. 18.

Для сравнения было подсчитано, что в 2017 году 850 британских граждан присоединились к ИГИЛ или другим группам джихадистов, например, таким как «Фронт ан-Нусра». Согласно данным, раскрытым МВД в 2016 году, только один из восьми возвращающихся иностранных боевиков пойман и осужден. Возвращение высококвалифицированных террористов в страны их происхождения может привести к дополнительным актам насилия на Западе.[225]

Следует отметить, что подобные картины наблюдаются и в других странах Западной Европы, особенно в Бельгии и Франции.

При этом, несмотря на такую удручающую статистику, согласно результатам социологического опроса (Pew, 2019), Европе, как правило, присущи благоприятные взгляды на мусульман. Так, в странах Западной и Северной Европы (Соединенном Королевстве, Франции, Нидерландах, Германии и Швеции), в России и Украине к представителям ислама относятся достаточно толерантно. Однако большинство населения в странах Южной, Центральной и Восточной Европы (Словакия, Польша, Чехия, Венгрия, Литва, Греция, Италия) имеют в отношении них неблагоприятные взгляды[226].

Для быстрого прогнозируемого роста ислама есть два основных фактора и оба они связаны с демографией.

Во-первых, в мусульманских семьях больше детей, чем в семьях других религиозных конфессий. Во всем мире каждая мусульманка имеет в среднем 2,9 детей, по сравнению с 2,2 для всех других конфессий вместе взятых.

Во-вторых, мусульмане являются самыми молодыми (средний возраст 23 года) из всех основных религиозных конфессий (рис. 3.3), чем общее население в мире (средний возраст 28 лет).

---

[225] См.: Why the Fall of the 'Caliphate' in Syria Will Not Ease Western Security Concerns. URL: https://www.rand.org/blog/2017/11/why-the-fall-of-the-caliphate-in-syria-will-not-ease.html (дата обращения: 23.08.2019).

[226] См.: Minority groups. URL: https://www.pewresearch.org/global/2019/10/14/minority-groups/(дата обращения: 23.12.2019).

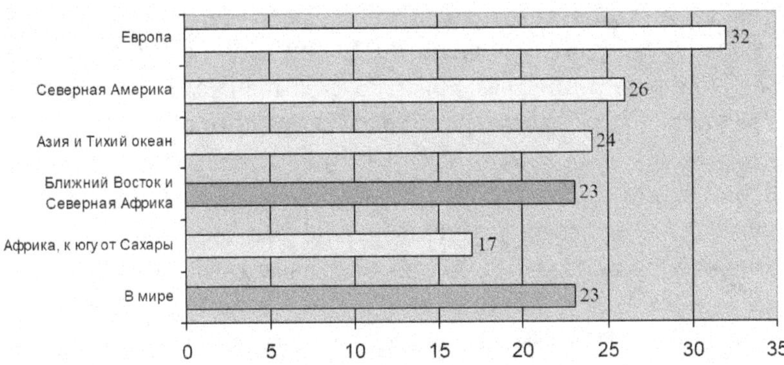

Рис. 3.3. Средний возраст мусульман по регионам мира (лет) (Источник данных: URL: http://www.pewforum.org/2012/12/18/global-religious-landscape-muslim)

Среди пяти регионов мира мусульмане являются самыми молодыми:

- в Африке к югу от Сахары (средний возраст 17 лет),
- на Ближнем Востоке и в Северной Африке (средний возраст 23 года),
- в Азии и странах Тихого океана (средний возраст 24 года),
- в Северной Америке (средний возраст 26 лет) и Европе (средний возраст 32 года).
- Мусульмане моложе общего населения в каждом из следующих основных регионов:

Северная Америка (мусульмане 26 лет, население в целом 37 лет),

- Европа (мусульмане 32 года, население в целом 40 лет),
- Азия и страны Тихого океана (мусульмане 24 года, население в целом 29 лет),
- страны Африки к югу от Сахары (мусульмане17 лет, население в целом 18 лет)
- Ближний Восток и Северная Африка (мусульмане 23 года, население в целом 24 года).[227]

---

[227] См.: The global religious landscape. Muslims. URL: http://www.pewforum.org/2012/12/18/global-religious-landscape-muslim (дата обращения: 23.08.2019).

- Таким образом, большая доля мусульман уже или скоро достигнет того момента, когда они начнут иметь детей. Это в сочетании с высокими коэффициентами рождаемости будет способствовать росту мусульманского социума в мире.

Подавляющее большинство (87–90%) мусульман — сунниты, около 7% составляют мусульмане-шииты. Последователи ислама (рис. 3.4) сосредоточены в Азиатско-Тихоокеанском регионе, где проживают 62% всех мусульман. На Ближнем Востоке и в Северной Африке живут 20% мусульман, в Африке, к югу от Сахары — 16% Оставшееся мусульманское сообщество дислоцируется в Европе (3%), Северной Америке, Латинской Америке и Карибском бассейне (по менее 1%).

Рис. 3.4. Ареал проживания мусульман по регионам мира, в% (Источник данных: URL: http://www.pewforum.org/2012/12/18/global-religious-landscape-muslim)

В 10 странах с наибольшим числом мусульман проживают 66% всех представителей ислама. «Львиная» доля приходится на Индонезию (13%), Индию (11%), Пакистан (11%), Бангладеш (8%), Нигерию (5%), Египет (5%), Иран (5%), Турцию (5%), Алжир (2%) и Марокко (2%). Мусульмане составляют большинство населения в 49 странах мира. Почти 73% мусульман живут в этих странах. Хотя мусульмане являются меньшинством в Индии (14% от общей численности населения), Индия, тем не менее, является одним из крупнейших представительств мусульманских народов в мире.

При этом есть в данной географии одна особенность, которая выражается в следующем: «Несмотря на то, что большинство мусульман мира, как мы видим, живут в Азиатско-Тихоокеанском регионе, только 24% населения в этом регионе являются мусульманами. Напротив, регион Ближнего Востока и Северной Африки имеет подавляющее большинство мусульман (93%)».

3.1. ИНФОРМАЦИОННО-АНАЛИТИЧЕСКАЯ ХАРАКТЕРИСТИКА ИСЛАМСКОГО ФУНДАМЕНТАЛИЗМА

Исламский фундаментализм — это подход, который обеспечивает всестороннее описание жизни человека и общества, а иногда и государства. Он не принимает диверсификации и основан на признании набора базовых, в первую очередь религиозных идей, которые имеют своим источником далекое прошлое. Это регресс в интеллектуальном, временном и поведенческом аспекте его адептов.

Основываясь на вере, практике и модели ислама времен Саляфа Салиха, исламские фундаменталисты считают, что любой моральный, нравственный, религиозный, социальный и, особенно политический вопрос должен быть сегодня решен по законам первого века существования ислама (VII в.), когда мусульмане были, в частности, современниками Пророка. Однако данный подход, как показывает мировая практика, в XXI веке является катализатором конфликтов не только в многоконфессиональном мире земной цивилизации, но и внутри самого ислама. Проблема здесь кроется в том, что сделанные улемами трактовки того или иного положения вероучения часто бывают разными или даже противоположными, например, о взаимоотношении мусульман с адептами аврамических религий (христианство, иудаизм).

При этом нельзя отрицать, что исламский фундаментализм — это социальное явление, именно поэтому фундаменталисты имеют социологические и интеллектуальные характеристики и принадлежат к разным религиям, и они часто находятся в границах политического поля и его соблазнов, потому что живут в обстановке противоречия социальной реальности и строгих принципов, которых они придерживаются. В таких условиях мы часто находим в их высказываниях оправдание экстремизма, насилия, основанного на приверженности субъективного восприятия.

Разумеется, пишет в «Политическом словаре» В. Чайнет, фундаменталисты, будь то политические, религиозные или научные, имеют сходную матрицу: «Они видят своих собеседников не как реальных и законных оппонентов, а как воплощение зла, врагов, которые должны быть побеждены. ...Фундаментализм характеризуется тем, что дает "полное" объяснение мира и состояния человека, опровергает любую неизвестную и неосязаемую идею, обвиняет в ереси тех, кто основывает свою деятельность на сомнениях»[228].

В наше смутное время особенно настораживает то, что религиозный фундаментализм — это не маргинальное явление, а широко распространенная тенденция в сообществе адептов, имеющее своей целью поставить на место культурной идентичности, которая выступает в качестве ядра социальной общности, религиозную идентичность. Тем самым он отодвигает на второй план понятие этничности и позволяет объединить под одним религиозным знаменем представителей разных общностей. Его цель состоит не в том, чтобы распространить его на один континент или на весь мир, а продолжать борьбу

---

[228] Цит. по: Fondamentalisme, fondamentaliste. URL: http://www.toupie.org/Dictionaire/Fondamentalisme.htm (дата обращения: 23.12.2019).

за реализацию своей политической религиозной программы до «судного дня».

Отметим, что от фундаменталистских взглядов не избавлена ни одна религия. А также напомним, что П. Сорокин выделял у религии *функцию тестирования* (по принципу «единоверец — свой, иноверец — чужой», со всеми вытекающими из этого последствиями во взаимоотношениях).[229] Думается именно поэтому доктор Мохаммед Абдо Абу Алала из Университета Танта (Египет), отмечает, что феномен возникновения фундаменталистских религиозных движений в арабских и исламских обществах представляет собой именно реальную, а не потенциальную угрозу будущему человечества[230].

Р. Купманс, директор Берлинского центра социальных наук WZB (Германия), считает, что религиозный фундаментализм характеризуется тремя постулатами:

верующие должны вернуться к вечным и неизменным правилам, заложенным в прошлом;

- *эти правила допускают только одно толкование и являются обязательными для всех верующих;*
- *религиозные правила должны иметь приоритет над светскими законами.*
- Социолог настаивает на том, что религиозный фундаментализм — также интерпретируемый как строгая религиозность, является идеологией, то есть набором идей, которые относятся к образу жизни людей[231].

Адаптация данного подхода к категории «исламский фундаментализм» позволяет нам вывести его характерную особен-

---

[229] *Сорокин П.* Человек. Цивилизация. Общество.М.: Политиздат, 1992. С. 413–414.

[230] См.: الأصولية الإسلامية بين الدعوة الدينية والإيديولوجيا السياسية. URL: https://www.mominoun.com/articles/(дата обращения: 23.12.2019).

[231] См.: *Koopmans R.* Religious Fundamentalism and Hostility against Out-groups: A Comparison of Muslims and Christians in Western Europe// Journal of Ethnic and Migration Studies. 2015. № 1 (41). P. 33–57.

ность, которая выражается в том, что она представляет собой собирательный термин для всех взглядов и действий, направленных на создание единой религиозной легитимной социальной и политической системы во имя ислама. Мусульмане используют данный термин для обозначения нетерпимости, сосредоточенной на религии и связанной со специальными интерпретациями ее фактов, религиозного знания и принципов, к которым она призывает.

Исламский фундаментализм отвергает историю, ее путь и опыт своих обществ, поэтому он пытается позиционировать себя в современном мире, вырабатывая мифологические коллективные интерпретирующие формулы религии, через которые он сможет влиять на пути политических и религиозных преобразований. С данным подходом согласен и ректор Парижской мечети Д. Бубакер, который в интервью французскому телевидению охарактеризовал ислам как политическую идеологию[232].

Таким образом, исламский фундаментализм определяет себя как религию и политику. Он устанавливает правила:
- управления социумом;
- законодательного процесса;
- осуществления правосудия и образования;
- финансовой деятельности;
- всех других аспектов частной, социальной и государственной жизни.

Как при таком подходе не вспомнить о первой проповеди Будды, основоположника мировой религии, в которой он после своего «просветления» говорил о «двух "крайностях" в поведении людей, которые мешают им встать на путь религиозного спасения. "Есть, о, братья, две крайности, которых должен избегать удалившийся от мира. Какие эти две крайности?

---

[232] Цит. по: Trois personnalités musulmanes affirment que l'islam n'est pas qu'une religion. URL: https://iqri.org/trois-personnalites-musulmanes-affirment-que-lislam-nest-pas-quune-religion/(дата обращения: 23.12.2019).

Одна крайность предполагает жизнь, погружённую в желания, связанную с мирскими наслаждениями; это жизнь низкая, тёмная, заурядная, неблагая, бесполезная.

- Другая крайность предполагает жизнь в самоистязании, это жизнь, исполненная страдания, неблагая, бесполезная.

- Избегая этих двух крайностей, Татхагата (Так ушедший — эпитет Будды) во время Просветления постиг срединный путь — путь, способствующий постижению, пониманию, ведущий к умиротворению, к высшему знанию, к Просветлению, к нирване. Свой путь Будда называл "срединным", поскольку он лежал между обычной чувственной жизнью и аскетической практикой, минуя крайности того и другого»[233].

Печальная истина состоит в том, что ислам очень разнообразен, а исламский фундаментализм — это отказ последователей Пророка от его разнообразия и возвращение в VII век. В то же время он не является однородным явлением, потому что его акторы многочисленны. Однако неоднородность не отрицает единство цели, поэтому исламский фундаментализм намеревается подчинить мир целостному понятию религиозного права или шариата, который выступает против любой идеи развития, модернизации и плюрализма.

Как отмечает Абдель-Гавад Ясин из Центра исследований Аль-Масбар (Катар), современный исламский фундаментализм возник как реакция против возрождающего течения, которое сформировалось с конца XIX века и стало известно как проект «Ренессанса». Он выступил в качестве противодействия этой тенденции, переместив столкновение с ним с уровня теоретических культурных дискуссий на уровень общественно-политических действий. В общем, в исламском контексте, когда государство и шариат занимают центральное место в структуре

______

[233] См.: *Зеленков М.Ю.* Мировые религии: история и современность.— Ростов н/Дону: Феникс, 2008. С. 21.

религиозной системы, фундаментализм часто превращается в явный политический феномен протестного толка, направленный на религиозную деятельность государства и общества и второстепенное место по отношению к деятельности отдельных лиц.[234]

Примерно в таком же русле рассуждает и французский исследователь М. Гоше, считающий, что основными факторами, приведшими к выходу исламского фундаментализма на международную арену, стал ряд событий, которые произошли в мире в 1979 году:

- исламская революция в Иране;
- начало реформ Дэн Сяопина в Китае, означавшее отход от фундаментализма социалистического пути развития страны;
- ввод советских войск в исламскую страну Афганистан[235].

Информационная аналитика позволяет нам утверждать, что большинство традиционных мусульман в таких исламских странах, как Пакистан, Индонезия, Малайзия, Египет и в странах Персидского залива крайне консервативны в своем образе жизни. Они отвергают современное видение прав человека, либеральную и светскую демократию, однако отличаются от исламских фундаменталистов, в которых они видят политизацию, отклоняющуюся от их религии, и как результат — не желают, чтобы государство навязывало им толкование ислама, которое ограничивает их экзистенциализм.

Мусульмане-реформаторы, появившиеся на свет в середине XIX века в странах Ближнего Востока (Египет, Ливан, Сирия), в начале своей деятельности также выступили с консервативных позиций. Они призвали к возрождению ислама в пер-

---

[234] См.: منـاقشات حـول مسـتقبل التـدين الإسـلامي. URL: https://www. almesbar.net (дата обращения: 23.12.2019).

[235] См.: مارسيل غوشيه محرّكات الأصولية الإسـلامية. URL: http:// alaalam.org/ar/politics-ar/syria-ar/item/742–741071118 (дата обращения: 23.08.2019).

возданной чистоте. Однако при этом реформаторы прекрасно понимали, что любая религия, как и природа, не находятся в статике. В мире все процессы подвержены изменениям. Поэтому они встали на путь активной адаптации ислама к требованиям новых общественных отношений.

В качестве характеристики современной платформы их действий приведем выдержки из Декларации «Движения мусульманских реформ»: «Мы мусульмане, которые живут в XXI веке. Мы выступаем за уважительное, милосердное и всеобъемлющее толкование ислама. Мы находимся в битве за душу ислама, и исламское обновление должно победить идеологию исламизма или политизированного ислама, который стремится создать исламские государства, а также исламский халифат. Мы стремимся вернуть прогрессивный дух, с которым родился ислам в VII-м веке, чтобы перенести его в XXI век. Мы поддерживаем Всеобщую декларацию прав человека… Мы отвергаем толкования ислама, призывающие к любому насилию, социальной несправедливости и политизированному исламу. Столкнувшись с угрозой терроризма, нетерпимости и социальной несправедливости во имя ислама, мы считаем, что мы можем трансформировать наши общины на основе трех принципов: мира, прав человека и светского управления»[236].

Системный анализ идеологии современного исламского фундаментализма, пишет Р. Стэчкерс, показывает, что она зиждется на четырех столпах.[237]

Первый столп — идеология ханбализма, основатель *Ахмад ибн Ханбал* (780–855 гг.), которая базируется на четырех основных принципах:

---

[236] См.: Muslim Reform Movement. URL: https://muslimreformmovement.org/(дата обращения: 23.08.2019).

[237] Подробнее см.: *Steuckers R.* Définir le fondamentalisme islamique dans le monde arabe. URL: http://euro-synergies.hautetfort.com/archive/2010/02/22/5f09a401186bbf5802c182e99bb1c640.html (дата обращения: 23.08.2019).

1. Не использовать философские понятия греческого или персидского происхождения в исламе.

2. Интерпретировать Коран в буквальном смысле, без инноваций.

3. Верующий не может иметь «личную интерпретацию» коранического сообщения, основанную на «способности суждения».

4. Ханбализм будет противостоять суфизму.

Второй столп — саудовский ваххабизм, возникший в религиозной интерпретации *Мухаммада ибн аль-Ваххаба (XVIII в.)*, который считал, что ислам за 1000 лет подвергся изменениям под воздействием внешних факторов. Его намерение состояло в том, чтобы возобновить ханбалистские традиции и применять их в своей доктринальной чистоте на всей территории Аравийского полуострова. В своих проповедях аль-Ваххаб оправдывал использование террора, который был немного направлен против немусульман, но *главным образом против шиитов Аравийского полуострова*. Он ввел обязательные бороды для мужчин, запретил музыку, рисование, танцы и гимнастику.

Третий столп — идеология движения «Ихваны» в Саудовской Аравии (XX в.). Его основатель *Ибн Сауд*, правитель племенной территории Саудовской Аравии. Представители этого движения заявляли, что посвятили свою жизнь «очищению и объединению ислама». Его деятельность была направлена на *уничтожение силы традиционной племенной системы бедуинов и их поселения вокруг колодцев и оазисов*, так как они считали, что кочевой образ жизни несовместим в полной мере с заветами ислама.

Четвертый столп — идеология движения «Братьев-мусульман», родившегося в Египте в конце 20-х гг. XX столетия. Основатель *Хасан аль-Банна*, который получил образование в США. Его цель — возродить традиции ислама в Египте и построить исламское государство. Первоначально организация была задумана как благотворительная организация, но превратилась в иерархическую массовую партию, которая поддерживалась по всей стране и расширялась в соседние арабские государства.

Помимо продвижения исламской морали и отмены «партийности» ее представители требовали экономической самостоятельности, развития местной промышленности и национализации природных ресурсов. Наиболее известный девиз «Братьев-мусульман» — **«Ислам — это решение».** Движение ставит перед собой задачи поэтапной исламизации: *личность — семья — общество — халифат — панисламское государство — мир* (управление на каждом этапе осуществляется на основе принципов ислама). Существенной частью идеологии является развитие связей внутри мусульманского общества.

Согласно концепции исламского фундаментализма есть четыре важных правила, которые должны знать и соблюдать все мусульмане мира. Раскроем их, основываясь на интерпретации, которую дал писатель Аль-Джубури:

1. Признание существования монотеистов, которые не являются мусульманами. Данное правило касается «людей Книги» (евреев и христиан), которые, как считают исламские фундаменталисты, исказили свои Священные книги.

«Когда евреи исказили Тору, Всемогущий Аллах сказал: "Среди иудеев есть такие, которые переставляют слова со своих мест и говорят: "Мы слышали и ослушаемся" и "Послушай то, что нельзя слушать" и "Заботься о нас". Они кривят своими языками и поносят религию. А если бы они сказали: "Мы слышали и повинуемся" и "Выслушай" и "Присматривай за нами", то это было бы лучше для них и вернее. Однако Аллах проклял их за неверие, и они не веруют, за исключением немногих». (Коран 4:46).

Аналогично, можно сказать и о христианах: «Среди них есть такие, которые искажают Писание своими языками, чтобы вы приняли за Писание то, что не относится к нему. Они говорят: "Это — от Аллаха". А ведь это вовсе не от Аллаха! Они сознательно возводят навет на Аллаха». (Коран 3:78).

Таким образом, Тора и Библия не являются такими же, какими они были в эпоху Моисея и Иисуса.

2. Признание, что есть мусульманские и немусульманские адепты. Это правило гласит, что многобожники не знают монотеизма. Понятие единобожия — это единство Бога с деизмом и божественностью и совершенство имен и атрибутов. А многобожие против монотеизма, поэтому многобожие считается одним из величайших грехов. Пророк Мухаммед боролся с арабскими многобожниками за признание ими Аллаха и его слов, потому что признание без веры недостаточно. Вера — это твердое утверждение того, что дал миру пророк Мухаммед.

Здесь мы обратимся к хадисам Аль-Бухари (27): Сообщается, что Са'д бин Абу Ваккас сказал: «Однажды посланник Аллаха ... оделил подарками группу людей, среди которых сидел и я. При этом посланник Аллаха ... ничего не дал одному человеку, который нравился мне больше всех из них, и я спросил: "О посланник Аллаха, почему ты так отнёсся к такому-то? Клянусь Аллахом, я считаю, что он — верующий!" Он сказал: "Или мусульманин". Я помолчал немного, но мне не давало покоя то, что я знал об этом человеке, и я снова спросил: "Почему ты так отнёсся к такому-то? Клянусь Аллахом, я считаю, что он — верующий!" Он сказал: "Или мусульманин". Но и после этого то, что мне было известно об этом человеке, продолжало беспокоить меня, и я снова задал тот же вопрос. В ответ посланник Аллаха ... сказал то же самое, а потом добавил: "О Са'д, поистине, (иногда) я даю человеку что-то, опасаясь, что Аллах ввергнет его лицом в огонь, хотя другого люблю больше, чем его"». В комментариях указывается, что говоря так, пророк хотел подчеркнуть различие между значениями слов "верующий"/му'мин/и "мусульманин"/муслим/. Последнее означает — "предавшийся Аллаху; покорившийся Ему", но проявление покорности может быть и внешним актом, совершённым под давлением тех или иных обстоятельств, тогда как вера подразумевает глубокую внутреннюю убеждённость»[238].

3. *Все политеисты должны быть уничтожены без различия между одной группой или другой.* Это правило появилось в эпоху пророка Мухаммеда, когда люди были разделены по своей религии. Одни из них поклонялись пророкам, посланникам и святым, а другие — деревьям, камню, солнцу и луне. Поэтому пророк Мухаммед сражался с ними всеми, не различая одну группу от другой. Это применение высказывания Всевышнего: «Сражайтесь с ними, пока не исчезнет искушение и пока религия (поклонение) не будет полностью посвящена Аллаху. Если же они прекратят, то ведь Аллах видит то, что они совершают». (Коран 8:39).

4. *Политеисты сегодня хуже, чем те, с которыми ислам сталкивался в первые дни своего существования.* Это правило относится к современности, согласно ему сегодня многобожники хуже, чем те, что были во времена пророка Мухаммеда, потому что они знают о существовании истинного небесного послания, но не признают и не соблюдают его. Это связано с интерпретацией следующего послания. Всевышний говорит: «Если ты спросишь их: «Кто создал небеса и землю?» — они непременно скажут: «Аллах». Скажи: «Видели ли вы тех, к кому вы взываете вместо Аллаха? Если Аллах захочет навредить мне, разве они смогут отвратить Его вред? Или же, если Он захочет оказать мне милость, разве они смогут удержать Его милость?» Скажи: «Довольно мне Аллаха. На Него одного уповают уповающие». (Коран 39:38).[239]

---

[238] «САХИХ» АЛЬ-БУХАРИ МУХТАСАР. Хадис 27. URL: https://www.islam-love.ru/components/com_jshopping/files/demo_products/Sakhikh_al_Bukhari_-_rus.pdf (дата обращения: 23.12.2019).

[239] См.: برغلاو ةيمالسإلا ةيلوصألا يروبجلا نيدلا مادع URL: https://www. independentarabia.com/node (дата обращения: 23.12.2019).

Информационная аналитика позволяет нам синтезировать криминологические черты исламского фундаменталистского терроризма[240].

Во-первых, исламский фундаментализм — это полностью реакционная идеология, которая стремится повернуть колесо истории вспять, чтобы установить теократические диктатуры. Он намерен утвердиться в качестве альтернативы демократической современности, светской и либеральной власти через применение насилия. Так, например, Танзания — одна из первых стран Африки, столкнувшихся с исламистским фундаменталистским терроризмом. В августе 1998 года в результате нападения на посольство США в Дар-эс-Саламе 11 человек погибли и 83 получили ранения.

С тех пор страну (как остров Занзибар, так и материк) часто сотрясали исламистское насилие, отмеченное сожжением мест отправления культа, а также нападениями на религиозных лидеров. Сайты нескольких западных правительств предупреждают своих сограждан о небезопасном посещении страны. И это небезосновательно. 5 мая 2013 года несколько человек были убиты и ранены в результате нападения на церковь возле Аруши, второго по величине города в Танзании. В 2014 году были совершены многочисленные взрывы бомб на материковой части страны, а также на Занзибаре. В 2019–2020 годах, по прогнозам экспертов, исламские террористы после разгрома ИГИЛ в Сирии могут переместиться в курортные районы Танзании, Индии, Мальдивских островов и Кении.

Во-вторых, мусульманский вдохновленный терроризм, последствия которого мы наблюдаем в выпусках ежедневных

---

[240] Подробнее см.: *Зеленков М.Ю., Бочарников И.В./*под. ред. М.Ю. Зеленкова. Международные конфликты XXI века.М.: ИНФРА-М, 2018. 362 с., *Зеленков М.Ю.* Информационная аналитика трендов терроризма XXI века: монография.М.: РУСАЙНС, 326 с., *Зеленков М.Ю.* Криминологическая специфика фундаментализма как идеологии религиозного экстремизма//Расследование преступлений: проблемы и пути их решения, 2017. № 4. С. 36–41.

новостей, не ограничивается социальными и международными обстоятельствами. Он является частью всего религиозного фундаментализма, а его истоки коренятся в «гордиевом» узле политических и религиозных идеологий, который был завязан уже более 100 лет назад в ответ на ряд внутренних и внешних кризисов. Например:

- пакистанская фундаменталистская суннитская исламистская организация «JeM» в основном проводит теракты в управляемом Индией регионе Джамму и Кашмир. Она использует насилие для достижения своей заявленной цели — заставить индийские силы безопасности вывести свои подразделения из Кашмира и поставить Джамму и Кашмир под контроль Пакистана;

- исламистская террористическая группа «JMB» имеет своей целью создание с помощью насилия исламского государства в Бангладеш и усиление исламского влияния в Южной Азии. С момента своего образования в 1998 году шейхом Абдуром Рахманом «JMB» расширила свою деятельность, включив в свои ряды религиозные меньшинства и немусульманских боевиков-иностранцев;

- «Джемаа Аншорут Даула» — «Партизаны [исламского] государства» крупнейшая происламская группа в Индонезии была сформирована в 2015 году Абу Бакаром Баасыром, когда он и его коллеги из группировки «Джемаа Аншарут Таухид» (ДЖАТ) заявили о своей приверженности лидеру ИГИЛ Абу Бакру аль-Багдади. Она придерживается крайней интерпретации ислама, который является антизападным, пропагандирует насилие на религиозной почве и квалифицирует тех, кто не согласен с его интерпретацией, в качестве законных целей для террористических атак. Кроме того, она выступает против избранных правительств, стремясь устранить их с помощью насилия, если это необходимо.

- К сожалению, данный список имеет свое длительное продолжение.

В-третьих, последователи исламского фундаменталистского терроризма не соблюдают основные права человека и свободу вероисповедания. Они выступают против разделения государства и религии и считают себя врагами демократии, самостоятельно субъективно интерпретируют Коран и оценивают любое отклонение от этой интерпретации, как отход от истинной веры, ибо их позиция не может быть поставлена под сомнение. Следовательно, кто высказывается против мнения исламских фундаменталистов, не считается критиком, а оценивается как неверный, как враг Аллаха, который должен быть уничтожен. Жестокое убийство голландского режиссера *Тео ван Гога* в ноябре 2004 года является ярким примером того, что исламский фундаменталистский терроризм уже давно является частью религиозного терроризма в Европе.

При этом следует отметить, что Сирия и Ирак, освобожденные от ИГИЛ, не освобождают мировое сообщество от его угрозы. Вместо этого ИГИЛ, вероятно, либо расползется по странам мира, а его последователи будут готовы предпринять ряд дальнейших террористических атак, либо попытается перегруппироваться и восстановиться в хрупких государствах Африки (Нигерия, Чад, Нигер, Сомали, Кения и др.). В целом, отмечают многие эксперты, падение халифата, скорее всего, породит больше угроз для безопасности Запада.

В связи с этим во многих странах мира большинство общественности сегодня очень сильно обеспокоено проявлениями террористической деятельности во имя ислама. Согласно данным социологических исследований (2017), в Италии и Испании эта часть составляет 50%, в Германии — 47%, во Франции — 46%, в Великобритании — 43%. И только менее 15% населения во всех этих странах нисколько не обеспокоены угрозой исламского фундаментализма (рис. 3.5).

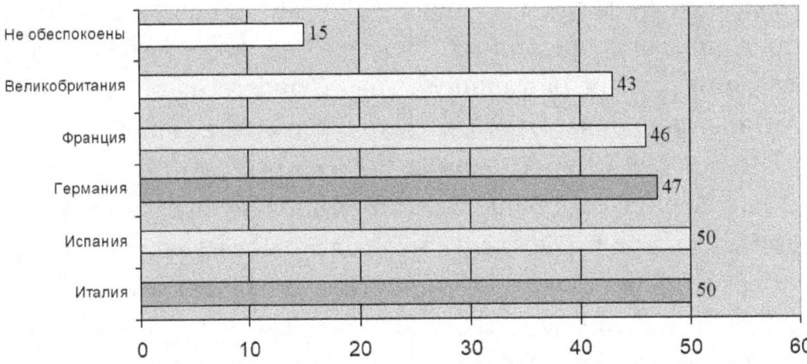

Рис. 3.5. Обеспокоенность жителей Европы угрозой терроризма, в% (Источник данных: URL: http://www.pewresearch.org/fact-tank/2017/05/24/ majorities-in-europe-north-america-worried-about-islamic-extremism)

Опасения относительно исламского терроризма, хотя и распространены во всех демографических группах европейского социума, особенно остро стоят в среде пожилых людей. Например, в Великобритании 87% людей в возрасте 50 лет и старше обеспокоено исламским терроризмом, по сравнению с 61% среди британцев в возрасте от 18 до 29 лет. Когда дело доходит до идеологии респондентов, есть значительные пробелы между теми, кто находится справа и слева в 10 из 12 обследованных стран. В Канаде, например, 66% из тех, кто позиционирует себя в правом политическом плане, говорят, что они обеспокоены терроризмом, по сравнению с 30% представителей «левого» толка.[241]

С точки зрения вероятности осуществления террористических актов исламскими религиозными фундаменталистами интересны результаты исследования, проведенного в 2016 году в одной из основных стран Европы — Германии среди иммигрантов трех поколений из Турции. Согласно сделанным выводам, в этой среде преобладает значительная доля исламских

---

[241] См.: Большинство стран Европы, Северной Америки обеспокоены исламским экстремизмом. URL: http://www.pewresearch.org/fact-tank/2017/05/24/majorities-in-europe-north-america-worried-about-islamic-extremism (дата обращения: 23.08.2019).

фундаменталистских взглядов, которые трудно совместить с принципами современных обществ. Так, 50% респондентов согласились с предложением, что «Существует только одна истинная религия», 47% считают соблюдение заповедей ислама важнее немецких законов, 30% считает, что мусульмане должны вернуться к общественному порядку времен пророка Мухаммеда, а 36% убеждены, что только ислам может решить проблемы современного времени. При этом доля тех, кто придерживается фундаменталистского мировоззрения, составляет не менее 13% (рис. 3.6).

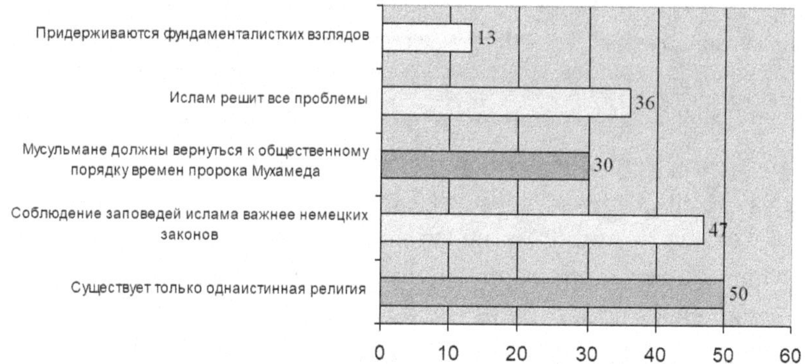

Рис. 3.6. Фундаменталистская направленность иммигрантов из Турции, проживающих в Германии, в% (Источник данных: URL: http://www.pewresearch.org/fact-tank/2017/05/24/majorities-in-europe-north-america-worried-about-islamic-extremism)

Однако наибольший интерес представляют результаты, классифицированные по поколениям турецких иммигрантов. Доля с фундаменталистским мировоззрением составляет 18% в 1-ом поколении и только 9% — во 2-ом и 3-ем. Среди представителей 1-го поколения больше респондентов, очень строго придерживающихся веры, в то время как 27% считают, что мусульманам не следует пожимать руки людям противоположного пола (18% — 2-го и 3-го поколений). В 1-ом поколении 39% считают, что женщины должны носить платок, в последующих поколениях — 27%. Доля мусульманских женщин, которые на самом деле носят платок, также падает с 41% до 21%. «В результате, делают вывод социологи Германии, популярность фундаменталистских взглядов в будущем может продолжить снижаться, если интеграция молодого поколения иммигрантов продолжит идти хорошо» (рис. 3.7)[242].

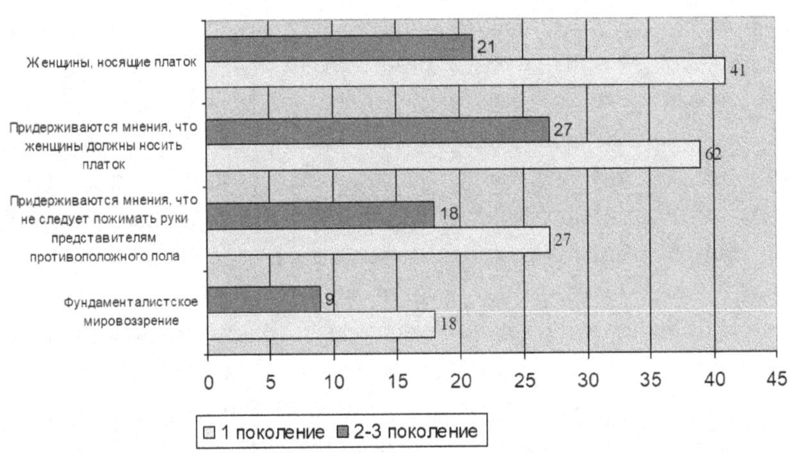

Рис. 3.7. Фундаменталистские мнения поколений турецких мигрантов в Германии, в% (Источник данных: URL: https://www.uni-muenster.de/ Religion-und-Politik/aktuelles/2016/jun/PM_Integration_und_Religion_ aus_ Sicht_Tuerkeistaemmiger.html)

Исследование, проведенное в 2008 году путем опроса 9000 европейцев (Германия, Франция, Нидерланды, Бельгия, Австрия, Швеция) показало, что от 40% до 45% европейских мусульман имеют фундаменталистские религиозные идеи. Австрия — была страной с самым высоким процентом — 55%, а Германия имела самый низкий — 30%. При этом почти 60% заявили, что они вернутся к истокам ислама, 75% считают, что возможна только одна интерпретация Корана, которой дол-

---

[242] См.: Hälfte der Türkeistämmigen fühlt Sich nicht Anerkannt/URL: https://www.uni-muenster.de/Religion-und-Politik/aktuelles/2016/jun/ PM_Integration_und_Religion_ aus_Sicht_Tuerkeistaemmiger.html (дата обращения: 23.08.2019).

жен придерживаться каждый мусульманин, 65% говорят, что религиозные правила для них важнее, чем правила страны, в которой они живут. В то же время только 4% опрошенных христиан можно назвать религиозными фундаменталистами. Наибольший результат был у протестантов — 12%[243].

Как видим, данные результаты позволяют нам сделать вывод, что фундаментализм не является маргинальным явлением среди мусульман Западной Европы. Объяснение данной ситуации кроется в том, что фундаменталистское послание в сознании иммигрантов-мусульман, особенно молодежи, приобретает другой смысл в условиях трудностей их приобщения к индивидуалистической западной культуре, построенной на полном разрыве с общинными ориентирами. Индивидуалистическая культура, которая очаровывает европейцев, наводит ужас на иммигрантов-мусульман и становиться катализатором психического процесса, результатом которого является проявление джихадистского поведения. В итоге иммигрант-мусульманин, усваивает религию извне, а не изнутри и при этом очень часто остается невежественным в отношении ее содержания.

Анализ фактов проявления исламского терроризма в Европе дает нам возможность выделить *два основных источника*, приведших сегодня к его усилению в «Старом свете».

Первый источник коренится в «слепой» вере, субъективном понимании догматов ислама и эффективной быстрой передаче этого контента по линиям коммуникации (в первую очередь ИТС «Интернет» и мобильной связи). Это позволяет ускоренно воздействовать на мировоззрение борцов за «истинную» веру (точнее — террористов), навязывать им те культурные основы и ценности, которые не соответствуют религиозным текстам

---

[243] См.: *Koopmans R.* Religious Fundamentalism and Hostility against Out-groups: A Comparison of Muslims and Christians in Western Europe// Journal of Ethnic and Migration Studies. 2015. № 1 (41). P. 33–57.

священных книг. Этот источник подпитывает растущая тенденция исламофобии в Европе, которая даже завоевала мысли крайне правых партий, заговоривших о кризисе «европейской идентичности» и вспомнивших о христианских корнях Европы.

Второй источник находится в социальном контенте европейского общества. Мигранты из исламских стран в поисках ответов и объяснений сложившейся ситуации с их униженным положением, так или иначе, становятся передаточными звеньями той цепи, которая была раскрыта при описании первого источника. Практика показывает, что здесь играют очень важную роль родственные связи и отношения. Являясь звеном в общей цепи передачи информации и находясь под ее влиянием, отдельные представители мусульманской миграции меняют свое представление о традиционной исламской религии и встают на путь исламского фундаментализма.

Исследования Ф. Бенсламы, проведенные в мигрантских кварталах Парижа, показали, что 50% радикализированных исламистов являются новообращенными, 70% из них в возрасте от 15 до 25 лет. Бенслама выделил два важных импульса для присоединения к исламистскому фундаменталистскому террору:

- *чувство идентичности и культурной утраты, особенно среди молодежи;*
- *глубокое чувство вины перед мусульманской традицией предков.*
- По словам Бенсламы, большинство современных террористов начинают свой путь к джихаду, совершая уличные преступления. «Эти мелкие преступники чувствуют себя виноватыми, у них очень негативное представление о себе. И вот появляется возможность стать героем и улучшить себя с помощью божественного закона. Как это ни парадоксально, радикализация дает им возможность продолжать жить как преступнику, но на этот раз,

получив Божью легитимность. Радикальный исламист побеждает всех на вновь избранном пути: он становится кем-то важным и в то же время парирует свою вину как преступник, потому что он совершает свои преступления во имя Бога»[244].

В целом нам близка данная позиция и приведенные обоснования. Поэтому в качестве доказательства вышеизложенного приведем результаты статистики, которые показывают, что в последние десятилетия во французских тюрьмах постоянно растет число мусульман-заключенных. В отдельные года их доля доходила до 70% от всех французских заключенных. И это в значительной степени отражает долю молодых людей исламской веры среди иммигрантов в Европе. Причем мусульмане составляют от 50% до 80% заключенных в тюрьмах, находящихся недалеко от городских центров. Средний возраст заключенных-мусульман колеблется между 18 и 35 годами, большинство из которых являются жителями бедных и маргинальных пригородов. Находясь в заключении, мусульмане страдают от явной дискриминации со стороны тюремной администрации, которую они обвиняют в том, что она отдает предпочтение христианам и иудеям из числа заключенных. Например, мусульмане в некоторых тюрьмах не имеют права получать халяльное мясо, а иудеи получают мясо, приготовленное по-еврейски. Так же, в некоторых тюрьмах мусульманам запрещены пятничные молитвы, в то время как большинство католических заключенных могут посещать мессу раз в неделю.

В США доля заключенных мусульманской веры также высока. Например, в штатах Нью-Йорк и Пенсильвания это 18% в федеральных тюрьмах, а в тюрьме на острове Рикерс в штате Нью-Йорк для наиболее опасных преступников доля заклю-

---

[244] Цит. по: Wüllenkemper C. Radikalisierung als Form der Selbsttherapie. URL: https://www.deutschlandfunk.de/terror-radikalisierung-als-form-der-selbsttherapie.886.de.html?dram: article_id=389143 (дата обращения: 23.08.2019).

ченных-мусульман составляет 25% от общего числа заключенных. При этом эксперты отмечают, что доля заключенных мусульман по сравнению с их общим числом в последнее время значительно увеличивается[245].

Последствия данной ситуации достаточно грамотно в своем эксперименте выявил еще в 1971 году ученый из Стэндфордского университета (США) Ф. Зимбардо. Смоделированная им ситуация, позволила исследовать поведение «заключенных» и «тюремщиков» в искусственно созданной тюрьме. В процессе моделирования происходило нарастание несоответствия между реальностью и иллюзией, между выполнением роли и самоидентичностью. В итоге обстановка поглотила сознание испытуемых и они вжились в исполняемые роли. Как результат, когда-то здоровые и социальные личности превратились в озлобленную массу, конфликтующую по всем законам традиционной тюрьмы. Это привело к тому, писал Ф. Зимбардо, что функциональная целесообразность (необходимость поддерживать порядок, добиваться послушания подчиненных) плюс социокультурные традиции, как следует вести себя тюремщику и заключенному (ролевые стандарты и ожидания) обусловили стандартное для конкретной обстановки поведение сторон[246].

Основываясь на результатах данного эксперимента можно предположить, что те заключенные-мусульмане, которые испытывают в тюрьмах Европы и США унижения, в перспективе станут потенциальными объектами воздействия со стороны рекрутеров исламских фундаменталистских террористических организаций. И их деятельность даст хорошие плоды. Кстати на это обратил внимание еще великий Н. Макиавелли в своем

---

[245] См.: ظاهرة انتشار الإسلام داخل السجون الأوروبية..!! URL: https:// www. paldf.net/forum/showthread.php?t=286809 (дата обращения: 23.12.2019).

[246] Подробнее см.: *Зеленков М.Ю.* Социология.М.: ЮНИТИ-ДАНА, 2015. С. 11–112.

труде «Государь»: «Моисей не убедил бы народ Израиля следовать за собой, дабы выйти из неволи, если бы не застал его в Египте в рабстве и угнетении у египтян. Ромул не стал бы царем Рима и основателем государства, если бы не был по рождении брошен на произвол судьбы и если бы Альба не оказалась для него слишком тесной. Кир не достиг бы такого величия, если бы к тому времени персы не были озлоблены господством мидян, а мидяне — расслаблены и изнежены от долгого мира. Тезей не мог бы проявить свою доблесть, если бы не застал афинян живущими обособленно друг от друга»[247].

Анализ результатов социологических исследований дает нам возможность назвать черты идентичности, которые при определенных условиях могут стать *причинами проявления террористической деятельности* как со стороны мусульман по отношению к европейцам, так и наоборот.

Так, мусульмане отмечают следующие *негативные* черты европейского этноса: 68% мусульман считает, что западные люди эгоистичны, 66% — жаждут насилия, 64% — жадные, 61% — безнравственные.

Среди *положительных* характеристик отмечаются: 44% — уважительное отношение к женщине, 33% — честность, 31% — толерантность.

Взгляды европейцев на мусульман более неоднозначны. В среднем 50% европейцев называет мусульман жестокими, 58% — фанатичными, всего 22% — считают, что мусульмане уважают женщин, но 51% говорят, что мусульмане честны и 41% щедры (рис. 3.8)[248].

---

[247] *Макиавелли Н.* Государь (сборник). М.: «Издательство АСТ», 2018. С. 15.

[248] См.: Muslims and Islam: Key findings in the U.S. and around the world. URL: http://www.pewresearch.org/fact-tank/2017/05/26/muslims-and-islam-key-findings-in-the-u-s-and-around-the-world/(дата обращения: 23.08.2019).

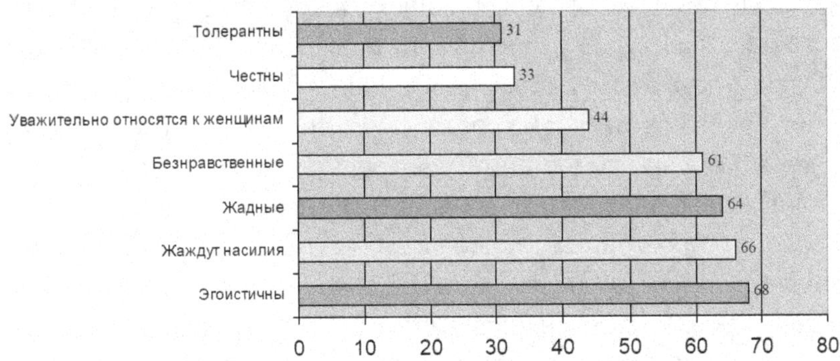

Рис. 3.8. Черты европейцев, отмечаемые мусульманами Европы, в% (Источник данных: URL: http://www.pewresearch.org/fact-tank/2017/05/26/ muslims-and-islam-key-findings-in-the-u-s-and-around-the-world)

Однако, несмотря на такие разновекторные характеристики, в Западной Европе большинство людей считают, что они будут готовы принять у себя мусульман в качестве соседей. Так, около двух третей немусульман французов (66%) говорят, что они примут мусульманина в своей семье, чуть более половины британцев (53%), австрийцев (54%) и немцев (55%) заявляют об этом. Итальянцы с наименьшей вероятностью в Европе готовы принять члена мусульманской семьи (43%)[249].

Чтобы понять такое поведение и такие настроения следует отметить, что данные заявления звучат на фоне все большей исламизации Европы и нападок на христианские конфессии. Как отмечает старший научный сотрудник Института Гетстона в Нью-Йорке (США) С. Керн, антихристианские настроения усиленно охватывают Западную Европу. Свой вывод о обосновывает тем, что в 2019 году намеренно подвергались атакам христианские церкви и символы во многих ее странах. Исследование The Gateway Institute показало, что в 2019 году

---

[249] См.: In the U.S. and Western Europe, people say they accept Muslims, but opinions are divided on Islam. URL: https://www.pewresearch.org/fact-tank/2019/10/08/in-the-u-s-and-western-europe-people-say-they-accept-muslims-but-opinions-are-divided-on-islam/(дата обращения: 23.12.2019).

в Европе почти 3000 церквей, школ, кладбищ и христианских символов были разграблены или повреждены. Этот год стал рекордным в этом направлении. Так, во Франции христианские объекты культа подвергались различным атакам по 3 инцидента в день, в Германии — в среднем происходило по две атаки в день. Нападения на церкви и христианские символы также распространены в Бельгии, Великобритании, Дании, Ирландии, Италии и Испании. Подавляющее большинство нападений были нацелены на здания и символы Римско-католической церкви, хотя протестантские церкви в Германии также подвергались нападениям[250].

Еще одним фактором усиления исламской фундаменталистской террористической деятельности в Европе и России может стать *культура*, но не в полном ее объеме, а отдельными элементами.

Во-первых, это традиционная одежда мусульман-женщин. Авангардом в принятии законодательных решений, непосредственно касающихся исламских общин, стали не Франция или Нидерланды, где градус антиисламских настроений сегодня наиболее высок, а незамеченная ранее в радикальном законотворчестве Бельгия. Так, 29 апреля 2010 года практически единодушным голосованием (136 из 138 проголосовали «за») нижней палаты бельгийского парламента была запрещена исламская вуаль. Характерно, отмечает Ф. Плещунов, что «запрет преподносился как мера социально-культурного характера»[251].

Закон официально направлен против видов одежды, которые не позволяют в общественных местах идентифицировать личность ее обладателя. «Мы не собираемся вводить дискри-

---

[250] См.: ىلعأ ىلإ لصت نييحيسملل ةيداعملا تامجهلا :ابوروأ اهتايوتسم يف ماع 2019. URL: https://ar.gatestoneinstitute.org/htm (дата обращения: 12.04.2020).

[251] *Плещунов Ф.О.* Паранджа или интеграция — непростой выбор для европейских мусульман. URL: http://www.iimes.ru/rus/stat/2010/10-05-10b.htm (дата обращения: 12.01.2019).

минацию в каком-либо виде. Запрет будет распространяться на одежду, которая не позволяет установить личность»,— так в своем выступлении перед депутатами охарактеризовал законопроект глава либеральной партии «Реформистское движение» Д. Баклен. В итоге под этот запрет попали такие весьма распространенные в Европе предметы туалета мусульманок, как никаб и паранджа, которые и стали главными, если не единственными его жертвами. За нарушение данных требований грозит наказание. При этом мусульмане, против которых, прежде всего, направлен закон, составляют только 3% от населения страны. В качестве справки также отметим, что в итальянском городе Навара городской совет еще в январе 2010 года утвердил запрет на ношение паранджи в общественных местах.

Во-вторых, это строительство культовых мусульманских зданий. Причем данный фактор имеет дихотомическое измерение. Так, в ноябре 2009 года Швейцария по итогам референдума ввела запрет на строительство минаретов. Выездные опросы подтвердили, что 60% населения поддержали данный запрет, хотя Швейцария имеет 5% мусульманского меньшинства. Один из избирателей и организатор референдума заявил, что «принудительных браков и других вещей, таких как кладбища, разделяющих чистое и нечистое, в Швейцарии нет, и мы не хотим этого вводить».[252]

В 2016 году в Лигурии (Италия) был принят пакет законов, который ввел серьезные ограничения на строительство религиозных сооружений. Закон не касается исключительно мечетей, однако, как отмечают эксперты, больше всего от него пострадают именно мусульмане.

---

[252] Цит. по: Gedalyahu, TB (2009, 29 ноября). Выйти из опросов: швейцарские мини-минареты, мусульманский экстремизм. Национальные новости Израиля. URL: http://www.israelnationalnews.com/News/News.aspx/134681#. UYDQ-qJTA8U (дата обращения: 21.11.2019).

Разрешение на строительство в столице Великобритании Лондоне огромной мечети (более 11000 чел.) мусульманское движение «Tablighi Jamaat» добивалось более 10 лет. Однако в 2015 году местные власти заблокировали этот проект. Петицию против возведения данного культового сооружения еще в 2007 году подписали четверть миллиона жителей Лондона.

Однако есть и обратная сторона данного фактора. В Бельгии, согласно государственной статистике, сегодня число мусульман выросло до 700 тыс. человек. Большинство из них — марокканцы и турки. Ислам является второй по величине религией в стране и преподается в бельгийских школах с 1975 года. На этом фоне число мечетей в Бельгии увеличилось в 2019 году примерно до 500, более 60% из них управляются марокканцами. При этом Аппарат безопасности страны констатирует, что «в Бельгии более 1000 активистов салафитов, объединенных в более 100 салафитских организаций»[253]. При этом как известно из антитеррористической практики, именно мечеть может стать гнездом, где выращивают будущих фундаменталистских террористов.

В России также существуют проблемы в этом вопросе. «В феврале 2011 года, выступая на Экспертном совете при Совете муфтиев России, руководитель аппарата Совета муфтиев России Р. Аббясов назвал те регионы, в которых проблема стоит особенно остро. Это Москва и Санкт-Петербург, Республика Коми, города Южного федерального округа — Сочи, Краснодар, Ростов-на Дону.[254] Российские власти отдельными моментами решают эту проблему. Так, без всякого преувеличения историческим событием в отношениях государства и ислама стало

---

[253] См.: لقعم وسكت ةيلولصوصألا ..اكيجلب يف ةيفلسلا 2019 داصح الاتحاد الأوروبي URL: http://elwahabiya.com (дата обращения: 12.01.2020).

[254] См.: Запреты на строительство мечетей в России — обзор IslamReview URL: http://islamreview.ru/community/zaprety-na-stroitelstvo-mecetej-v-rossii-obzor-islamreview/(дата обращения: 12.01.2019).

открытие после десятилетия масштабной реконструкции Соборной мечети в Москве.

Торжественная церемония, состоялась в преддверии священного праздника всех мусульман Курбан-байрам — 23 сентября 2015 года. В ней принял участие и Президент России В.В. Путин, подчеркнув тем самым особую важность межконфессионального диалога. В своем выступлении В.В. Путин сказал: «Работа по противодействию фундаментализму особенно важна в условиях, когда террористическая группировка «Исламское государство», извращающая ислам, пытается вербовать адептов в России».[255] Глава Совета муфтиев России Р. Гайнутдин, выступая на церемонии открытия, акцентировал внимание на том, что Россия — «продолжатель славных традиций всех культур и религий Евразийского пространства».

Полученные нами разновекторные результаты роли ислама в социальных отношениях мировой цивилизации вынуждают нас задать вопрос: «Действительно ли мусульмане желают обратить в свою веру весь мир?» Однако в создавшихся условиях приходится констатировать, что ответить на этот вопрос однозначно невозможно. Все зависит от региона проживания мусульман, религиозной и политической обстановки в нем. Если же отвечать в медианном плане, то безусловно, они считают это желательным, но даже самые радикальные исламские теологи достаточно прагматичны, чтобы вести ради этого «священную войну». П. Дейниченко отмечает по этому поводу: «Священная война есть вынужденная необходимость, но не неизбежность».[256]

В то же время данное утверждение в XXI веке не в полном объеме адекватно религиозной ситуации в мире. Так, анализ

---

[255] См.: Как проходило открытие Соборной мечети в Москве. URL: http://tass.ru/obschestvo/2283714 (дата обращения: 12.01.2019).

[256] См.: *Дейниченко П.* XXI век: история не кончается. URL: http://www.slovosfera.ru/global/twf33.html (дата обращения: 23.08.2019).

многочисленных социологических исследований показывает, что отношение к введению в повседневную жизнь исламского права значительно варьируется по регионам:

- поддержка принятия шариата является самой высокой в Южной Азии (медиана — 84%), в Африке к югу от Сахары (64%), в регионе Ближнего Востока и Северной Африки (74%) и Юго-Восточной Азии (77%);
- в Южной и Восточной Европе (18%), в Центральной Азии (12%) гораздо меньше мусульман считают, что исламское право должно быть одобрено их правительствами (рис. 3.9).

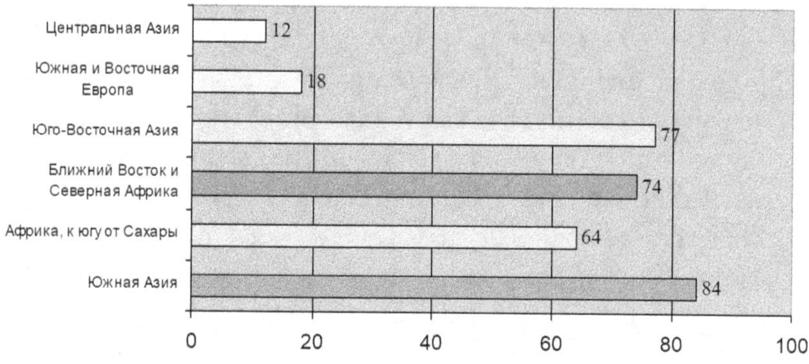

Рис. 3.9. Поддержка принятия шариата в регионах мира, в% (Источник данных: составлено автором)

Как видим, для отдельных регионов мира «священная война» сегодня представляется как не вынужденная необходимость, а именно как неизбежность. Связано это с тем, что все регионы мира полирелигиозны, следовательно, введение на их территории законов исламского права реально только через радикальные методы насилия.

Если обратиться к конкретным странам, то следует отметить, что в некоторых из них поддержка закрепления шариата в качестве официального закона особенно высока, как правило там, где преобладает мусульманское население — Афганистан и Ирак. Так, консервативные фундаменталисты, такие как афганские талибы, придают мало значения государственному строительству, для них общество является действительно исламским в том случае, если его члены соблюдают законы шариата. Поэтому они борются, прежде всего, против вестернизации культуры и обычаев. Эта модель очень карикатурно применяется среди афганских талибов, где длина бороды становится важным критерием принадлежности к исламу.

Однако поддержка мусульманами шариата не ограничивается странами, в которых они составляют большинство населения. Например, «в странах Африки к югу от Сахары мусульмане составляют менее одной пятой населения в Камеруне, Демократической Республике Конго, Гане, Кении, Либерии, Мозамбике и Уганде. При этом в каждой из этих стран, по крайней мере половина мусульман (52–74%) говорят, что они хотят признания шариата официальным законом страны. И наоборот, в некоторых странах, где мусульмане составляют более 90% населения, относительно немногие из них хотят, чтобы их правительство кодифицировало исламское право, например, Таджикистан (27%), Турция (12%) и Азербайджан (8%)».[257]

Но и это еще не все, есть и еще более доказательные результаты социологических опросов (Pew Research Center), которые показывают, что на личностном уровне многие мусульмане пользуются западной популярной культурой и не считают ее безнравственной (рис. 3.10):

- это особенно актуально в Южной и Восточной Европе (66%), Центральной Азии (52%) и в Африке к югу от Сахары, где медиана составляет примерно 50%;
- меньше толерантных мусульман к западной культуре обитает в Юго-Восточной Азии (41%), на Ближнем Востоке, в Северной Африке (38%) и в Южной Азии (25%).

---

[257] Подробнее см.: The World's Muslims: Religion, Politics and Society. URL: http://www.pewforum.org/2013/04/30/the-worlds-muslims-religion-politics-society-overview/(дата обращения: 23.08.2019).

- Однако, несмотря на то, что многие мусульмане пользуются западной поп-культурой, явное большинство из них считает, что эти развлечения вредят морали и подрывают нравственность в их стране: страны Африки к югу от Сахары (65%), Южная Азия (59%), Юго-Восточная Азия (51%), регионы Ближнего Востока и Северной Африки (51%).[258]

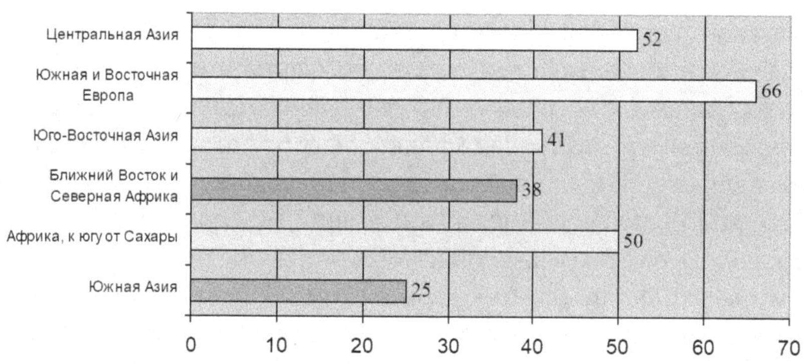

Рис. 3.10. Число мусульман, не считающих западную культуру безнравственной, в% (Источник данных: URL: http://www.pewforum.org/2013/04/30/the-worlds-muslims-religion-politics-society-overview/)

Вывод из приведенных нами результатов напрашивается однозначный: «Те, кто считает это вредным — это потенциальные рекруты исламского фундаментализма в условиях продолжающейся глобализации». Глобализация — это культурная вестернизация земного шара в научном, техническом и экономическом отношении, но на самом деле эти аспекты являются результатом западного выхода из религии. Так что их распространение навязывает всем обществам разрыв с религиозной организацией мира.

Справедливо отмечает Х. Аджами[259], демократия — это процесс умножения правильной информации, а диктату-

---

[258] Там же.

[259] См.: باهرإلا و ةيلوصألا كيكفت ربوس. URL: http://www.ahewar.org/debat/show.art.asp?aid=423967&r=0 (дата обращения: 23.01.2020).

ра — процесс передачи информации, религиозный фундаментализм — это механизм сокращения информации. Предоставляя большую часть информации каждому человеку, демократия гарантирует свободу личности выбирать соответствующую информацию, и она гарантирует свободу личности действовать. Посредством сокращения и сокрытия информации диктатура гарантирует, что люди будут ограничены и подвергнутся репрессиям. Но религиозный фундаментализм сводит информацию к сведениям, присущим сознанию Бога, к которому просто невозможно получить доступ. Этим исламский фундаментализм участвует в идеологическом терроризме.

Однако если посмотреть на отношение самих мусульман к терроризму, то картина не такая уж и ужасная. Так, взрывы смертников и другие формы насилия в отношении гражданских лиц от имени ислама редко или никогда не оправдываются мусульманами (здесь идет речь о мусульманах традиционной веры, а не о сторонниках террористических и других радикальных группировок): 92% в Индонезии, 91% в Ираке, 86% в США (рис. 3.11).

Только 7% всех мусульман считают, что взрывы смертников иногда оправдываются (40% на палестинских территориях, 39% в Афганистане, 29% в Египте и 26% в Бангладеш) и всего 1% говорит, что они часто оправдываются. Во многих случаях люди в странах с преобладающим мусульманским населением так же обеспокоены, как и западные народы, угрозой исламского терроризма. Около двух третей населения в Нигерии (68%) и Ливане (67%) заявили в 2016 году, что они очень обеспокоены исламским терроризмом в своей стране.[260]

---

[260] См.: Muslims and Islam: Key findings in the U.S. and around the world. URL: http://www.pewresearch.org/fact-tank/2017/05/26/muslims-and-islam-key-findings-in-the-u-s-and-around-the-world/(дата обращения: 23.08.2019).

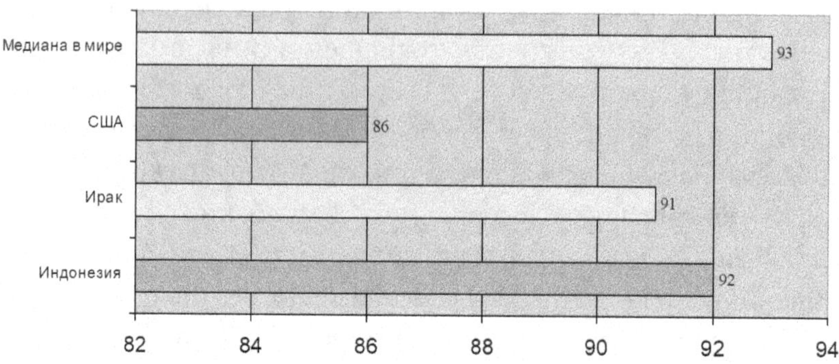

Рис. 3.11. Отрицательное отношение к террористическим актам среди представителей традиционного ислама, в% (Источник данных: URL: http://www. pewresearch.org/fact-tank/2017/05/26/muslims-and-islam-key-findings-in-the-u-s-and-around-the-world/)

Логика нашего исследования и обстановка третьего десятилетия XXI века вынуждает нас снова обратиться к истории и отметить, что исламский фундаментализм глубоко пустил свои корни и появился на свет в ответ на модернизацию социума. После Первой мировой войны пал Османский халифат (1924) и уже вскоре возникло движение за его восстановление. Из недр этого движения вышел Сайд Абул Ала Мавдуди (Индия) и созданная им «Джамаат-и-Ислами» (исламская община)[261].

Столкнувшись с англичанами, Мавдуди не удовлетворился призывом к созданию «мусульманского государства», он назвал «исламским государством», формулу, которую изобрел сам. В процессе своей деятельности им были выведены три постулата, которые составляют опоры исламского фундаментализма: *переопределение религии, суверенитет и джихад*:

- ислам не является религией в общепринятом смысле этого слова — это система, объединяющая все стороны жизни. Шариат, составляющий его сердце, охватывает

---

[261] См.: Религиозный и политический фундаментализм в современном мире//Мировая экономика и международные отношения. 2003. № 11. С. 44–45.

коллективную организацию в целом. Он также определяет семейные отношения, социальные и экономические вопросы, управление, права и обязанности граждан, судебную систему, законы войны и мира и международные отношения. Т.е. он определяет социальный порядок, «где нет ничего лишнего и где ничего не упущено»;

- политическим режимом должна стать «теодемократия», которая бросает вызов западной версии демократии. Верховным сувереном при такой власти является только Бог;

- джихад своей целью имеет создание всеобъемлющего халифата, задуманного как «мировое исламское государство» — «ислам требует всю землю, а не малую часть».

Таким образом, структурно исламский фундаментализм представляет своеобразный синтез религиозной и политической идеологий, результатом которого стала политическая религия — исламизм. Т.е. исламский фундаментализм выступает идеологией политического религиозного терроризма. Связано это с тем, что:

- *ислам неразрывно и более тесно, чем другие религии, связан с политикой;*

- *ислам имеет наиболее проработанную фундаменталистскую идеологию и программы;*

- *ислам обрел вдохновляющий опыт победы над другими религиями, например, исламская революция в Иране;*

- *исламская умма наименее подвержена секуляризации и отличается гораздо более традиционным характером;*

- *мусульмане отличаются определенным комплексом неполноценности и стремлением к реваншу;*

- *исламские общества имеют более мощную демографическую динамику и нарастающие социальные проблемы.*[262]

Политический ислам (исламизм) сегодня — это глобальный вызов, настоящее испытание для всех демократических стран

---

[262] Там же. С. 46–47.

и всех тех, кто стремится к свободе и демократии. Исламисты хотят сделать ислам уже не религией, а подлинной политической идеологией путем жесткого применения шариата и создания непримиримых исламских государств. Исламисты — это мусульмане, которые вступают в политическую игру. У них есть структура, идеологическая конструкция, и они делают это политическим проектом. Они могут играть в демократию (например, «Братья-мусульмане» в Египте, пришедшие к власти через легальную урну для голосования в 2012 году), быть утопичными, тоталитарными, когда они уже у власти или воинственными, когда они хотят завоевать ее путем применения силы и оружия.

В то же время, учитывая нарастание тенденции распространения исламизма в мире, следует отметить, что он не равнозначен фундаментализму, но порождается им и логически ведет к религиозному терроризму. Исламисты считают, что единственная истинная, с их точки зрения, религия находится сегодня как бы на обочине современного мира. С социальной точки зрения исламский фундаменталист XXI века — это не безграмотный, подвергшийся идеологической и психологической обработке адепт. В большинстве своем это представители интеллигенции, бизнесмены, ученые, которые, испытав чувство горечи и фрустрацию, переходят на следующую ступень экстремистской деятельности и становятся осознанными активистами и боевиками, а затем и террористами.

Аналитика показывает, что растущее число новообращенных в ислам, которые предпочитают называть себя «новые мусульмане», в США и Европе продолжает оказывать благоприятное влияние для вербовки в террористические организации (ИГИЛ, «Аль-Каида» и др.) новых адептов. Западник во многих отношениях является более привлекательным для вербовки, чем террорист ближневосточного происхождения, из-за его способности естественно ассимилироваться в западном мире, не привлекая подозрения. Использование западных новообращенных в качестве террористов имеет большой потенциал для достижения успеха в террористической деятельности. В последнее время европейскими террористами был проведен ряд успешных операций с использованием новообращенных в ислам западной этнической принадлежности.

Шейх Мохамед Шахем Али Саид в своем труде «Религиозный экстремизм: причины и решения» приводит четыре основные характеристики, по которым можно отличить религиозного исламского экстремиста от приверженца традиционного ислама.

1. Недостаток в знании ислама. Это самая узнаваемая особенность таких людей. По крайней мере, они не будут разговаривать на арабском языке, не будут понимать смысл арабского письма. Тем не менее они попытаются бросить вызов ученым Уммы, вынося приговоры, основанные на Коране и Сунне, а также станут выпускать компакт-диски, публиковать работы по исламу и читать лекции по различным религиозным темам.

2. Открытое отрицание веры Уммы. Это второй наиболее отличимый атрибут исламских экстремистов. Эти люди отказываются от догм, по которым ученые достигли консенсуса, и сами расставляют приоритеты в своих личных суждениях.

3. Политеистическая маркировка людей, совершающих серьезные грехи. Согласно мнению адептов пророческих традиций, те, кто совершает основные грехи, не могут считаться немусульманами. Дверь покаяния открыта для них. Если они умрут без покаяния, их судьбу будет решать Аллах. Если Аллах пожелает, они будут помилованы и не будут пребывать в аду навсегда. Приравнивание главных грешников к немусульманам — это путь террористических групп и тех, кто перешел пределы исламских принципов. Эти группы людей считают, что ад — это вечная обитель таких грешников. Подобные убеждения противоречат консенсусу Уммы.

4. Разрыв отношений с людьми и предпочтение изоляции.[263] Компаративистский анализ идеологических учений традиционного ислама и ислама, пропагандируемого фундаменталистскими террористическими группировками, позволил выделить **основные признаки исламистского терроризма**:

- *непримиримость к гражданскому светскому обществу и стремление к его насильственной замене исламским социумом, устроенным по законам шариата;*
- *недопустимость индивидуального определения своей жизни (все во власти Аллаха), высокого уровня образования, эмансипации женщин, сексуальной свободы, секуляризма, отторжения религии от государства (ислам и государство — одно целое), правовой определенности посредством парламентской демократии и веры в прогресс;*
- *отрицание интеграции мировой цивилизации и противопоставление исламского мира остальной части человечества;*
- *призыв к денонсации материализма, потребительства, одиночества и разобщенности людей;*
- *непризнание международного права, игнорирование его основных принципов (территориальной целостности, мирного разрешения споров, незыблемости государственных границ и т.д.);*
- *применение при достижении своих целей методов дестабилизации, по возможности использование легитимных путей захвата власти;*
- *заключение союзов со всеми террористическими силами, которые позволят достичь своих целей и решить поставленные задачи*[264].

Как отмечает И. Севостьянов: «Экстремизм от ислама выступает в альянсе с национализмом, сепаратизмом и социаль-

---

[263] См.: Sheikh Mohamed Shaheem Ali Saeed. Religious Extremism: Causes and Solutions. URL: https://minivannewsarchive.com/author/sheikh-mohamed-shaheem-ali-saeed (дата обращения: 23.12.2019).

[264] См.: *Зеленков М.Ю.* Информационная аналитика трендов терроризма XXI века: монография.М.: РУСАЙНС, 326 с.

ным популизмом. В таких комбинациях экстремисты от ислама играют чаще всего головную роль. Отсюда их особая ценность в альянсах, нацеленных на внутреннюю дестабилизацию и международные конфликты. Отсюда их возбуждающее влияние на исламский фундаментализм, эффективность усилий по радикализации исламского мира».[265] Данный подход поддерживает и К. Хабиб, считающий, что фундаментализм видит необходимость формирования мира на основе трех категорий: *насилие, терроризм и революция.*[266]

На своем пике в конце 2014 года ИГИЛ контролировало более 100000 км^2 территории, на которой проживало более 11 млн человек, в основном в Ираке и Сирии. В течение 2015 года ИГИЛ кооптировало в свою структуру местные экстремистские и террористические организации в Ливии, Египте, Нигерии, Афганистане, Саудовской Аравии, Алжире и на Кавказе. Существовавшие ранее салафито-джихадистские группы в Сомали, Филиппинах, Турции, Бангладеш, Индонезии, Мали и Тунисе также заявили о своей лояльности по отношению к ИГИЛ. География или само «государство» стала самой большой притягательной силой для иностранцев, которые вступили в контакт с идеологией, пропагандируемой ИГИЛ, поскольку группа начала действовать как правительство на том основании, что она оккупировала территорию, демонстрируя свою версию шариата. Десятки тысяч отдельных новобранцев со всего мира, в т.ч. из США, России и стран Европы пополняли ряды ИГИЛ.

Согласно данным исследований Centre on Religion & Geopolitics[267] (декабрь 2015 г.), по меньшей мере 65000 боеви-

---

[265] См.: *Севостьянов И.* Исламский фундаментализм и исламский экстремизм не одно и то же//Международная жизнь. 1996. № 5. С. 33–34.

[266] См.: مفهوم الأصولية: حبيب كاظم حبيب أفكار للمناقشة. والأصوليات الإسلامية. URL: https://www.facebook.com/KadhimHabib/posts/1013509145392534/ (дата обращения: 23.12.2019).

[267] См.: Waiting in the wings: the Syrian jihadis ready to take over from ISIS. URL: http://www.religionandgeopolitics.org/sites/default/files/If%20the%20Castle%20Falls.pdf (дата обращения: 23.08.2019).

ков в Сирии разделяли ключевые элементы идеологии ИГИЛ. В настоящее время, несмотря на то, что основная часть террористической группировки ИГИЛ выдавлена с территории Сирии, на ее территории продолжает находиться большое количество групп джихадистов. Исследования Центра показали, что 15 групп, не входящих в ИГИЛ, ратуют за его победу. Их идеология — салафи-джихадизм, представляет собой транснациональную религиозно-политическую идеологию, основанную на вере в жестокий джихад во имя обеспечения возвращения к исламу первых последователей пророка Мухаммеда. *Однако здесь явно наблюдается следование тренду исламизации, а не религии ислам.*

В качестве доказательства нашего вывода приведем краткое изложение открытого письма нескольких сотен мусульманских ученых и лидеров к бывшему главе ИГИЛ Абу Бакру Аль-Багдади, включая примеры нарушения ИГИЛ исламских учений, признанных большинством мусульман:

- **Убийство невинных**: вопиющее пренебрежение к человеческой жизни прямо противоречит учениям о святости жизни и заповедям избегать убийства ни в чем не повинных людей или гражданских лиц даже в ходе военных действий, в частности женщин и детей.

- **Преследование христиан и езидов**: разрушение церквей и нападения на христиан прямо нарушают учения Корана о статусе «людей Книги», чьи жизни и дома поклонения описывают Коран и пророческие высказывания. Езиды также являются одной из религиозных общин, особо упоминаемых в Коране как «люди Книги». Тот факт, что эта древняя секта наряду с иракскими христианами сохранилась на мусульманских землях, является доказательством широко распространенного толерантного отношения мусульман к ним и другим религиозным меньшинствам.

- **Принудительное обращение**: обращение людей в свою веру силой является издевательством над религией, которая, согласно общепринятым исламским учениям, должна проводиться только Господом, а не под принуждением. В аяте Корана «В религии нет принуждения» четко изложена точка зрения на этот вопрос, которой придерживаются большинство мусульман, так же как и в других аятах, в которых говорится, что Господь решил создать разнообразие среди людей, включая религиозное разнообразие, и что Господь решил сделать так, чтобы каждый человек имел ту веру, которую он пожелает (Коран, 10:99, 18:29, 13:31).

- **Пытки и увечья**: основные исламские учения конкретно запрещают пытки в любой форме, а также калечить трупы или проявлять неуважение к мертвым. Варварские действия ИГИЛ, отражающие наихудшие тенденции человечества, показывают истинную природу его боевиков как преступников, а не религиозных деятелей.

- **Угнетение женщин**: настойчивое требование ИГИЛ к женщинам по ношению черной, всеобъемлющей одежды, в том числе лицевой вуали, является крайним применением общей заповеди носить скромную одежду. Их женоненавистническое поведение, в том числе настойчивость в том, чтобы ограничивать деятельность женщины домашним хозяйством, в то время как мусульманские женщины во всем мире являются учителями, врачами, учеными и даже главами государств, представляет собой искажением широко принятых исламских учений.

- **Рабы**: одна из целей ислама, о чем свидетельствуют и Коран, и пророческие практики о заслугах освобождения рабов, заключалась в том, чтобы в конечном итоге положить конец рабству во время откровения 1400 лет назад. Эта точка зрения была повсеместно принята мусульманскими обществами и лидерами. Возвращение к практике, с которой ислам стремился покончить, высмеивает принципы справедливости, равенства и других ценностей и является просто отражением грубых правонарушений, которые часто совершаются на войне, в том числе в отношении мусульманских женщин в Боснии и Сирии. Делать другим то, от чего избавили тебя,— это антитезис религии и морали.

- **Наложницы**: особенно вредным является возрождение ИГИЛ наложниц (использование женщин-военнопленных в качестве секс-рабынь). Эта практика существовала во многих досовременных обществах, в том числе в Древней Греции, Риме и Китае, а также в США, где использование женщин-рабов для секса продолжалось до конца отмены рабства после гражданской войны. Наложницы упоминаются как в Библии, так и в Коране как существующая практика, которая отражала конкретное время и общественный порядок в более широком контексте рабства, часто в результате военных действий. Эта практика давно отвергается мусульманами во всем мире. Попытка ИГИЛ возродить рабство противоречит сегодняшним нормативным мусульманским взглядам и практике.

- **Жесткие наказания**: случайное применение так называемых «жестких наказаний» без надлежащего контекста для такого применения делает насмешку над всем процессом. Кроме того, все такие наказания требуют самого высокого уровня доказательств, а не самого низкого, как это практикуется ИГИЛ и другими террористическими группами.

- **Джихад**: джихад предназначен для защиты угнетенных мусульман от агрессии, а не для того, чтобы служить поводом для агрессии против других. Изгнание людей из их домов, массовые убийства и разрушения — это не джихад, а чистая агрессия. Такие действия никоим образом не могут быть охарактеризованы как джихад.

- **Объявление халифата**: исламский принцип заключается в том, что тот, кто ищет лидерства, не должен получать его. Кроме того, нельзя просто объявить себя халифом — термин, принятый после смерти пророка Мухаммеда для тех, кто сменил его на посту главы государства в досовременном контексте. Этот термин продолжал использоваться в различных династиях, которые следовали до начала XX столетия, когда Османский халифат был отменен. Истинный халиф, как его понимали, должен был быть выбран консенсусом мусульманских общин во всем мире, основанным на заслугах и репутации, а не силой[268].

Также отметим, что политический салафизм, считают В. Багдасарян и С. Сулакшин, организационными модификациями которого выступают и ваххабитский режим Саудовской Аравии, и ИГИЛ, и «Талибан», и «Аль-Каида», и «ХАМАС», и «Братья-мусульмане», и «Кавказский эмират»,— все это есть большой англо-саксонский проект, который возник не сегодня[269]. Но ИГИЛ — это не просто «культ смерти»,— это продолжение мышления, которое началось до его образования, и будет продолжаться, даже если оно будет якобы побеждено. Ибо победить в военном плане ИГИЛ можно, однако в духовном плане его победить невозможно.

Как отмечают социологи, большинство людей в странах со значительным мусульманским населением и, где ИГИЛ не присутствует, имеют неблагоприятное представление о нем: 94% в Ливане и 94% в Иордании. В некоторых странах значительная часть населения открыто не высказывает отрицательное мнение об ИГИЛ, например, большинство (62%) пакистанцев. В то же время благоприятные отзывы об ИГИЛ отмечаются в Нигерии (14%). Среди нигерийских мусульман

---

[268] См.: ISIS: an overview. URL: https://ing.org/an-overview-of-isis/ (дата обращения: 23.08.2019).

[269] *Багдасарян В.Э., Сулакшин С.С.* Современный фашизм: новые облики и проявления.М.: Наука и политика, 2017. С. 191.

20% считают, что ИГИЛ — это хорошо, это нужно (по сравнению с 7% нигерийских христиан).[270]

Дополнительно обозначим некоторые *ключевые моменты, характеризующие корреляцию ИГИЛ с оппозиционными сирийскими группировками:* 60% основных сирийских повстанческих групп являются исламистскими экстремистами. Исследование 48 повстанческих группировок в Сирии показало, что 33% — почти 100000 бойцов — имеют те же идеологические цели, что и ИГИЛ. Несмотря на противоречивые идеологии повстанческих группировок, 90% групп считают поражение режима Асада своей главной задачей. 68% стремятся к установлению исламского права в Сирии. Напротив, *только 38% говорят о поражении ИГИЛ, как о заявленной цели вооруженной борьбы.*

В то же время, как бы ни хотелось это сделать большинству политиков на Западе, особенно в США, сирийские повстанцы не могут быть разделены на радикалов и умеренных. Любая попытка провести различие между приемлемыми «умеренными» и неприемлемыми «террористами» является ошибочной. Если краткосрочные или долгосрочные цели перекрываются, повстанческие группы образуют коалиции независимо от идеологии. Так, в 16-ти салафи-джихадских группах повстанцев, которые были изучены, насчитывается около 96000 бойцов. Согласно оценки ЦРУ, ИГИЛ составляет только 31000 из них. При этом ИГИЛ не более экстремистская, чем «Аль-Каида» или любая другая террористическая группа, которая разделяет ее идеологию. Это означает, что если ИГИЛ будет уничтожен, около 65000 бойцов, принадлежащих к другим повстанческим организациям, будут готовы занять его место на арене исламского фундаментализма.[271]

---

[270] См.: Muslims and Islam: Key findings in the U.S. and around the world. URL: http://www.pewresearch.org/fact-tank/2017/05/26/muslims-and-islam-key-findings-in-the-u-s-and-around-the-world/(дата обращения: 23.08.2019).

[271] См.: If the Castle Falls: Ideology and Objectives of the Syrian Rebellion. URL: http://www.religionandgeopolitics.org/syria/if-castle-falls (дата обращения: 23.12.2019).

Применив основные положения SWOT–анализа синтезируем сильные и слабые стороны современного исламского фундаментализма, а также возможности и угрозы перспективе его дальнейшего существования на планете Земля (табл. 1).

Таблица 1. Результаты SWOT–анализа исламского фундаментализма

Сильные стороны:	**Слабые стороны:**
– высокая эффективность взаимодействия с массами, основанная на эмоциональной привязанности верующих к религии, порождающая пассионарность, огромную внутреннюю энергию, большой запас динамизма; – умение конспиративно поддерживать контакты со своими единомышленниками как на региональном, так и международном уровне; – широкое внедрение только в ту социальную среду, где преобладает невежество и бедность, что дает возможность привязки людских масс к его идеологии; – необходим США и странам ЕС как средство достижения своих целей в определенных регионах; – придерживается узкого взгляда на концепцию джихада, ограничивающуюся только радикальными методами; – социальная и финансовая забота о своих приверженцах; – отрицание этничности, интернациональность; – «слепая» вера последователей в разрушительное влияние западной культуры; – вера в Аллаха и Его судьбу, которая дает последователям огромную стойкость и способность оправиться от личного бедствия;	– в процессе компенсационных изменений в культуре социума существует высокая вероятность того, что его последователи изменят отношение к нему и отвернутся; – исходит не из сознания людей, а из их реальности. Если бы он исходил из веры, то фундаменталисты были бы на протяжении всей истории ислама, но история говорит нам, что это не так и повторяется; – реакционное движение с ярко выраженными радикальными методами достижения цели; – вошел в союз с политикой и тем самым на первое место выдвигаются уже не религиозные цели, а политические, а это не всем адептам по душе; – отсутствие единства среди мусульман, особенно арабского происхождения; – устаревшая методология обучения в исламских фундаменталистских школах, отсутствие акцента на применение исламской идеологии в реальной жизни; – нехватка технических и медийных знаний среди улемов, приводящая к медленной реакции или ее отсутствию; – большой психологический разрыв между улемами и их составляющими;

Продолжение табл.

Сильные стороны:	Слабые стороны:
– растущая осведомленность и уверенность, особенно среди молодежи, рассматривающей его как пример исламской модели общества; – увеличивающееся осознание пропасти между улемами и обычными мусульманами, особенно с точки зрения применения исламских знаний в реальной жизни и стремления преодолеть пропасть; – проблема с практикой ислама у большинства традиционных мусульман, даже убежденные люди не могут практиковать, потому что они не знают как, у них нет систем для поддержки, и они не имеют средств для разработки этих систем сами; – нарастающий в мире уровень противостояния, постоянные вооруженные конфликты в странах исламского мира.	– сосредоточился на идеологии без акцента на практику, что приводит к неадекватности принятых решений; – раздробленные мысль, люди, лидерство и отношения без понимания проблем, стоящих перед Уммой; – нет конкретного продуманного плана действий, коллективного подхода, за исключением случаев радикального навязывания своих идей; – отсутствие видения или стратегии на всех уровнях, включая высшее руководство, недостаток организационных навыков; – отсутствие единого мозгового центра для визуализации будущих задач, проактивного реагирования даже на ситуации, которые можно легко предвидеть; – все больше становится империалистической индустрией.
Возможности:	Угрозы:
– осуществить цель своего учения и обеспечить лидерство мысли в значительной части исламского мира; – стать образцом для подражания и создать систему поддержки для людей, исповедующих ислам в регионах Ближнего Востока и Северной Африки; – навязать традиционным мусульманам в отдельных регионах мира фундаменталистские формы и методы исповедования ислама, чтобы их жизнь стала маяком и руководством для других;	– согласованные, высоко сфокусированные усилия по подрыву идеологии фундаментализма в мире и отключению его от реального участия в религиозной жизни; – наращивание контроля со стороны легальной и легитимной власти за СМИ и ИТС «Интернет»; – наращивание психологического давления на последователей и всеобъемлющая пропаганда традиционного ислама;

Окончание табл.

– несмотря на то, что его последователи призывают к возвращению в средневековье, они приветствуют использование продуктов современных технологий в своих интересах и в интересах глобального распространения своих идей.	– усиливающееся несоответствие между улемами и среднестатистическим мусульманином; – повышение уровня образования и жизни в странах, являющихся потенциальными поставщиками рекрутов.

Итак, почему популярен исламский фундаменталистский терроризм?

Во-первых, исламский терроризм повышает социальный статус его приверженцев. Если в их родном обществе они чувствовали себя ущербными и угнетенными, то в исламской террористической организации они «приподнялись» в своих глазах. Однако следует помнить, что это происходит за счет унижения других (христиан, буддистов, иудеев и тех же мусульман, которые не поддерживают идеи исламского фундаментализма).

Во-вторых, исламский терроризм апеллирует к шовинизму, позволяет его приверженцам устранить те свои фобии, которые их преследовали в традиционном обществе. Здесь адепт может уничтожить своего обидчика и будет за это вознагражден, а не наказан.

В-третьих, исламский терроризм — это одна семья, объединение адептов на основе религиозной идентичности, без упоминания этничности и прошлого. Исламский фундаменталист не одинок, вокруг него его «братья».

В-четвертых, исламский терроризм пропагандирует исповедуемые его адептами ценности, идеалы и интересы. Та так называемая «мерзость», которую фундаменталист видит в современном социуме (либеральном, потребительском, мультикультуралистском и т.п.), в исламском террористическом сообществе исчезает и не раздражает сознание.

В-пятых, исламский терроризм призывает восстановить справедливость, которая якобы была утрачена за 1400 лет сущиствования ислама, вернуться к традиционным ценностям, которые пропагандировал и насаждал пророк Мухаммед.

В-шестых, исламский терроризм отвергает ценностный релятивизм. Он четко разделяет мир на два лагеря. Первый — поборники «истинного» ислама, второй — его враги. При этом те, кто борется и гибнет за идею «истинного» ислама, преподносятся как герои и, следовательно, получают заранее спрогнозированный и начертанный им путь в рай[272].

Американские специалисты в ходе исследований выделили четыре общих фактора для потенциальных исламских террористов: *обязательство, возможности, подключение, намерение*. На основе этих факторов была разработана модель, позволяющая оценить возможность вербовки в исламские террористы конкретного индивида. Суть данной модели состоит в анализе ответов на следующие вопросы:

«В какой степени вербуемый индивид способен выполнить обязательство в интересах радикального ислама и джихада?»;

- *«Какие возможности имеет вербуемый индивид для участия в джихаде?»;*
- *«Какими навыками он обладает, что из них может быть необходимым для достижения цели джихада?»;*
- *«Как вербуемый индивид связан с окружающими или другими членами террористических групп?»;*
- *«Какие характеристики имеет вербуемый индивид, чтобы помочь делу джихада?»;*
- *«В какой степени вербуемый индивид способен продемонстрировать намерение напасть на противников ислама?»[273].*

---

[272] *Зеленков М.Ю.* Информационная аналитика трендов терроризма XXI века: монография.М.: РУСАЙНС, 326 с.

[273] См.: The Fundamentals of Islamic Extremism: Psychological Considerations for Developing & Managing Counterterrorism Sources. URL: https://publicintelligence.net/ufouoles-ncis-guide-to-developing-islamic-extremist-counterterrorism-sources/(дата обращения: 21.11.2019).

- Эта модель обеспечивает правоохранительным органам возможность оценить потенциальных клиентов рекрутеров исламских террористических организаций и предотвратить их участие в терроризме.

Для России исламский фундаменталистский фактор в террористической деятельности также не является исключением. Как отмечается в нормативных документах, российское государство озабочено проникновением из других стран радикальных течений ислама, проповедующих их исключительность и насильственные методы распространения. Идеологами радикальных течений ислама в России являются, прежде всего, члены международных террористических организаций и выпускники зарубежных теологических центров, где преподаются основы этих религиозных течений. Например,

20 октября 2015 года в Москве были задержаны около 100 человек по подозрению в поддержке и финансировании мусульманской террористической организации «Хизб ут-Тахрир аль-Ислами». Участники московской ячейки занимались вербовкой новых адептов, распространяли запрещенную религиозную литературу и собирали деньги на помощь боевикам.

- 1 декабря 2015 года Северо-Кавказский окружной военный суд вынес обвинительный приговор по делу о создании незаконного вооруженного формирования в Ставрополе и вербовке через ИТС «Интернет» людей для участия в незаконных формированиях на территории Сирии. Шесть вербовщиков ИГИЛ получили от 5 до 7 лет колонии.

- В 2016 году Генеральная прокуратура РФ расследовала более тысячи уголовных дел, которые были заведены на граждан России в связи с их участием в боевых действиях на стороне ИГИЛ в Сирии и Ираке.[274] Известно, что

---

[274] См.: Более 1000 уголовных дел за вступление в ИГИЛ возбуждено на россиян. URL: http://islam-today.ru/novosti/2016/03/23/bolee-1000-ugolovnyh-del-za-vstuplenie-v-igil-vozbuzdeno-na-rossian/(дата обращения: 23.08.2019).

каждый восьмой россиянин, оказавшийся в ИГИЛ, погиб в ходе военных действий.

- В 2018 году в ходе контртеррористических операций и отдельных оперативно-боевых мероприятий в России было нейтрализовано 65 боевиков, в том числе 10 главарей бандгрупп, задержано 36 главарей, 236 бандитов и 589 пособников. Пресечена деятельность 37 террористических ячеек, планировавших организовать теракты на территории республик Дагестан, Ингушетия, Чеченской Республики и Ставропольского края. Закрыт въезд в страну более 10000 лиц, подозреваемых в причастности к террористической и экстремистской деятельности, а также не допущен выезд свыше 60 российских и иностранных граждан в зоны вооружённых конфликтов на Ближнем Востоке.[275]

По словам главы СКР генерала юстиции Российской Федерации А. Бастрыкина, граждане России попадают в Сирию в основном через Турцию или Египет. Среди наиболее частых предлогов для отъезда — отдых, получение теологического образования и работа.[276] Правоохранительные органы отмечают попытки создания в различных регионах России центров обучения и тренировочных лагерей запрещенных международных террористических организаций. Серьезную опасность для российского социума представляют приверженцы радикальных течений ислама, которые не относятся к представителям народов, традиционно исповедующих ислам, однако отличаются религиозным фанатизмом, вследствие чего их легко склонить к совершению экстремистской деятельности, в том числе в качестве смертников.

---

[275] Вступительное слово председателя НАК, Директора ФСБ России А.В. Бортникова на совместном заседании НАК и ФОШ. URL: http://nac.gov.ru/publikacii/vystupleniya-i-intervyu/vstupitelnoe-slovo-predsedatelya.html (дата обращения: 21.12.2019).

[276] См.: Обнародовано количество россиян в ИГИЛ. URL: http://islam-today.ru/novosti/2016/04/18/obnarodovano-kolicestvo-rossian-v-igil/(дата обращения: 23.08.2019).

В целом большинство ученых выделяют для России в XXI веке два направления, откуда исходит угроза распространения исламского фундаментализма: *Центрально-Азиатское и Кавказское.*[277]

На *Центрально-Азиатском направлении* серьезную угрозу национальной безопасности России представляет деятельность уйгурских исламских организаций, которая при определенных условиях может стать источником вооруженного конфликта с вовлечением в него Китая и Центрально-Азиатских республик СНГ, где доля мусульман в составе населения составляет: Узбекистан (93%), Таджикистан (около 95%) Казахстан (65%), Киргизия (около 83%), Туркменистан (более 99%).

На *Кавказском направлении* можно выделить два очага: Северный Кавказ (доля мусульман в Ингушетии — 98%, Чечне — 96%, Дагестане — 94%, Кабардино-Балкарии — 70%, Карачаево-Черкесии — 63%), где существуют внутренние проблемы России, и Южный Кавказ, где сталкиваются национальные интересы России, Турции и Ирана.

Однако практический опыт антитеррористической деятельности показывает, что это не совсем полная география вызовов и угроз исламского фундаменталистского терроризма. *Третьим регионом*, где эта деятельность уже сегодня присутствует и набирает силу, является регион Башкортостана и Татарстана (доля мусульман в Башкортостане — 54,5%, Татарстане — 54%). Так, по данным правоохранительных органов, в Татарстане примерно 150–200 человек имеют джихадистские взгляды и часть из них выехала воевать на Ближний Восток в составе т.н. «татарского джамаата»[278].

---

[277] См.: *Абрамян А.С.* Военно-политическая деятельность по обеспечению безопасности государства от угроз терроризма: дисс. ... докт. пол. наук.М.2004. С. 85–91.

[278] Подробнее см.: *Зеленков М.Ю., Бочарников И.В.*/под. ред. М.Ю. Зеленкова. Международные конфликты XXI века.М.: ИНФРА-М, 2018. 362 с., Зеленков М.Ю. Информационная аналитика трендов терроризма XXI века: монография.М.: РУСАЙНС, 326 с.

Более того, развитие процессов формирования молодежных салафитских (ваххабитских) сетей (т.н. «электронных муфтиев», «виртуальных джамаатов») в масштабе мировой исламской уммы во многом снимает проблему границ и приводит к большему вовлечению граждан России из различных регионов (включая и столицу, и крупные мегаполисы).[279] Например, «4 декабря 2014 года прокуратура Чечни сообщила о возбуждении уголовного дела против 25-летнего гражданина Грузии Б. Цинцалашвили, подозреваемого в склонении двух жителей республики к террористической деятельности в составе «Исламского государства»;[280]

- в начале февраля 2015 года стало известно, что в Новосибирске студент из Казахстана занимался вербовкой в ИГИЛ. Не добившись успеха в этой деятельности, он уехал в Сирию;[281]
- 13 февраля 2015 года французские СМИ сообщили о заключении под стражу шестерых уроженце в Чечни, подозреваемых в причастности к террористическим группировкам и финансированию терроризма».[282]
- Этот список можно еще много продолжать.[283]

Наиболее часто прогнозируемые тренды проявления исламского фундаментализма на территории России можно назвать следующие.

---

[279] Подробнее см.: *Сулейманов Р.Р.* Религиозная экспансия Турции в Татарстан в постсоветский период//Вестник МГИМО. 2016.— № 2 (47). С. 40–48.

[280] См.: Выходцы с Кавказа в рядах ИГ (ИГИЛ). URL: http://www.kavkaz-uzel.ru/articles/251513/#note_link_1 (дата обращения: 23.12.2019).

[281] См.: В Новосибирске студент из Казахстана занимался вербовкой в «Исламское государство». URL: http://tass.ru/proisshestviya/1746107 (дата обращения: 23.08.2019).

[282] См.: Шестеро уроженцев Чечни арестованы во Франции по обвинению в терроризме, сообщила Le Figaro. URL: http://www.kavkaz-uzel.ru/articles/257244/(дата обращения: 23.08.2019).

[283] Подробнее см.: Угроза ИГИЛ: пути противодействия национально-религиозному экстремизму: сборник информационно-аналитических материалов/М.: Московское бюро по правам человека, 2016. 160 с.

1. Нарастание вовлечения в террористические организации мусульманской молодежи России через активную информационно-пропагандистскую работу с использованием, в первую очередь, ИТС «Интернет» и рекламных изданий, раздаваемых на безвозмездной основе. 17 июня 2015 года руководитель Антитеррористического центра (АТЦ) СНГ А. Новиков заявил, что в рядах ИГИЛ могут воевать до 5000 российских граждан (по данным спецслужб эта цифра составляет 2000, а по экспертным оценкам она выше — приближается к 5000).[284] Через неделю цифру 2000 назвал заместитель секретаря Совета безопасности России Е. Лукьянов. Он оценивает возвращение этих граждан как значительную опасность для страны.[285]

2. Создание в отдаленных районах Башкирии, Татарии, Северного Кавказа сетей культовых и образовательных учреждений, в которых под видом проповеднической и образовательной работы ведется агитация по вовлечению в экстремистские организации. В начале марта 2015 года секретарь Совета Безопасности России Н. Патрушев заявил о том, что «Исламское государство» налаживает взаимодействие с боевиками на Северном Кавказе.[286]

3. Объединение разрозненной сети исламских экстремистских организаций в единую систему России, позволяющую повысить эффективность террористических акций, усилить межконфессиональную борьбу и т.п. Многочисленные сообщества, посвященные «Исламскому государству», есть в социаль-

---

[284] См.: Эксперты оценили число воюющих за «ИГ» россиян в 5 тысяч человек. URL: http://www.interfax.ru/russia/447922 (дата обращения: 23.08.2019).

[285] См.: СБ РФ назвал опасностью для России возвращение в страну бывших боевиков ИГ. URL: http://www.interfax.ru/world/449342 (дата обращения: 23.08.2019).

[286] См.: ИГИЛ налаживает контакты с боевиками на Северном Кавказе — Патрушев. URL: http://www.interfax-religion.ru/?act=news&div=58064 (дата обращения: 23.08.2019).

ных сетях «ВКонтакте» и «Одноклассники».[287] Для российских пользователей ИГИЛ создало несколько сообществ под названием «Islamic State News». Через сообщество «Sham Today» и закрытую группу «Islamic State News» сторонники «Исламского государства» в России осуществляют сбор финансовых средств в поддержку военных действий в Ираке и Сирии.[288]

4. Усиление финансовой помощи российским исламским террористическим организациям со стороны международных организаций исламского фундаментализма.

Структура сил радикального ислама, по мнению М. Штейнберга, включает в себя три эшелона:

- *«Первый* — ударный террористический, в который входят 20 крупных организаций и множество мелких групп.

- Во *второй эшелон* входят Пакистан, Иран, Сирия, Ливан, Йемен, Судан и некоторые другие, менее благополучные и экономически неуспешные страны исламского мира. На их территории сегодня содержатся штаб-квартира, арсеналы и тренировочные базы террористов.

- *Третий эшелон* джихада составляют Саудовская Аравия, Объединенные Арабские Эмираты (ОАЭ), Оман, Катар и Бахрейн. Эти нефтегазовые монархии Персидского залива останутся основным финансовым источником великой исламской революции».[289]

Передовой эшелон противостояния будет проходить по территории государств, входящих в т.н. исламскую дугу (исламский полумесяц) нестабильности (СУАР Китай, Афганистан, Центральная Азия, Кавказ, Балканы и др.). Именно здесь будет

---

[287] См.: «Исламское государство» продолжает вербовать россиян. URL: https://meduza.io/cards/ugrozhaet-li-rossii-islamskoe-gosudarstvo (дата обращения: 23.08.2019).

[288] См.: *Васильченко В.* Халифат во «ВКонтакте»: как террористы из «Исламского государства» захватывают российскую соцсеть. URL: http://apparat.cc/network/vk-isis/(дата обращения: 23.08.2019).

[289] См.: *Штейнберг М.* Третий эшелон джихада//Независимое военное обозрение. № 3. 2003.

нарастать уровень вызовов и угроз со стороны исламской фундаменталистской террористической деятельности.

По мнению исламских фундаменталистов, ислам не принимает никакой религии, кроме ислама. Поэтому верующие других религий либо должны принять ислам в качестве определяющего социального порядка, либо их будет судить сам Аллах или его последователи. Отсюда некоторые исламские фундаменталисты берут на себя обязанность вести джихад — борьбу с неверными с помощью оружия, которую даже более радикальные группировки трактуют как терроризм.

3.2. ДЖИХАД КАК ТРЕНД ИСЛАМСКИХ ФУНДАМЕНТАЛИСТОВ XXI ВЕКА

Джихад — весьма важная концептуальная часть ислама и по существу считается шестым столпом веры, т.к. он является одной из обязанностей всех мусульман, независимо от их богословских возможностей и ориентаций. Тот факт, что джихад является обязательством, провозглашаемым всеми источниками на основе расходящихся, иногда даже противоречивых текстов Корана, является единодушным мнением мусульманских богословов. Однако в XXI веке джихад получил статус неотъемлемой части жизни не только мусульман, а всего современного мира и отождествляется с религиозным фундаменталистским терроризмом. В связи с этим путаница между этими концепциями стала обыденным делом для непосвященных.

Джихад является одной из наименее понятных, релятивистских категорий исламской религии. В переводе, пишет М. Демикелис, слово «джихад» имеет «две стороны одной медали»:

- если бы мы спросили, среднестатистического европейца о джихаде, он предложил бы нам универсальный перевод термина: «Священная война»;

- напротив, если бы мы задали этот вопрос мусульманину, ответы были бы очень разными: от личной приверженности к борьбе с грехом каждый день, до внутренних усилий по самосовершенствованию и оборонительной войне против внешних атак, а также была бы возможна и экстремистская интерпретация борьбы с антиисламским поведением[290].

- Эти две основные интерпретации конкурируют между собой и выходят за рамки всех сект ислама. Первый — классический тезис, поддерживается традиционалистами, а исламские фундаменталисты (исламисты) защищают второй подход.

Следует отметить, что до 1980 — х годов попытки мобилизовать мусульман всего мира для джихада в одном регионе мира (Палестина, Кашмир) были безуспешными. Только введение ограниченного контингента советских войск в Афганистан (1979) стало переломным моментом в этом процессе, поскольку оно возродило в качестве «личного долга» для каждого способного мусульманина концепцию участия в джихаде, чтобы выселить «неверных оккупантов» из мусульманской страны.

В основе обязанности по исполнению джихада лежит «необратимость» исламской идентичности как для отдельных мусульман, так и для мусульманских территорий. Поэтому любая земля (Афганистан, Палестина, Кашмир, Испания), которая когда-то находилась под влиянием исламского права, не может быть возвращена к светскому контролю ни под каким предлогом. В такой трактовке джихад для исламских фундаменталистов, становится «личной обязанностью» всех мусульман на Земле.

---

[290] См.: *Demichelis M.* El Corán y la Yihad. ¿Una religión violenta o la violencia dentro de una religión? URL: https://institutoculturaysociedad. wordpress.com/2017/04/24/el-coran-y-la-yihad-una-religion-violenta-o-la-violencia-dentro-de-una-religion/(дата обращения: 23.08.2019).

Например, террористическая организация «Аль-Каида», появившаяся в конце 1980-х годов из «Мактаб аль-Хидамат», сети по набору и сбору средств для сопротивления действиям СССР в Афганистане, объявила джихад против предполагаемых врагов ислама после окончания конфликта с СССР (1989). «Аль-Каида» является исламской террористической организацией суннитов, которая стремится создать транснациональный исламский халифат путем устранения, при необходимости и насильственными средствами правительств в мусульманских странах, которые она считает «неисламскими». США и их союзников «Аль-Каида» объявила самым серьезным препятствием для достижения этой цели. Высокопоставленные лидеры «Аль-Каиды» выступают с публичными заявлениями, пропагандируя ее идеологию, восхваляя атаки, предпринимаемые другими группами, поощряя и призывая к насильственным джихадам против Запада.

Однако данный релятивистский подход противоречит буквальному переводу, и как мы видим, он характерен для исламских фундаменталистов. Буквально, «джихад» — в переводе с арабского означает *усердие на пути Аллаха*. Применительно к исламскому богословию это усилие, которое человек предпринимает в различных сферах жизни для достижения этических норм, которые по разному выполняются ежедневно: работай и зарабатывай на жизнь своей семье, делай усилия в учебе, служи человечеству и улучшай мир и т.п.

Современная история показывает, что ни одна священная книга, кроме Корана, сегодня не используется так часто для поддержки форм насилия или угнетения. Однако, как и Библия, и Тора, Коран содержит очень устаревшие концепции справедливости, и его суры как провоцируют насилие против других конфессий, так и призывают к терпимости:

- *насильственный подход:* «Когда вы встречаетесь с неверующими на поле боя, то рубите головы. Когда же вы ослабите их, то крепите оковы. А потом или милуйте, или же берите выкуп до тех пор, пока война не сложит свое бремя. Вот так! Если бы Аллах пожелал, то отомстил бы им сам, но Он пожелал испытать одних из вас посредством других. Он никогда не сделает тщетными деяния тех, кто был убит на пути Аллаха» (Коран 47:4).

- *примирительный подход*: «Ты не принимаешь никакого решения. Аллах же либо примет их покаяния, либо накажет их, ведь они являются беззаконниками» (Коран 3: 128).

- В создавшихся условиях, пишет профессор Х. Арслан, преподаватель Института исламского богословия в Оснабрюке (Германия), согласно мнению большинства мусульманских ученых, джихад преследует две цели:

1. Самозащита и защита от агрессии.

2. Предотвращение религиозных преследований и установление религиозной свободы, чтобы все люди могли свободно исповедовать свою религию.

Он также обращает внимание на то, что все стихи Корана, призывающие к великой битве, должны быть поняты именно с этой точки зрения.[291]

Применительно к мусульманам современной Европы, отмечает С. Амгар, следует подчеркнуть, что джихад в их исполнении исходит из двух стратегических логик, в зависимости от того, происходит он на Западе или в арабо-мусульманском мире — даже если они могут пересекаться:

в Европе он может быть охарактеризован как насилие, являющееся выражением желания дестабилизировать западные правительства, чтобы они перестали поддерживать арабо-мусульманские режимы, против которых борются салафиты;

---

[291] См.: *Arslan H.* Dschihad für Religionsfreiheit. URL: http://www. islamiq.de/2017/07/16/dschihad-fuer-religionsfreiheit/(дата обращения: 23.08.2019).

- в случае джихада, организованного молодыми мусульманами из Европы в мусульманские страны, его следует считать оборонительным. Для европейских джихадистов военные действия демонстрируют желание поддержать мусульманское население, ставшее жертвой агрессии, часто совершаемой западными державами[292].

В то же время стоит отметить, что еще в XIV веке сирийский ученый Ибн аль-Кайим перечислил множество врагов, с которыми нужно бороться: душа сатаны, лицемеры, неверные, еретики (лжеучители) и отступники. Средствами джихада при этом он считал:

- *сердце*, как защиту от сатанинского шепота;
- *язык*, чтобы говорить правду;
- *руки*, чтобы заступиться за правильные вещи,
- *меч*, чтобы сражаться с неверными и врагами ислама[293].
- В этом подходе мы обобщенно видим среди объектов джихада как духовные, так и одушевленные предметы, а среди средств борьбы как мирные, так и вооруженные. Конкретное разделение объектов и средств джихада можно найти в структуре и содержании джихада, который подразделяется на «большой» и «малый».

«Большой» (великий) джихад направлен на борьбу с отклонениями в индивидуальном сознании самого мусульманина. Его цель война с социальными и духовными пороками в себе (зло, ложь, обман, разврат, искушения и т.п.). В качестве способов достижения этой цели выбираются воспитание в себе самодисциплины и следование в процессе своей жизни по пути, начертанном Аллахом.

Сущность большого (великого) джихада была раскрыта пророком Мухаммедом. Как отмечает профессор Университета

---

[292] *Amghar S*. Le salafisme en Europe. La mouvance polymorphe d'une radicalization//Politique étrangère. 2006. № 1. P. 65–78.

[293] Цит. по: Dschihad zwischen Frieden und Gewalt. URL: https://www.bpb.de/politik/extremismus/islamismus/210988/dschihad-zwischen-frieden-und-gewalt (дата обращения: 23.12.2019).

Байройта (Германия) Р. Зеземанн: После возвращения из битвы Мухаммед сказал: «Теперь мы вернулись из малого джихада в великий джихад». Когда один из его спутников спросил, что такое великий джихад, Мухаммед ответил: *Это борьба против ваших собственных плохих качеств*[294].

Сравнительный анализ показывает, что сущность «большого» джихада очень напоминает нам «четыре благородные истины», принятые в буддизме (VI в. до н.э.), где цель буддиста — самовоспитание:

«1. *Человек проходит путем страдания*, которое является следствием его прошлой кармы (карма буквально означает "работа" или "действие", но, кроме этого, указывает на последствие действий в пределах одного существования, которое вливается в следующее и оказывает влияние на его характер, и так далее по всей цепи жизней).

2. *Причина страдания в страстном желании или привязанности к неправильным вещам, или к правильным вещам неправильным образом*. Основная проблема человека в неверной расстановке ценностей, придании вещам или людям значения, которому они не могут соответствовать. Ничто в материальном мире не заслуживает совершенного почтения и в абсолютном смысле не может служить опорой существования.

3. *Страдания можно прекратить*. Прекращение страданий достигается прерыванием цепи перерождений и достижением нирваны.

4. *Способ достижения нирваны — следование "благородным восьмеричным путём"*. Он составляет нравственную основу буддизма»[295].

Как видим, ислам, как и буддизм и другие религии (например, христианство, «Нагорная проповедь Христа») в первую очередь заботиться о нравственности своих адептов. Недаром

---

[294] Там же.

[295] См.: *Зеленков М.Ю.* Мировые религии: история и современность.— Ростов н/Дону: Феникс, 2008. С. 26–27.

этот вид джихада называется «большим» или «великим». Однако есть в исламе и другой вид джихада, который получил название «малый».

«*Малый*» джихад имеет внешнюю направленность и своей целью ставит борьбу за распространение ислама по всему миру и его защиту в случае возникновения угрозы. В процессе нападения на «территорию ислама» каждый мусульманин был обязан участвовать в джихаде для защиты исламского населения. Малый джихад также применялся в случае, если некоторые мусульмане отказывались следовать за правителем. Отказываясь подчиняться, повстанцы становились «неверными» и поэтому являлись законными противниками ислама.

Следует отметить, пишет Лоренцо-Пеналва, что шариат устанавливает правила, по которым мусульманин может применить джихад или отказаться от него:

- *защита территории мусульман от нападения оккупантов;*
- *противник должен начать конфликт первым;*
- *не следует использовать для завоевания других территорий;*
- *должен быть начат религиозным лидером, и должны быть предприняты все возможные меры для мирного решения проблемы;*
- *защита веры мусульман от посягательств и возможности исповедования ислама;*
- *защита мусульман от притеснений, что может означать свержение тирана;*
- *наказание человека, нарушившего клятву*[296].

Как видим, термин «джихад» имеет по существу моральное, духовное и материальное значение, стихи Корана не исключа-

---

[296] См.: Lorenzo-Penalva, J. Yihad, martirio y evolución del terrorismo islámico global. Instituto Español de Estudios Estratégicos (IEEE). URL: http://www.ieee. es/Galerias/fichero/docs_opinion/2013/DIEEEO106–2013_Evolucion TerrorismoIslamicoJ. LorenzoPenalva.pdf (дата обращения: 23.08.2017).

ют применения насилия или вооруженного джихада в случае агрессии. По словам М.А. Габриэль, «60% аятов Корана говорят о священной войне»[297]. Конечно, пишет Х. Колл, в Коране есть многочисленные аяты, которые провоцируют насилие (например, Коран 2: 190–195, 216–218, 243–252; 3: 142; 4: 71–78, 94–96; 5: 11; 8: 39, 59–66, 72–75; 9: 5–16, 29, 38–52, 81–96, 120–121; 16: 110; 22:39–41; 29: 6; 47: 4–11, 20–21, 35–38; 48: 15–17; 49: 15; 59: 1–17; 61: 10–13), включая войну против немусульман. И слово с корнем «джухд» появляется в Коране в 35 аятах. Но 22 раза это используется в общем смысле, 3 — в отношении духовных актов и только *10 раз — в связи с воинственными действиями*.[298]

В то же время трудность толкования возникает из-за невозможности точно знать день, месяц и год, когда были раскрыты тексты Корана, следовательно нет возможности их толкования в контексте обстановки и условий жизни пророка Мухаммеда. Все современные джихадистские движения, пишет Ж. Кепель, начинаются с принятия ими позиции оборонительного джихада. Этот джихад провозглашен улемами. Но эти улемы не всегда соглашаются друг с другом, потому что каждый трактует только себя как единственного знатока условий провозглашения джихада[299].

В создавшейся обстановке современное толкование слова «джихад» приобрело однобокое значение постоянной войны против немусульман. Например, 20 декабря 2015 года эмир Касим аль-Рими — лидер филиала «Аль-Каиды» — «Аль-Каида на Аравийском полуострове» (AQAP) выпустил видео, в котором прочитал почти 20-минутную лекцию о джихаде

---

[297] *Gabriel M.A.* Islam et Terrorisme. Romanel-sur-Lausanne, Ourania, 2006. P. 49.

[298] Цит. по: *Coll J.* El yihadismo: sus causas, su evolución y su realidad actual. URL: http://anatomiadelahistoria.com/2018/02/el-yihadismo-sus-causas-y-su-realidad-actual/(дата обращения: 23.08.2019).

[299] *Kepel G.* Jihad//Pouvoirs. 2003. № 1 (104). P. 141.

и важности борьбы с США. Он утверждал, что США — основное препятствие на пути организации к созданию действительно исламского государства.

Как мы уже отмечали, исламские фундаменталистские террористы считают, что истинные верующие ислама обязаны вести оборонительный джихад для того, чтобы вернуть себе земли, которые были когда-то под контролем благочестивых мусульман. Эти территории включают в себя часть Испании и другие области Европы «до ворот Рима», и, конечно же, Израиль. После того, как мусульмане вернут свою землю, борьба (джихад) перейдет в наступление в режиме завоевания, чтобы гарантировать то, что остальная часть мира безопасна для ислама. Джихадисты используют приемлемое им толкование Корана в качестве основного аргумента, чтобы благословить свое насилие.

Так, основной целью «Боко харам» является создание в Нигерии исламского государства в соответствии с законами шариата. В заявлении, опубликованном 29 декабря 2016 года, один из ее лидеров Абубакар Шекау подчеркнул, что «Боко харам» намерена бороться за создание отдельного исламского государства, и призвал сторонников совершать убийства и похищения. В интервью, опубликованном 2 августа 2016 года, другой ее лидер Абу Мусаб аль-Барнави публично заявил, что она воюет с нигерийскими и другими региональными африканскими правительствами, поддерживаемыми западными властями, и что она борется за то, чтобы вернуть территорию, захваченную этими властями. Аль-Барнави обязался противостоять христианскому и западному влиянию, которое, как он считает, подрывает исламское общество.

«При этом данные руководители забывают или специально извращают учение. Суть кроется в том, пишет писательница Р. Максуд, что истинный исламский джихад всегда настаивает на том, что убийство во имя религии — опасное заблуждение.

Угнетение во имя религии невозможно. Людей ни в коем случае не следует насильно склонять к тому, во что они не веруют»[300]. С этим согласен и С. Дагли, который отмечает, что «малый» джихад подчиняется строгим правилам. Три наиболее важных из них:

*убийство гражданских лиц (то есть некомбатантов), особенно стариков, женщин и детей, **запрещено**;*

- *религия других людей **никогда не может быть** причиной войны против них;*
- *насилие допускается только в случае **самообороны или защиты невинных третьих лиц**[301].*
- Добавим: *не атаковать безоружных и места поклонения, никогда не нападать ночью, не уничтожать посевы и не убивать животных, не калечить, не проводить джихад просто, чтобы похвастаться.*

Перед каждой войной, пишет Д. Дакаке, пророк Мухаммед инструктировал своих бойцов не грабить, не калечить врага и щадить женщин и детей. Когда он увидел женщину, лежащую мертвой после битвы, Мухаммед сказал: «Она не была бойцом!» И снова дал указание своему народу не убивать детей, женщин и других свидетелей. Согласно известной традиции, сподвижник пророка и первый халиф Абу Бакр также запретил ненужное уничтожение деревьев и убийство животных во время войны[302]. Однако современная практика ведения джихада исламскими фундаменталистами показывает, что они не только отошли от данных правил, но и извратили их. Приведем несколько примеров:

- 01 июля 2016 года 7 боевиков филиала «Аль-Каиды» — «Аль-Каида на Индийском субконтиненте» (AQIS), воо-

---

[300] *Максуд Р.* Ислам. М.: ФАИР-ПРЕСС, 2005. С. 118–119.

[301] *Dagli C.* Jihad and the Islamic Law of War. In: bin Muhammad 2013, S. 56–98.

[302] Dakake, D. The Myth of A Militant Islam. In: bin Muhammad 2013, S. 108–109.

руженных гранатами, огнестрельным и холодным оружием, напали на пекарню Holey Artisan в районе Гульшан, Дакка, Бангладеш. Нападавшие убили 2-х полицейских и ранили 30 человек, а ночью взяли в заложники 33 человека. По меньшей мере, 20 заложников впоследствии были убиты.

- 13 марта 2016 года боевики филиала «Аль-Каиды» — «Аль-Каида в странах исламского Магриба» (AQIM) провели совместное с террористической группировкой «аль-Мурабитун» вооруженное нападение на туристические отели в Гранд-Бассаме, Кот-д'Ивуар, убив 19 человек и ранив 33.

Подобных фактов, где жертвами «борцов за веру» становятся невинные граждане (женщины, дети, старики и т.д.) можно привести достаточно много. В то же время лидер «Аль-Каиды» Айман аз-Завахири считает, что единственный язык, который понимает Запад, это язык насилия, и это оправдывает убийство мирных жителей. А мусульмане, пострадавшие от их нападений, как это произошло в Мали или во Франции, считаются необходимыми мучениками для революционного дела[303].

Профессор кафедры религиоведения в Университете Брауна (США) М. Макбрайд объясняет подобные действия тем, что террористы используют аяты Корана, которые могут оправдать их насильственные действия, но они игнорируют или переосмысливают те, которые объясняют, что насилие является запретным. В этом смысле подчеркивает он, так же поступают и другие религии со своими священными книгами. В качестве примера он приводит Библию: «И Коран, и Библия

---

[303] См.: *Aguirre M.* Justifica el islam la violencia indiscriminada? URL: https://www.bbc.com/mundo/noticias/2015/11/151127_finde_islam_violencia_terrorismo_ataques_coran_yihadismo_mr (дата обращения: 23.08.2019).

открыты для разных вариантов толкований. Обычно мирные преобладают»[304].

Таким образом, пишет Ф. Буссолетти, джихадистский терроризм идет по пути, который характеризуется:

- *экзотерическим* (очевидным) *аспектом* — религиозным, в который вовлечены все верующие мусульмане, разбросанные по всему миру и желающие разделить коранические обеты и обычаи;

- *эзотерической конгрегацией* (скрытый от большинства) — масонским, который собирает и/или приветствует в воинствующих и подпольных структурах всех тех, кто, стремясь удовлетворить определенные неотъемлемые потребности пирамиды Маслоу, «обнимает» салафитские и ваххабитские братства, взяв в руки оружие против врага, реального или потенциального, который считается архитектором их социальной изоляции[305].

Нужно отметить, пишет известный американский специалист по исламу Д. Пайпс, что «в ходе истории определение значения слова "джихад" изменялось. Мусульмане, применявшие более радикальную разновидность джихада, верили в то, что исповедующие свою веру по-иному, чем они, являются "неверными", и поэтому являются легитимной мишенью джихада. Вот почему алжирцы, египтяне и афганцы, равно как и американцы и евреи, так часто оказывались жертвами джихадистской агрессии. Мусульмане другой группы толковали понятие "джихад" иначе, придавали ему мистическое значе-

---

[304] См.: Una interpretación del Corán que aterra al propio islam. URL: https://www.lavozdegalicia.es/noticia/internacional/2016/03/28/interpretacion-coran-aterra-propio-islam/0003_201603G28P4991.htm (дата обращения: 23.08.2019).

[305] См.: *Bussoletti F.* Terrorismo, al-Baghdadi è morto, ma il jihadismo no URL: https://www.difesaesicurezza.com/difesa-e-sicurezza/terrorismo-al-baghdadi-e-morto-ma-il-jihadismo-no-tuttaltro/(дата обращения: 23.08.2019).

ние. Они не признавали официального определения джихада как вооруженного конфликта, и призывали мусульман уйти от мирских забот и обрести духовные ценности»[306]. Например, террористическая организация «Джабхат Фатх аш-Шам» считает, что ее борьба против сирийского режима поддерживается религиозными текстами, и что ее боевики надеются исполнить «желание Аллаха» для «исламского халифата». Однако они забыли следующие слова Корана: «Если они склоняются к миру, ты тоже склоняйся к миру и уповай на Аллаха. Воистину, Он — Слышащий, Знающий» (Коран 8:61).

Поистине, сказано в хадисах Аль-Бухари (34): «Первым из людей, кого будут судить в День воскресения, окажется человек, павший в сражении за веру. Его приведут, и Аллах напомнит ему о Своих милостях, и он признает их, а потом (Аллах) спросит: "И что же ты сделал в знак благодарности за них?" Он ответит: "Я сражался ради Тебя, пока не погиб!" (Аллах) скажет: "Ты лжёшь, ибо сражался ты (только) ради того, чтобы (люди) говорили: " (Он) смельчак", и (они) говорили (так)!" — после чего относительно (этого человека) будет отдано (соответствующее) повеление и его повлекут лицом вниз, чтобы ввергнуть в ад»[307]. Думается именно это ждет «истинных» борцов за веру, состоящих в исламских фундаменталистских террористических организациях.

Думается именно поэтому профессор религии и международных отношений Гарвардского университета (США) Д. Литтл, заявил после нападений 11 сентября 2001 года, что джихад «не является лицензией на убийство», в то время как профессор Д. Миттен, советник факультета Гарвардского исламского общества, считает, что настоящий джихад — это «постоянная

---

[306] *Pipes D.* What is Jihad? New York Post. December. 31, 2002.

[307] «САХИХ» АЛЬ-БУХАРИ МУХТАСАР. Хадис 34. URL: https://www. islam-love.ru/components/com_jshopping/files/demo_products/Sakhikh_al_Bukhari_-_rus.pdf (дата обращения: 23.12.2019).

борьба мусульман за то, чтобы победить их внутренние базовые инстинкты, следовать по пути к Богу и делать добро в обществе». Аналогичным образом трактует джихад и профессор истории Р. Моттахеде: «большинство образованных мусульманских мыслителей, опираясь на безупречную науку, настаивают на том, что джихад следует понимать как борьбу без оружия»[308].

Генезис джихада имеет свое начало в Медине, когда Пророк получил откровение, которое позволяло ему сражаться с теми, кто сражается с ним. «Дозволено тем, против кого сражаются, сражаться, потому что с ними поступили несправедливо» (Коран 22:39). Данный аят обосновывал поведение мусульман в отношении мекканцев, которые преследовали мусульман, оставшихся в Мекке.

Для раскрытия сущности аята обратимся к его толкованию в исполнении шейха Абд ар-Рахмана бин Насира ас-Саади. «В первые годы распространения ислама мусульманам было запрещено сражаться с неверующими и велено терпеливо сносить причиняемые ими страдания, и это предписание было преисполнено божественной мудрости. Однако после переселения в Медину мусульмане обрели мощь и силу, и тогда им было позволено сражаться с неверными, которые сражаются против них. Из контекста этого аята становится ясно, что прежде мусульманам было запрещено сражаться с неверными, но впоследствии этот запрет был снят, потому что с ними поступили несправедливо. Им мешали исповедовать религию Аллаха и причиняли страдания, а после этого их изгнали из собственных домов. А ведь Он властен помочь правоверным, и для этого им нужно всего лишь обратиться к Нему за помощью. Затем Всевышний Аллах поведал о том,

---

 См.: *Pipes D.* Jihad and the Professors. Commentary. November. 2002. URL: http://www.danielpipes.org/498/jihad-and-the-professors (дата обращения: 23.08.2019).

как именно многобожники притесняли мусульман»[309]. После битвы при Бадре против мекканцев в 624 году, Пророку также было дано божественное повеление — бороться с защитниками многобожия (Коран 2:190–193, 47: 4–6).

В XI веке мыслитель и правовед шафиитского мазхаба аль-Маварди разделил мир на «Дом ислама» (дар аль-ислам), в котором ислам приобрел превосходство, и «Дом войны» (дар аль-харб) или «Дом неверия» (дар аль-куфр), который не имеет права на существование. Подавляющее большинство ранних ученых предполагали, что исламское сообщество, возглавляемое халифом, имело коллективный долг постепенно расширять исламскую территорию и захватывать районы неверных, по крайней мере один раз в год. Однако эта дихотомия мира явно не встречается ни в Коране, ни в традициях. В Коране есть аят, который приказывает мусульманам сражаться с неверными: «Сражайтесь с ними, пока не исчезнет искушение и пока религия (поклонение) не будет полностью посвящена Аллаху. Если же они прекратят, то ведь Аллах видит то, что они совершают. Но если они отвернутся, то, да будет вам известно, что Аллах является вашим Покровителем. ...» (Коран 8: 39, 40).

В толковании аята шейхом ас-Саади сказано: «Сражайтесь с неверующими, пока те не перестанут приобщать сотоварищей к Аллаху и сбивать людей с Его пути, пока те не обратятся в ислам и не покорятся предписаниям этой религии, пока люди не станут служить одному Аллаху. Именно это является высшей целью джихада — священной войны против врагов религии. Благодаря джихаду мусульмане оберегают свою веру от зла, которое ей хотят причинить неверные. Они защищают религию, ради которой Аллах сотворил человечество, и стремятся возвысить ее над всеми остальными вероисповеданиями. ...»[310]. Сегодняшние джихадисты опираются на эту клас-

---

[309] Толкование Корана ас-Саади. URL: https://quran-online.ru/22/saadi (дата обращения: 23.08.2019).

[310] Там же.

сическую концепцию, если они ссылаются только на органы, узаконивающие это насилие.

Кстати 1 июля 2014 года лидер ИГИЛ Абу Бакр аль Багдади обратился с Посланием для моджахедов и мусульманской уммы (общины) в месяц Рамадан. В этом Послании он также разделил мир на два лагеря: моджахедов и их противников, которые осуществляют угнетение мусульман в мировом масштабе. «Лагерь мусульман и моджахедов и лагерь евреев, крестоносцев — их союзников, а с ними и остальные народы и неверные во главе с Америкой и Россией, мобилизуемые евреями». Он призвал мусульман к джихаду и пригласил их эмигрировать в халифат, перечисляя, из каких регионов эта хиджра (эмиграция) особенно желательна. Среди них были упомянуты «Кавказ, Китай, Ливан, Ирак, Йемен, Египет», а также ряд европейских стран и Австралия.[311]

Однако вопреки утверждениям джихадистов, религиозные власти единодушно запрещают как убийства, так и самоубийства. Вооруженная борьба (за защиту мусульманских территорий) разрешена только при строго определенных условиях. Религиозные ученые должны прямо одобрить это. В некоторых случаях обязанность сражаться распространяется на всех людей, способных к оружию, в других случаях достаточно, чтобы некоторые члены сообщества сражались за других. В любом случае борьба может быть направлена только против четко определенных противников, а не против мирных жителей. Кроме того, джихад всегда связан с условием, что он проводится под руководством духовного лидера, но не молитвенного лидера в мечети, а верховного главнокомандующего всех мусульман.

Как отмечает Х. Видерштайн, джихад не трактовался как война против неверных до XII-го века. Только ученый Ибн Тай-

---

[311] См.: *Людько Л.* Россия — главный враг нового Халифата. URL: http://chernovik.net/content/inye-smi/rossiya-glavnyy-vrag-novogo-halifata (дата обращения: 23.08.2017).

мия (мусульманский теолог и критик «нововведений» в религии) стал открыто пропагандировать джихад как войну против «неверных»[312]. Если враг входит на мусульманскую землю, говорил Ибн Таймия, нет сомнений в том, что защищать ее должны те, кто находится рядом. Если они ленивы или неспособны, то мобилизация направляется на тех, кто их окружает, а затем вокруг них, пока не охватит весь мир, Восток и Запад, потому что мусульманские земли — это одна земля. В таких условиях необходимо двигаться в направлении захваченной территории без разрешения родителей или хозяина[313].

Но эту трактовку, отмечает Х. Видерштайн, следует рассматривать в историческом контексте, потому что в то время вторжения монголов привели мусульманский мир в состояние шока. Багдад был настолько разрушен, что мусульманская метрополия так и не оправилась от него[314].

Таким образом, в колониальный период воинственный джихад получил новый импульс в некоторых регионах исламского мира. Это послужило легитимацией сопротивления европейским оккупантам. В 1928 году в Египте террористическая организация «Братья-мусульмане» (основатель Хасан аль Банна) реанимировала идею воинствующего джихада. В середине ХХ века египетский философ Сейид Ибрахим Кутб, самый выдающийся из фундаменталистских идеологов того времени, выступил в своих трудах против британского и французского колониализма и растущей роли США.

---

[312] См.: *Wiederschein H.* Wie Dschihadisten den Koran missbrauchen. URL: https://www.focus.de/wissen/mensch/religion/islam/tid-26570/islamismus-die-falschen-vorstellungen-der-salafisten_aid_783604.html (дата обращения: 23.12.2019).

[313] См.: Ibn Taymiyya Ahmad, 2005, Majmu' Fatāwā al-Kubrá [La compilation des grandes opinions juridiques], vol. 4, Beyrouth, Dār al-Kutub al-'Ilmiyah.

[314] См.: *Wiederschein H.* Wie Dschihadisten den Koran missbrauchen. URL: https://www.focus.de/wissen/mensch/religion/islam/tid-26570/islamismus-die-falschen-vorstellungen-der-salafisten_aid_783604.html (дата обращения: 23.08.2019).

Развивая теорию исламской системы, конкурирующей с коммунизмом, капитализмом и тем, что он считал коррумпированной либеральной демократией, С. Кутб создал теорию, которой сегодня придерживаются многие лидеры фундаменталистских террористических организаций. Так, радикальные идеи С. Кутба оказали глубокое влияние на суннитский мир, вдохновили рождение палестинского движения ХАМАС против Израиля и ряд нападений, в частности, убийство президента Египта Анвара Садата (1981). С конца 1970-х годов исламисты, готовые использовать насилие, представляли себя уже в глобальном джихаде против европейского колониализма, коммунизма (Афганистан, Алжир, Индия, Россия и др.).

В данном контексте интересен подход ученых из Университета Альберто Хуртадо (Чили) К. Ортис и И. Каро, которые выделили три типа современного джихадизма: внутренний, внешний и глобальный.

Внутренний — это борьба террористических организаций против мусульманских режимов, которые считаются узурпаторами или незаконными (например, Исламский фронт спасения в Алжире, Братья-мусульмане в Египте).

- *Внешний* — это джихад против оккупационных режимов (например, ХАМАС в Палестине, незаконные вооруженные формирования в Чеченской республике России, исламисты в районе Кашмира, Индия).
- *Глобальный* — это священная война, в которой вся планета Земля является пространством джихада и, где террористы стремятся бороться с неверными, вплоть до полного обращения человечества в ислам[315].

Конфликты между народами, религиями и людьми являются частью жизни мировой цивилизации. Коран признает

---

[315] См.: *Ortiz K., Caro I.* La yihad sunita del Estado Islámico y Al-Qaeda: islamismo, antiimperialismo... y nihilismo político-mesiánico? Саади. URL: https://scielo.conicyt.cl/scielo.php?script=sci_arttext&pid=S0719-37692018000100037#B36 (дата обращения: 23.08.2019).

это: «Они были несправедливо изгнаны из своих жилищ только за то, что говорили: «Наш Господь — Аллах». Если бы Аллах не позволил одним людям защищаться от других, то были бы разрушены кельи, церкви, синагоги и мечети, в которых премного поминают имя Аллаха. Аллах непременно помогает тому, кто помогает Ему» (Коран 22:40).

В толковании данного аята шейхом ас-Саади сказано: «Язычники доставляли правоверным страдания, искушали их и своими поступками вынудили их покинуть родной город. Это было величайшей несправедливостью, потому что язычники мстили правоверным только за то, что те говорили: «Наш Господь — Аллах». Они считали единственным грехом мусульман то, что они уверовали в Единственного Господа и искренне поклонялись Ему одному. И если это было грехом, то они действительно были грешниками. Всевышний сказал: «Они вымещали им только за то, что те уверовали в Аллаха Могущественного, Достохвального» (Коран 85:8).

Все это свидетельствует о мудрости предписания сражаться за веру. Мусульмане ведут джихад для того, чтобы дать отпор неверным, которые притесняют правоверных и первыми начинают притеснять их. Джихад позволяет положить конец несправедливости и враждебности со стороны неверных и помогает правоверным открыто выполнять предписания религии. Но это было бы невозможно, если бы Аллах не наделил борцов за веру возможностью сражаться с неверными. И тогда были бы разрушены кельи людей Писания, иудейские синагоги, христианские церкви и мусульманские мечети»[316].

Как показывает практика, исламские террористы, прежде всего, придерживаются именно такого подхода. Они интерпретируют джихад как жестокую борьбу. По сути, джихадисты выбирают именно те стихи из Корана, которые, по их мнению,

______

[316] Толкование Корана ас-Саади. URL: https://quran-online.ru/22/saadi (дата обращения: 23.08.2019).

оправдывают их злодеяния. Так, джихадистские салафиты считают себя «воинами Бога» или «борцами за дело Аллаха». Согласно их интерпретации, акты насилия оправдывает ислам, или они просто объявляют это «приказом Аллаха». Джихадисты призывают к всемирной борьбе с предполагаемыми врагами ислама. Насильственных преступников, погибших в боевых действиях, они хвалят и пропагандируют как «мучеников» за дело Аллаха. Так, незадолго до своей смерти основатель ИГИЛ Абу Мусаб аз-Заркави заявил, что шииты являются величайшим злом человечества, и их уничтожение является главным приоритетом. Однако в Коране сказано: «Нет принуждения в религии. Прямой путь уже отличился от заблуждения. Кто не верует в тагута, а верует в Аллаха, тот ухватился за самую надежную рукоять, которая никогда не сломается» (Коран 2:256).

Ислам — это религия безоговорочной преданности Всевышнему и религиозному лидеру уммы. На этом как раз и играют исламские фундаменталисты. В своих проповедях и религиозных текстах они обходят стороной упоминание о «большом» джихаде в Коране, а ссылаются только на «малый»: «И сражайтесь на пути Аллаха с теми, кто сражается с вами... И убивайте их, где встретите, и изгоняйте их оттуда, откуда они изгнали вас... Я брошу в сердца тех, которые не веровали, страх; бейте же их по шеям... избивайте многобожников, где их найдете, захватывайте их, осаждайте, устраивайте засаду против них во всяком скрытом месте!» (Коран 2:190–191; 8:12–13; 9:5)[317] При этом интерпретация по поводу того, кого считать неверным, кто сражается с мусульманами и т.п. приводится исламистами уже в субъективной, выгодной им трактовке.

Проведенное исследование показало, что концепция исламских фундаменталистов исходит из оскорбительного прочтения, основанного на манипулировании текстом Корана, кото-

---

[317] Коран/Пер. И.Ю. Крачковского) 2:190, 191, 8:12, 13, 9: 5. URL: http://falaq.ru/quran/krac/(дата обращения: 23.08.2019).

рое служит для легитимизации завоеваний и противоречит даже принципам ислама. Обращения джихадистской пропаганды к ссылкам на Коран осуществляется ради мирских стратегических целей, далеких от создания халифата. Терроризм носит нигилистический характер и его цель состоит не в том, чтобы заменить нынешний порядок другим, основанным на шариате (исламском праве), как утверждает его пропаганда, а просто в том, чтобы уничтожить существующий и создать хаос. Изначально в исламе джихад является желательным, а не обязательным, и только в случае явных опасностей он становится обязательным. Проявление агрессии и убийство являются большим грехом. В Коране сказано: «Кто убьет человека не за убийство или распространение нечестия на земле, тот словно убил всех людей, а кто сохранит жизнь человеку, тот словно сохранит жизнь всем людям» (Коран 5:32).[318]

Д-р Самсон Л. Квадже, информационный комиссар по Судану, отметил, что миссия исламского фундаментализма состоит в том, чтобы каждый экстремист-мусульманин распространял ислам силой меча с единственной целью создания Уммы (Сообщества) во всех мусульманских странах и в конечном итоге во всем мире через международную войну исламского джихада. Это желание «Аллаха»: война фундаменталистов ислама — не путать с мусульманской религией — против остального мира, включая не только фундаменталистские арабские страны, такие как Египет и Алжир.[319]

С данным подходом согласен и Х. Агдас, который подробно анализирует эту проблему в своей книге «Британское правительство и джихад». В частности он пишет: «Из-за неспособности понять философию проблемы джихада и ее реальность

---

[318] Коран/Пер. И.Ю. Крачковского) 5:32. URL: http://falaq.ru/quran/krac/(дата обращения: 23.08.2019).

[319] *Maldonado A., Delgado R.* Mundialización y terrorismo: la sociedad del «riesgo mundial» URL: http://www.scielo.org.mx/scielo.php?script=sci_arttext&pid=S1405-14352006000300011 (дата обращения: 23.12.2019).

люди современного времени, а также средневековья были и есть глубоко ошибочными в своих выводах, и мы должны с большим смущением признать, что их опасные ошибки дали возможность противникам ислама критиковать чистую и святую религию, такую как ислам, которая является не чем иным, как отражением законов природы и проявлением величия Бога. ...Люди, которые называют себя мусульманами, но убеждены, что ислам должен распространяться мечом, не знают о врожденных достоинствах ислама, и их действия подобны действиям зверей».[320]

Таким образом, метод джихада, практикуемый исламских фундаменталистских террористов сегодня — это не исламский джихад, это упрямая самость, которая подстрекает к злу, или коварные поступки, основанные на тщетных желаниях достичь небес, которые распространились среди мусульман. Кроме того, современная практика, внедряемая в сознание мусульман для оправдания их нападок на представителей других религий и называемая исламистскими эмиссарами «джихадом», не является также таковым в соответствии с шариатом, а есть явное нарушение наставлений Аллаха и Посланника и тяжким грехом.

Концепция джихада в сердцах исламских террористов неверна, т.к. она начинается с убийства человеческой симпатии. В связи с этим любые движения джихадистов являются радикальными, стремящимися навязать шариат — исламский религиозный закон, и глобальный халифат, следуя религиозному толкованию мирового сообщества, утверждая, что контролируют общественную и частную жизнь людей.

Следовательно, необходимо проводить различие между исламом, который представляет собой традиционную религию, культуру и цивилизацию, внесшую существенный вклад в развитие человечества, и исламизмом, который стремится объединить религию и политику ради достижения корыстных целей.

____

[320] Цит. по: Religious Terrorism: Causes and Remedies. URL: https://www.alislam.org/articles/religious-terrorism-causes-remedies/#top (дата обращения: 23.12.2019).

НЕКОТОРЫЕ ИТОГИ И ВЫВОДЫ

1. Религиозный терроризм — это состояние ума и образ жизни. Он основывается меньше на фактах, а больше на чувственном восприятии, на суждениях, которые могут быть или не быть правильными и точными. Обычно эти суждения сводятся к мифам. Отрицательные аргументы к другим религиям, как правило, возникают из реального или воображаемого восприятия несправедливого к исповедуемой религии, лишения ее последователей доступа к экзистенциальным возможностям. Подавляющее большинство террористических актов происходит в мусульманских государствах. При этом значительное число из этих инцидентов совершается небольшим меньшинством мусульман, которые ищут власти в основном в своих собственных районах деятельности и чьими первыми жертвами являются сами братья-мусульмане. В то же время подавляющее большинство мусульман выступает против терроризма.

2. Дискриминация и совместная сегрегация являются сильными дополнительными факторами, оказывающими влияние на возникновение исламского фундаментализма. Неадекватная защита религиозных прав адептов ислама в политической системе порождает и подчеркивает пессимистические взгляды, ведущие к терроризму. Традиционные средства горизонтальной и вертикальной поляризации взаимодействуют с этими социально-экономическими, а также политическими недостатками и создают сложную мозаику, способствующую размножению исламистов. После того, как религиозные настроения станут средством для обработки, покровительства и проецирования терроризма, идеологическое упрочение на-

чинает набирать силу из заблуждения божественного благословения. Почти все правительства государств мира активно борются с терроризмом, и большинство из них являются союзниками западных государств в этом деле, тесно сотрудничают с силами безопасности, вооруженными силами и органами борьбы с терроризмом в немусульманских странах.

3. Религии имеют неоспоримый потенциал для конфликта, но также и огромный потенциал для мира. Религия как предотвращает насилие, так и порождает его, или используется для узаконивания. Однако описание религии как единственного источника терроризма в истории явно игнорирует реальность. Скорее становится ясно, каковы последствия, если люди принимают неправильные решения и не делают другим добро, что Библия описывает с помощью термина «грех». Религия является лишь одним из многих факторов, которые приводят к нестабильности и насилию в большинстве мусульманских государств. Это критическая идеологическая сила в формировании нынешних моделей терроризма, но она не отражает основные ценности ислама, а многие другие гораздо более существенные факторы способствуют возникновению терроризма. Ни одна религия в мире не поддерживает насилие, убийство и воинственность. Религия побуждает людей к благополучию и удерживает их от неправды и несправедливости. Большинство оправданий религиозного терроризма носит фундаменталистский характер, основанный исключительно на религиозной доктрине, строго интерпретируемой. Снижение силы религии перед лицом секуляризации означает, что сегодня деятельности только религиозных деятелей, чтобы обуздать террористов явно недостаточно. Хотя многие национальные правительства участвуют в борьбе с религиозным терроризмом, очень немногим удается добиться заметного прогресса. Лучший способ избежать появления религиозных террористов, выросших на родине,— улучшить образование, повысить

возможность доступа к образованию, обеспечить безопасность общества, работы и стабильность семьи.

4. Основными факторами, приводящими индивида в религиозную террористическую организацию, являются: маргинализация, неравенство, дискриминация, преследование или его восприятие; ограниченный доступ к качественному и соответствующему уровню жизни; лишение прав и свобод, а также другие духовные, экологические, исторические и социально-экономические проблемы.

5. Основными факторами, повышающими привлекательность религиозного терроризма, являются: существование хорошо организованных религиозных экстремистских групп с убедительными дискурсами и эффективными программами, предоставляющими услуги, доход и/или занятость в обмен на членство. Эти группы привлекают новых адептов, предоставляя им возможность на практике устранить их проблемы, обещая им приключения, а также личную свободу. Кроме того, эти группы предлагают духовное утешение, место в среде собратьев по вере и поддержку.

6. Информационная аналитика позволяет охарактеризовать религиозный терроризм как современную угрозу России следующими постулатами:

- наличие сетей вербовки и воспитания для отправки рекрутов в Сирию и другие страны, где активно функционируют религиозные террористические организации;
- наличие ячеек, которые независимо от перемещения некоторых своих членов имеют своей целью совершить террористический акт в России;
- наличие на территории России групп, подозреваемых в экстремистской пропаганде, с возможным прогрессом движения салафитов;
- эволюция роли женщин в разных направлениях, не только в отношении перемещения, чтобы выйти замуж и обо-

сновываться на территории, контролируемой религиозными террористическими организациями, но также и в активном наборе рекрутов;

- явное изменение тенденции: большинство арестованных правоохранительными органами являются гражданами России, а также увеличение числа обращенных людей, т.н. доморощенная насильственная религиозная радикализация;
- наличие связей между арестованными террористами, их террористическими сетями или экстремистами, ранее арестованными. Террористические организации, которые отправляют своих рекрутов, связывают предыдущий опыт людей, уже связанных с насильственными экстремистскими взглядами, с новыми молодыми кандидатами в джихад;
- наличие риска, связанного как с возвращением террористов, которые сражались в конфликтах, так и с разочарованием тех, кто не смог поехать в зоны конфликта, усиливается благодаря призыву религиозных террористических организаций действовать в их собственной зоне происхождения;
- риск, связанный с тем, что отдельные представители религиозных террористических организаций готовы совершить террористический акт, особенно в отношении так называемых «мягких» целей (гражданских лиц);
- случаи явной религиозной радикализации и роль социальных сетей в этом отношении;
- наличие лагерей подготовки религиозных террористов вблизи границ России.

7. Основными направлениями парирования угроз религиозного терроризма целесообразно считать следующие:

- интеграция иммигрантов в национальное общество и обеспечение освоения ими тех его ценностей, которые не являются активно враждебными центральным идеалам исповедуемой ими религии — светская демократия, свобода совести, терпимость и равенство всех перед законом;

- работа с правительствами стран мира для обеспечения усиления сбора разведывательных данных о религиозных террористах в целях устранения нарушений прав и свобод человека и повышения точности усилий по подавлению религиозных террористов;
- содействие экономическому росту и развитию человеческого потенциала в районах, уязвимых для религиозного терроризма;
- взаимодействие с религиозным гражданским обществом и поддерживание межрелигиозных усилий по поощрению религиозной терпимости и свободы;
- содействие ценностям гражданства и многообразия, гражданское образование должно прививать сильное чувство принадлежности к государству и социуму, разрабатывать видение общего блага, учитывать конфессиональное разнообразие общества.

БИБЛИОГРАФИЧЕСКИЙ СПИСОК[321]

1. 100 ответов верующим [Текст]. /Под общей ред. В.А.Мезенцева. — М., 1980. — С. 6.

2. Абрамян А.С. Военно-политическая деятельность по обеспечению безопасности государства от угроз терроризма [Текст]: дисс. ... докт. пол. наук / А.С. Абрамян. — М.2004. — С.85–91.

3. Армстронг К. Битва за Бога: История фундаментализма. Пер. с англ. [Текст] /К. Армстронг. — М.: Альпина нон-фикшн, — 2013. — 502 с.

4. Багдасарян В.Э., Сулакшин С.С. Современный фашизм: новые облики и проявления [Текст] / В.Э. Багдасарян, С.С. Сулакшин. — М.: Наука и политика, 2017. — С. 191.

5. Баглиев М. Политический процесс в арабской республике Египет [Электронный ресурс] / М. Баглиев. — URL: https://superinf.ru/view_helpstud.php?id=2222 (дата обращения: 20.04. 2019).

6. Более 1000 уголовных дел за вступление в ИГИЛ возбуждено на россиян [Электронный ресурс]. — URL:http://islam-today.ru/novosti/2016/03/23/bolee-1000-ugolovnyh-del-za-vstuplenie-v-igil-vozbuzdeno-na-rossian/ (дата обращения: 23.08.2019).

7. Большинство стран Европы, Северной Америки обеспокоены исламским экстремизмом [Электронный ресурс]. — URL: http://www.pewresearch.org/fact-tank/2017/05/24/majorities-in-europe-north-america-worried-about-islamic-extremism (дата обращения: 23.08.2019).

8. В Новосибирске студент из Казахстана занимался вербовкой в «Исламское государство» [Электронный ресурс]. — URL: http://tass.ru/proisshestviya/1746107 (дата обращения: 23.08.2019).

9. В США чиновницу отправили в тюрьму за отказ оформлять гей-браки [Электронный ресурс]. — URL: https://lenta.ru/news/2015/09/03/davis/. (дата обращения: 23.12.2019).

10. Вандалы изрисовали стены дацана в Петербурге [Электронный ресурс]. — URL: http://www.interfax-religion.ru/?act=news&div=62984 (дата обращения: 23.08. 2019).

11. Васильченко В. Халифат во «ВКонтакте»: как террористы из «Исламского государства» захватывают российскую соцсеть [Электронный ресурс] /

[321] В ссылках 1–114 использованы материалы на русском языке, в ссылках 115–262 — на английском, немецком, а также на языках романской группы, в ссылках 263–279 — на арабском языке.

В. Васильченко. — URL: http://apparat.cc/network/vk-isis/ (дата обращения: 23.08.2019).

12. Верховный суд запретил деятельность «Свидетелей Иеговы» в России [Электронный ресурс]. — URL: https://ria.ru/20170420/1492720045.html (дата обращения: 23.12.2019).

13. Вестник национального антитеррористического комитета [Текст]. — 2019. — № 1 (20). — С. 16–18.

14. Волобуев А.В. Религиозный фундаментализм в глобализованном мире [Текст] / А.В. Волобуев. — М.: Издательство «Прометей», 2019. — 410 с.

15. Восточная Европа: последний барьер между христианством и исламом [Электронный ресурс]. — URL: https://rishonim.info/eastern-europe-christianity-islam/ (дата обращения: 23.08.2019).

16. Вступительное слово председателя НАК, Директора ФСБ России А.В. Бортникова на совместном заседании НАК и ФОШ [Электронный ресурс]. — URL: http://nac.gov.ru/publikacii/vystupleniya-i-intervyu/vstupitelnoe-slovo-predsedatelya.html (дата обращения: 21.12.2019).

17. ВЦИОМ: отношение россиян к церкви [Электронный ресурс]. — URL: https://mresearcher.com/2015/06/ vciom-otnoshenie-rossiyan-k-cerkvi.html (дата обращения: 23.11.2019).

18. Выходцы с Кавказа в рядах ИГ (ИГИЛ) [Электронный ресурс]. — URL: http://www.kavkaz-uzel.ru/articles/251513/#note_link_1 (дата обращения: 23.12.2019).

19. Гараджа В.И. Религиоведение [Текст] / В.И. Гараджа. — М., 2004. — С. 165.

20. Григорьев Н., Родюков Э. Современный религиозный терроризм как он есть [Текст] / Н. Григорьев, Э. Родюков // Независимое военное обозрение. — 21 июля — 2017.

21. Григорьев Н., Родюков Э. Социальные последствия современного религиозного терроризма [Текст] / Н. Григорьев, Э. Родюков // Вестник университета. — 2016. — № 9. — С. 257.

22. Дагестанский спортсмен в Элисте переведен в отдельную камеру [Электронный ресурс]. — URL: (дата обращения: 23.12.2019).

23. Дейниченко П. XXI век: история не кончается [Электронный ресурс] / П. Дейниченко. — URL: http://www.slovosfera.ru/global/twf33.html (дата обращения: 23.08.2019).

24. Доклад Московского бюро по правам человека: «Агрессивная ксенофобия, радикальный национализм, экстремизм реальный и мнимый в России в 2016 году: формы, проявления, реакция властей [Текст]. — М., 2016. — 69 с.,

25. Доклад Московского бюро по правам человека: «Агрессивная ксенофобия, радикальный национализм, экстремизм реальный и мнимый в России в 2015 году: формы, проявления, реакция властей [Текст]. — М., 2015. — 77 с.

26. Доля россиян, видящих пользу в распространении религии, снизилась вдвое за четверть века [Электронный ресурс]. — URL: http://www.bogoslov.ru/text/ 4643063/index.html (дата обращения: 20.03. 2020).

27. Дюркейм Э. Элементарные формы религиозной жизни: тотемическая система в Австралии [Текст] / Э. Дюркгейм; пер. с фр. А. Апполонова и Т. Котельниковой; под науч. ред. А. Апполонова. — М.: Издательский дом «Дело» РАНХиГС, 2018. — 736 с

28. Запреты на строительство мечетей в России — обзор IslamReview [Электронный ресурс]. — URL: http://islamreview.ru/community/zaprety-na-stroitelstvo-mecetej-v-rossii-obzor-islamreview/ (дата обращения: 12.01.2019).

29. Зеленков М.Ю. Государственно-религиозные отношения: правовой аспект [Текст] / М.Ю. Зеленков. — М.: Юридический институт МИИТа, 2004. — С. 129.

30. Зеленков М.Ю. Дисфункциональные факторы религии как источник экстремизма [Текст] / М.Ю. Зеленков // Вопросы безопасности, — 2019. — № 4. — С. 66–77.

31. Зеленков М.Ю. Информационная аналитика трендов терроризма XXI века: монография [Текст] / М.Ю. Зеленков. — М.: РУСАЙНС, 2019. — 326 с.

32. Зеленков М.Ю. Конфликтология: учебник [Текст] / М.Ю. Зеленков. — М.: Дашков и К°, 2013. — 324 с.

33. Зеленков М.Ю. Криминологические аспекты взаимосвязи социальных конфликтов и политического экстремизма в XXI веке [Текст] / М.Ю. Зеленков. // Расследование преступлений: проблемы и пути их решения. — № 1 (19), — 2018. — С. 54–58.

34. Зеленков М.Ю. Мировые религии: история и современность [Текст] / М.Ю. Зеленков. — Ростов н/Дону: Феникс, 2008. — 364 с.

35. Зеленков М.Ю. Религиозные конфликты: проблемы и пути их решения в начале XXI века (политико-правовой аспект) [Текст] / М.Ю. Зеленков. — Воронеж: Воронежский государственный университет, 2007. — 244 с.

36. Зеленков М.Ю. Социология [Текст]. М.: ЮНИТИ-ДАНА, 2015 . 199 с.

37. Зеленков М.Ю. Экзистенциальные потребности молодежи как источник преступлений экстремистского характера [Текст] / М.Ю. Зеленков // Российский следователь, — 2018. — № 5. — С. 52–56.

38. Зеленков М.Ю. Экстремизм в современном мироустройстве и Российской Федерации XXI века (политико-правовой аспект): монография [Текст] / М.Ю. Зеленков. — М.: ЮНИТИ-ДАНА, 2018. — 351 с.

39. Зеленков М.Ю., Бочарников И.В. Международные конфликты XXI века : учебник [Текст] / под ред. М.Ю. Зеленкова. — М. : ИНФРА-М, 2019. — 362 с.

40. Зеленков М.Ю. Совершенствование управления транспортно-логистическими системами в условиях нарастания угроз морского терроризма и пиратства [Текст] / М.Ю. Зеленков // Вопросы безопасности, 2019 . № 4. С. 20–35.

41. Зеленков М.Ю. Методология оценки конфликтогенности общественно-политической обстановки [Текст] / М.Ю. Зеленков // Политика и Общество, 2019. № 2. С. 1–14.

42. Зеленков М.Ю. Международные и национальные правовые проблемы квалификации преступлений террористического характера [Текст] / М.Ю. Зеленков // Расследование преступлений: проблемы и пути их решения, 2017. № 2. С. 58–65.

43. Зеленков М.Ю. Социально-психологические универсалии личности современного террориста [Текст] / М.Ю. Зеленков // Вопросы безопасности, 2017. № 3. С.88–99.

44. Зеленков М.Ю. Нормативный правовой аспект многозначности подходов к дефиниции «экстремизм» [Текст] / М.Ю. Зеленков // Право и политика, 2017. № 9. С.31–43.

45. Зеленков М.Ю. Политико-правовой аспект многозначности подходов к сущности и содержанию категории «экстремизм» [Текст] / М.Ю. Зеленков // Политика и Общество, 2017. № 8. С. 57–75.

46. Зеленков М.Ю. К вопросу о проблеме определения социально-психологических универсалий преступности террористического характера [Текст] / М.Ю. Зеленков // Расследование преступлений: проблемы и пути их решения, 2017. № 3. С. 87–91.

47. Зеленков М.Ю. Криминологическая специфика фундаментализма как идеологии религиозного экстремизма [Текст] / М.Ю. Зеленков // Расследование преступлений: проблемы и пути их решения, 2017. № 4. С. 36–41.

48. Зеленков М.Ю., Багмет А.М., Бычков В.В. Расследование преступлений, связанных с экстремистской и террористической деятельностью [Текст] / А.М. Багмет, В.В. Бычков, М.Ю.Зеленков. М.: ЮНИТИ-ДАНА, 2019. 719 с.

49. Золотарев О.В. Религиозный фактор и геополитические аспекты безопасности России [Текст] / О.В. Золотарев. — М., 1999. — С. 12.

50. Зубова О.Г. Портрет современного экстремиста (на примере анализа обвинительных заключений и приговоров по экстремистским преступлениям) [Текст] / О.Г. Зубова //Каспийский регион: политика, экономика, культура. — 2015. — № 1. — С.72.

51. ИГИЛ налаживает контакты с боевиками на Северном Кавказе — Патрушев [Электронный ресурс]. — URL: http://www.interfax-religion.ru/?act=news&div=58064 (дата обращения: 23.08.2019).

52. Индексы и индикаторы человеческого развития. Обновленные статистические данные 2018 [Электронный ресурс]. — URL: http://hdr.undp.org/sites/default/files/ 2018_human_development_ statistical_update_ru.pdf (дата обращения: 23.11.2019).

53. Интернет-сайт «Утро» [Электронный ресурс]. — URL: http://www.Утро.ru (дата обращения: 23.08.2017).

54. Интернет-сайт Интерфакс Религия [Электронный ресурс]. — URL: http://www.interfax-religion.ru/cis.php?act=print&div=4545 (дата обращения: 23.08.2019).

55. Интернет-сайт Московского бюро по правам человека [Электронный ресурс]. — URL: http://pravorf.org/index.php/smi-review/2250-proyavleniya-agressivnoj-ksenofobii-v-rossijskoj-federatsii-v-oktyabre-2016-g. (дата обращения: 23.08.2019).

56. Интернет-сайт Московского бюро по правам человека [Электронный ресурс]. — URL: http://pravorf.org/index.php/news/2122-o-prigovore-maksimu-kormelitskomu (дата обращения: 23.08.2019).

57. Интернет-сайт Московского бюро по правам человека [Электронный ресурс]. — URL: http://www.pravorf.org/index.php/smi-review/1908-proyavleniya-agressivnoj-ksenofobii-v-rossijskoj-federatsii-v-oktyabre-2015g (дата обращения: 23.08.2019).

58. Информационное агентство REGNUM [Электронный ресурс]. — URL: https://regnum.ru/news/society/ 2136222.html (дата обращения: 22.12.2019).

59. «Исламское государство» продолжает вербовать россиян [Электронный ресурс]. — URL: https://meduza.io/cards/ugrozhaet-li-rossii-islamskoe-gosudarstvo (дата обращения: 23.08.2019).

60. К 2050 году Европа может превратиться в мусульманский континент [Электронный ресурс]. — URL: http://www.sedmitza.ru/text/6179794.html (дата обращения: 23.08.2019).

61. Каддафи М.Зеленая книга [Электронный ресурс] / М. Кадафи. — URL: http://www.politika.su/text/zelknig3.html(дата обращения: 23.08.2019).

62. Как проходило открытие Соборной мечети в Москве [Электронный ресурс]. — URL: http://tass.ru/obschestvo/2283714 (дата обращения: 12.01.2019).

63. Кирсанов Е.Е. Сунниты-шииты: опасные игры [Электронный ресурс] / Е.Е. Кирсанов. — URL: http: //www.iimes.ru/?p=10447 (дата обращения: 12.12.2019).

64. Контртеррор на Северном Кавказе: Взгляд правозащитников. 2014 г. — первая половина 2016 г. Доклад Правозащитного центра «Мемориал» [Текст]. М., 2016. С. 76.

65. Крупнейшие религии мира, численность верующих [Электронный ресурс]. — URL: https://infotables.ru/strany-i-goroda/1120-religii-mira-chislennost (дата обращения: 23.08.2019).

66. Кулаков В.В. Религиозный фактор и национальная безопасность России: на материалах Южного Федерального округа: дисс. ... канд. фил. наук [Текст] / В.В. Кулаков. — М.: РАГС при Президенте Российской Федерации, 2006. — 148 с.

67. Ланда Р. Ислам в истории России [Текст] / Р. Ланда. — М., 1995. — С. 264.

68. Людько Л. Россия — главный враг нового Халифата [Электронный ресурс] / Л. Людько. — URL: http://chernovik.net/content/inye-smi/rossiya-glavnyy-vrag-novogo-halifata (дата обращения: 23.08.2017).

69. Максуд Р. Ислам [Текст] / Р. Максуд. — М.: ФАИР-ПРЕСС, 2005. — С. 118–119.

70. Малышева Д.Б. Религиозный фактор в вооруженных конфликтах современности [Текст] / Д.Б. Малышева. — М., 1991. — С. 15.

71. Маркс К. ПСС, 1965.

72. Материалы Международной конференции «Россия: тенденции и перспективы развития» [Текст]. (9–10 декабря 2004 г., Москва), 2004.

73. Материалы 19 Всемирного конгресса Международной Ассоциации Истории Религий «Религия: конфликт и мир» [Текст] (24–30 марта 2005, Токио, Япония).

74. Материалы уголовного дела. Обвинительное заключение по уголовному делу 800023.

75. Московичи С. Машина, творящая богов [Текст] / С. Московичи. — М., 1998. — С. 61.

76. Никифоров А.К. Молчанием предается Бог [Текст] / А.К. Никифоров. — Воронеж: Издательский отдел Воронежско-Липецкой епархии, 2002. — С. 7.

77. Нуруллаев А.А. Толерантность и диалог цивилизаций помогут спасти Запад и мир в целом [Текст] / А.А. Нурулаев // Социально-гуманитарные знания, — 2004. — № 5. — С. 68–74.

78. Обнародовано количество россиян в ИГИЛ [Электронный ресурс]. — URL: http://islam-today.ru/novosti/2016/04/18/obnarodovano-kolicestvo-rossian-v-igil/ (дата обращения: 23.08.2019).

79. Пластун В.Н. Эволюция деятельности экстремистских организаций в странах Востока [Текст] / В.Н. Пластун. — Новосибирск, 2002. — С. 181.

80. Плещунов Ф.О. Паранджа или интеграция — непростой выбор для европейских мусульман [Электронный ресурс]. — URL: http://www.iimes.ru/rus/stat/2010/10-05-10b.htm (дата обращения: 12.01.2019).

81. Правда — инфо [Электронный ресурс]. — URL: htpp://www.pravda.info/news/24html (дата обращения: 23.08.2017).

82. Православная вера и таинство крещения [Электронный ресурс]. — URL: https:// wciom.ru/index.php?id=236&uid=9847 (дата обращения: 23.08.2019).

83. Православная церковь: неизменность традиций или перемены в духе времени? Информационное агентство «Moscow it-kernel» [Электронный ресурс]. — URL: http://www.iamik.ru/ ?op=full&what=content&ident=501176 (дата обращения: 23.01. 2020).

84. Пресс-выпуск № 2876 [Электронный ресурс]. — URL: https://wciom.ru/index.php?id=236&uid=115315 (дата обращения: 23.12.2019).

85. Пресс-выпуск № 2888 [Электронный ресурс]. — URL: http://wciom.ru/ndex.php?id=236&uid= 11532916.08.2013 (дата обращения: 12.06.2019).

86. Рагузин В. Роль религиозного фактора в межнациональных отношениях [Текст] / В. Рагузин. — М.: РАГС, 1998. — С.28.

87. РБК. Сожжение Корана в США признано законным [Электронный ресурс]. — URL: http://www.rbc.ru/society/16/09/2010/5703de3e9a79470ab5024f7f (дата обращения: 20.12. 2019).

88. Религиозность. Сайт Левада-центр [Электронный ресурс]. — URL: https://www.levada.ru/2017/07 /18/religioznost/ (дата обращения: 20.05. 2019).

89. Религиозный и политический фундаментализм в современном мире [Текст] // Мировая экономика и международные отношения. 2003. № 11. С. 44–45.

90. Религия в России [Электронный ресурс]. — URL: http://www.encyclopaedia-russia.ru/article.php?id=376 (дата обращения: 28.09.2019).

91. Религия и свобода совести в Китае (Белая книга) [Электронный ресурс]. — URL: http://russian.china.org.cn/russian/32958.htm (дата обращения: 23.12.2019).

92. Розанский В. «Деструктология»: битва православной церкви против сект [Электронный ресурс] / В. Розанский. — URL: http://asianews.it/news-en/Destructology:-Orthodox-Church%E2%80%99s-battle-against-sects-48648.html (дата обращения: 23.12.2019).

93. Русская народная линия [Электронный ресурс]. — URL: http://ruskline.ru/ news_rl/2005/06/08/ ssha_religioznyj_zapovednik/ (дата обращения: 23.08.2019).

94. Сагадеев А. Исламский фундаментализм: жизненный факт или пропагандистская фикция? [Текст] / А Сагадеев // Россия и мусульманский мир. Бюллетень реферативно-аналитической информации. 1993. № 10. С. 57.

95. «САХИХ» АЛЬ-БУХАРИ МУХТАСАР. Хадис 27 [Электронный ресурс]. — URL: https://www.islam-love.ru/components/com_jshopping/files/demo_products/Sakhikh_al_Bukhari_-_rus.pdf (дата обращения: 23.12.2019).

96. СБ РФ назвал опасностью для России возвращение в страну бывших боевиков ИГ [Электронный ресурс]. — URL: http://www.interfax.ru/world/449342 (дата обращения: 23.08.2019).

97. Севостьянов И. Исламский фундаментализм и исламский экстремизм не одно и то же [Текст] / И. Севостьянов // Международная жизнь. — 1996. — № 5. — С.33–34.

98. Серебрянков А.В. Основы религиоведения: Рабочая книга преподавателя и студента [Текст] / А.В. Серебрянков. — М.: НОУ, 1998. — С. 213–214.

99. Сколько платят террористам ИГИЛ? [Электронный ресурс]. — URL: https://sm-news.ru/news/world/skolko-platyat-terroristam-igil/ (дата обращения: 20.01. 2020).

100. Солдатов А. Восстание «секты царебожников», отец Сергий (в миру Николай Романов) и Поклонская. Почему они так влиятельны, хоть и раздражают РПЦ [Электронный ресурс] / А Солдатов. — URL: https://www.novayagazeta.ru/articles/ 2017/08/15/73480 (дата обращения: 23.011.2019).

101. Сулейманов Р.Р. Религиозная экспансия Турции в Татарстан в постсоветский период [Текст] / Р.Р. Сулейманов // Вестник МГИМО. — 2016. — № 2 (47). — С. 40–48.

102. ТАСС: ВЦИОМ: более половины россиян считают, что крещение нужно проходить в детском возрасте [Электронный ресурс]. — URL: https://wciom.ru/ index.php?id=238&uid=9848 (дата обращения: 23.01.2020).

103. Толкование Корана ас-Саади [Электронный ресурс]. — URL: https://quran-online.ru/22/saadi (дата обращения: 23.08.2017).

104. Толстой Л.Н. Полн. собр. соч. [Текст] / Л.Н. Толстой. — М.: Художественная литература, 1983. Т. 14. — С. 141.

105. Угроза ИГИЛ: пути противодействия национально-религиозному экстремизму: сборник информационно-аналитических материалов [Текст]. М.: Московское бюро по правам человека, 2016. 160 с.

106. Узнародов И.М. Новый национализм в современной Европе [Электронный ресурс] / И.М. Узнародов. — URL: www.sov-europe.ru/2015/5/Uznarodov.pdf. (дата обращения: 22.06.2019).

107. Число верующих в России за 25 лет выросло на 18% [Электронный ресурс]. — URL: https://www.vz.ru/news/2016/4/28/807953.html (дата обращения: 23.02.2020).

108. Шевченко Д. Из колонии я вернусь революционером [Электронный ресурс] / Д. Шевченко. — URL: https://www.svoboda.org/a/27772962.html (дата обращения: 23.08.2019).

109. Шестеро уроженцев Чечни арестованы во Франции по обвинению в терроризме, сообщила Le Figaro [Электронный ресурс]. — URL: http://www.kavkaz-uzel.ru/articles/257244/ (дата обращения: 23.08.2019).

110. Штейнберг М. Третий эшелон джихада [Текст] / М. Штейнберг // Независимое военное обозрение. — № 3. — 2003.

111. Эксперты назвали террористов глобальной угрозой в 2019 году [Электронный ресурс]. — URL: https://tj.sputniknews.ru/world/20191125/1030280471/eksperty-nazvali-terroristy-globalnaya-ugroza-2019.html (дата обращения: 23.12.2019).

112. Эксперты оценили число воюющих за «ИГ» россиян в 5 тысяч человек [Электронный ресурс]. — URL: http://www.interfax.ru/russia/447922 (дата обращения: 23.08.2019).

113. Энциклопедия «Религии и секты в современной России» [Электронный ресурс]. — URL: http://www.sektainfo.ru/sekty-i-kulty/spravochniki-po-sektam/religii-i-sekty-v-sovremennoy-rossii (дата обращения: 28.09.2019).

114. Юнусова А.Б. Женщины в экстремистских сообществах [Текст] / А.Б. Юнусова // Научный журнал. — 2017. — № 1 (14). — С. 21–25.

115. A Changing World: Global Views on Diversity, Gender Equality, Family Life and the Importance of Religion [Электронный ресурс]. — URL: https://www.pewresearch.org/global/2019/04/22/a-changing-world-global-views-on-diversity-gender-equality-family-life-and-the-importance-of-religion/ (дата обращения: 23.12.2019).

116. A Closer Look at How Religious Restrictions Have Risen Around the World [Электронный ресурс]. — URL: https://www.pewforum.org/2019/07/15/a-closer-look-at-how-religious-restrictions-have-risen-around-the-world/#government-restrictions-categories (дата обращения: 23.12.2019).

117. Abbruzzese S. Il caso delle credenze religiose: buone ragioni o dimissioni dalla ragione? / S. Abbruzzese // Quaderni di Sociologia. — 2015. — № 68. — P. 107-122.

118. Aguirre M. Justifica el islam la violencia indiscriminada? [Электронный ресурс] / M. Aguirre. — URL: https://www.bbc.com/mundo/noticias/2015/11/151127_finde_ islam_violencia_terrorismo_ataques_coran_yihadismo_mr (дата обращения: 23.08.2019).

119. Americans Have Positive Views About Religion's Role in Society, but Want It Out of Politics [Электронный ресурс]. — URL: https://www.pewforum.org/2019/11/15/ americans-have-positive-views-about-religions-role-in-society-but-want-it-out-of-politics (дата обращения: 23.12.2019).

120. Amghar S. Le salafisme en Europe. La mouvance polymorphe d'une radicalization / S. Amghar // Politique étrangère. — 2006. — № 1. — P. 65-78.

121. Are Conservative Christians 'Religious Extremists'? [Электронный ресурс]. — URL: https://www.theatlantic.com/politics/archive/2016/03/are-conservative-christians-religious-extremists/473187/ (дата обращения: 23.12.2019).

122. Arslan H. Dschihad für Religionsfreiheit [Электронный ресурс] / H. Arslan. — URL: http://www.islamiq.de/2017/07/16/ dschihad-fuer-religionsfreiheit/ (дата обращения: 23.08.2019).

123. Asma S. Religion is about emotion regulation, and it's very good at it [Электронный ресурс] / S. Asma. — URL: https://aeon.co/ideas/religion-is-about-emotion-regulation-and-its-very-good-at-it (дата обращения: 23.12.2019).

124. Barry A. De l'islam, des musulmans et du terrorisme [Электронный ресурс] / A. Barry. — URL: https://www.lapresse.ca/debats/opinions/201905/04/01-5224712-de-lislam-des-musulmans-et-du-terrorisme.php (дата обращения: 23.03.2020).

125. Bei jungen Dschihadisten spielt Religion eine wesentliche Rolle [Электронный ресурс]. — URL: https://www.srf.ch/kultur/gesellschaft-religion/bei-jungen-dschihadisten-spielt-religion-eine-wesentliche-rolle (дата обращения: 23.01.2020).

126. Being Christian in Western Europe [Электронный ресурс]. — URL: https://www.pewforum.org/2018/05/29/ being-christian-in-western-europe/ (дата обращения: 23.08.2019).

127. Belzen J. The cultural psychological approach to religion. Contemporary debates on the object of the discipline [Текст] / J. Belzen // Theory and psychology. — 1999. — № 2. — T. 9. — P. 225-229.

128. Berger P. The Desecularization of the World: A Global Overview [Текст] / P. Berger // The Desecularization of the World: Resurgent Religious and World

Politics, Ed. P. Berger. — Ethic and Public Policy Center Washington, D.C., 1999. — P. 11–12.

129. Bertini D. Una proposta per la caratterizzazione della credenza religiosa [Электронный ресурс]/ D. Bertini // Dialegesthai. Rivista telematica di filosofia. — 2016. — № 16. — URL: https://mondodomani.org/dialegesthai/dbe03.htm (дата обращения: 23.12.2019).

130. Beware the Women of ISIS: There Are Many, and They May Be More Dangerous Than the Men [Электронный ресурс]. — URL: https://www.thedailybeast.com/beware-the-women-of-isis-there-are-many-and-they-may-be-more-dangerous-than-the-men?ref=scroll (дата обращения: 23.12.2019).

131. BKA/BfV 2016; Im Folgenden vgl. Ist eine Profilbildung islamistisch motivierter Attentäter möglich? [Текст]. Goertz 2017 S. 22–34.

132. Botha A. Radicalisation in Kenya. Recruitment to al-Shabaab and the Mombasa Republican Council [Электронный ресурс] / A. Botha. — URL: http://docplayer.net/25309545-Radicalisation-in-kenya.html (дата обращения: 23.12.2019).

133. Brekke T. Fundamentalism. Subtitled: «Prophecy and Protest in the Age of Globalization» [Текст] / T. Brekke . — Published by Cambridge University Press, UK, 2012. — P. 22.

134. Brenan M. Religion Considered Important to 72% of Americans [Электронный ресурс] / M. Brenan. — URL: https://news.gallup.com/poll/245651/religion-considered-important-americans.aspx (дата обращения: 23.12.2019).

135. Bruce S. Fundamentalism [Текст] / S. Bruce. 2-nd edition. — Published by Polity Press, Cambridge, UK, 2008. — P. 11–12.

136. Bussoletti F. Terrorismo, al-Baghdadi è morto, ma il jihadismo no. [Электронный ресурс] / F. Bussoletti. — URL: https://www.difesaesicurezza.com/difesa-e-sicurezza/terrorismo-al-baghdadi-e-morto-ma-il-jihadismo-no-tuttaltro/ (дата обращения: 23.08.2019).

137. CAIR. (2017). Unshakable: The bullying of Muslim students and the unwavering movement to eradicate it: CAIR-CA School Bullying Report 2017 [Электронный ресурс]. — URL: https://ca.cair.com/sfba/publications/2017-bullying-report/ (дата обращения: 23.12. 2019).

138. Cairo Declaration on Human Rights in Islam [Электронный ресурс]. — URL: https://www.refworld.org/docid/3ae6b3822c.html (дата обращения: 23.01.2019).

139. Calleja E. Los estudios sobre terrorismo: balance de los últimos 25 años [Электронный ресурс] / E. Calleja. — URL: https://www.redalyc.org/jatsRepo/122/12249087005/html/index.html#redalyc_12249087005_ref22 (дата обращения: 23.12.2019).

140. Carroll J. Religious extremism: The answer is more religion [Электронный ресурс] / J. Carroll. — URL: https://www.bostonglobe.com/opinion/2014/06/22/religious-extremism-the-answer-more-religion/XI5McL6cDMV30JHFn3QYDK/story.html (дата обращения: 23.08.2019).

141. Cecchinato P. Promuovere le affinità, per uscire dalla trappola del multiculturalismo [Текст] / P. Cecchinato // Diritto e libertà. — 01 Settembre. — 2017.

142. Christians faced widespread harassment in 2015, but mostly in Christian-majority countries [Электронный ресурс]. — URL: http://www.pewresearch.org/fact-tank/2017/ 06/09/christians-faced-widespread-harassment-in-2015-but-mostly-in-christian-majority-countries/ (дата обращения: 23.08.2019).

143. Clarke C. The Future of the Global Jihadist Movement After the Collapse of the Caliphate (11.12.2018) [Электронный ресурс] / C. Clarke. — URL: https://www.rand.org/blog/2018/12/the-future-of-the-global-jihadist-movement-after-the.html (дата обращения: 12.03.2019).

144. Coll J. El yihadismo: sus causas, su evolución y su realidad actual [Электронный ресурс] / J. Coll . — URL: http://anatomiadelahistoria.com/2018/02/el-yihadismo-sus-causas-y-su-realidad-actual/ (дата обращения: 23.08.2019).

145. Cordesman A. Islam and the Patterns in Terrorism and Violent Extremism [Электронный ресурс] / A. Cordesman. — URL: https://www.csis.org/analysis/islam-and-patterns-terrorism-and-violent-extremism (дата обращения: 23.08.2019).

146. Crabtree V. Fundamentalism and Literalism in World Religions [Электронный ресурс] / V. Crabtree . — URL: http://www.humanreligions.info/fundamentalism.html. (дата обращения: 23.12.2019).

147. Crenshaw M. An Organizational Approach to the Analysis of Political Terrorism [Текст] / M. Crenshaw // Orbis. — № 29. — 1985. — P. 465–488.

148. Dagli C. Jihad and the Islamic Law of War. [Текст] / C .Dagli. // Muhammad. — 2013. — S. 56–98.

149. Dakake D. The Myth of A Militant Islam. [Текст] / D. Dakake. // Muhammad. — 2013. — S. 108–109.

150. Darden J. Tackling Terrorists' Exploitation of Youth [Электронный ресурс] / J. Darden. — URL: https://www.un.org/sexualviolenceinconflict/wp-content/uploads/ 2019/05/report/tackling-terrorists-exploitation-of-youth/Tackling-Terrorists-Exploitation-of-Youth.pdf (дата обращения: 23.12.2019).

151. Deffarges T. Sur la nature et les causes du terrorisme. Une revue de la littérature économique [Текст] / T. Deffarges // Revue Tiers Monde. — 2003. — № 2 (174). — P. 369–392.

152. Delvaux G. de Fenffe Islamischer Fundamentalismus [Электронный ресурс] / G. Delvaux. — URL: http://www.planet-wissen.de/kultur/religion/islam/ pwieis lamischerfundamentalismus100.html (дата обращения: 23.12.2019).

153. Demichelis M. El Corán y la Yihad. ¿Una religión violenta o la violencia dentro de una religión? [Электронный ресурс] / M. Demichelis. — URL: https://institutoculturaysociedad.wordpress.com/2017/04/24/el-coran-y-la-yihad-una-religion-violenta-o-la-violencia-dentro-de-una-religion/ (дата обращения: 23.08.2019).

154. Die Säkularisierung als Symptom der Krise [Электронный ресурс]. — URL: https://www.cicero.de/kultur/ islam-die-saekularisierung-als-symptom-der-krise (дата обращения: 23.08.2019).

155. Donnelly J. Universal Human Rights in Theory and Practice [Текст] / J. Donnelly. — Cornell University Press, 2013. — P. 157.

156. Dschihad zwischen Frieden und Gewalt [Электронный ресурс]. — URL: https://www.bpb.de/ politik/extremismus/islamismus/210988/dschihad-zwischen-frieden-und-gewalt (дата обращения: 23.12.2019).

157. Escuela de las Americas Manual de Terrorismo y Guerrilla Urbana [Электронный ресурс]. — URL: http://www.derechos.org/nizkor/la/libros/soaGU/ (дата обращения: 23.12.2019).

158. Europe: Une étude confirme que le fondamentalisme islamique est largement répandu [Электронный ресурс]. — URL: http://www.postedeveille.ca/2013/12/ le-fondamentalisme-islamique-est-largement-repandu-en-europe-etude.html/ (дата обращения: 23.12.2019).

159. Expanding research on countering violent extremism [Текст]. Hedayah and Edith Cowan University, 2016, P. 43.

160. FATF report^ Financing of the Terrorist Organisation Islamic State in Iraq and the Levant (ISIL). February 2015 [Электронный ресурс]. — URL: http://www.fatf-gafi.org/media/fatf/documents/reports/Financing-of-the-terrorist-organisation-ISIL.pdf (дата обращения: 23.11.2019).

161. Fondamentalisme, fondamentaliste [Электронный ресурс]. — URL: http://www.toupie.org/Dictionaire/ Fondamentalisme.htm (дата обращения: 23.12.2019).

162. Fondamentalismo indù [Электронный ресурс]. — URL: http://www.dimarzio.info/it/articoli/ psicologia/100-fondamentalismo/272-fondamentalismo-indu.html (дата обращения: 23.03.2020).

163. Freise J. Gegen den Terror und für den Frieden [Электронный ресурс] / J. Freise. — URL: https://www.forumzfd.de/de/gegen-den-terror-und-fuer-den-frieden (дата обращения: 23.08.2019).

164. Gabriel M.A. Islam et Terrorisme. Romanel-sur-Lausanne [Текст] / M.A. Gabriel. — Ourania, 2006. — P. 49.

165. Galehan J. Boko Haram deploys lots of women suicide bombers. I found out why [Текст] / J. Galehan // The Conversation, June 13. 2019.

166. Gedalyahu, ТВ (2009, 29 ноября). Выйти из опросов: швейцарские мини-минареты, мусульманский экстремизм. Национальные новости Израиля [Электронный ресурс]. — URL: http://www.israelnationalnews.com/News/News.aspx/ 134681#.UYDQ-qJTA8U (дата обращения: 21.11.2019).

167. Georgen A. Le fondamentalisme islamique serait plus répandu qu'on ne le pense en Europe [Электронный ресурс] / A. Georgen. — URL: http://www.slate.fr/monde/81159/ fondamentalisme-islamique-plus-repandu-europe. (дата обращения: 2312.2019).

168. Goertz S. Profilbildung von islamistischen Terroristen [Текст] / S. Goertz // Bayerisches Staatsministerium des Innern, für Bau und Verkehr, Bayerisches Landesamt für Verfassungsschutz (2016): Informationen zu islamistischen Anwerbeversuchen 2016.

169. Government harassment, use of force against religious groups increased sharply in Europe in 2015 [Электронный ресурс]. — URL: http://www.pewresearch. org/fact-tank/2017/04/11/government-harassment-use-of-force-against-religious-groups-increased-sharply-in-europe-in-2015/ (дата обращения: 23.08.2019).

170. Gray A. Terrorismus hat sehr wohl mit Religion zu tun [Электронный ресурс] / A. Gray . — URL: https://www.cicero.de/kultur/weltanschauung-terrorismus-hat-sehr-wohl-religion/ 60232 (дата обращения: 23.01. 2020).

171. *Greppi N.* Nelle scuole palestinesi aumenta l'istigazione al terrorismo contro israeliani ed ebrei [Электронный ресурс] / N. Greppi. — URL: https://www. mosaico-cem.it/attualita-e-news/mondo/nelle-scuole-palestinesi-aumenta-listigazione-al-terrorismo-contro-israeliani-ed-ebrei (дата обращения: 23.12.2019).

172. Griffin R. Terrorist's Creed. Fanatical Violence and the Human Need for Meaning [Текст] / R. Griffin. — Basingstoke: Palgrave Macmillan, 2012. — P. 11–12.

173. Hälfte der Türkeistämmigen fühlt Sich nicht Anerkannt [Электронный ресурс]. — URL: https://www.uni-muenster.de/Religion-und-Politik/aktuelles/2016/jun/ PM_ Integration_und_Religion_ aus_Sicht_Tuerkeistaemmiger.html (дата обращения: 23.08.2019).

174. *Hall H.* Terrorism: Strategies for Intervention [Текст] / H. Hall. The Haworth Press, Binghamton. — 2002. — P. 2.

175. *Harriet A.* Harris in «Encyclopedia of New Religions» [Текст] / A. Harriet. — Christopher Partridge, 2004. — P. 409.

176. *Hasan H.* From Radical to Rentier Islamism: The Case of Iraq's Dawa Party [Электронный ресурс] / H. Hasan. — URL: https://carnegie-mec.org/2019/04/16/ from-radical-to-rentier-islamism-case-of-iraq-s-dawa-party-pub-78887 (дата обращения: 12.12.2019).

177. *Hernández J.* Por qué suníes y chiíes mantienen una lucha de 14 siglos? [Электронный ресурс] / J. Hernández. — URL: https://www.eltiempo.com/archivo/ documento/CMS-16480460 (дата обращения: 12.12.2019).

178. How do European countries differ in religious commitment? Use our interactive map to find out [Электронный ресурс]. — URL: https://www.pewresearch. org/fact-tank/2018/12/05/how-do-european-countries-differ-in-religious-commitment/ (дата обращения: 23.08.2019).

179. I ventenni italiani sono sempre più lontani dalla religione (nonostante Papa Francesco) [Электронный ресурс]. — URL: https://www.fanpage.it/attualita/ i-ventenni-italiani-sono-sempre-piu-lontani-dalla-religione-nonostante-papa-francesco/ (дата обращения: 23.12.2019).

180. Ibn Taymiyya Ahmad, 2005, Majmuʻ Fatāwā al-Kubrá [Текст] [La compilation des grandes opinions juridiques], vol. 4, Beyrouth, Dār al-Kutub al-ʻIlmiyah.

181. If the Castle Falls: Ideology and Objectives of the Syrian Rebellion [Электронный ресурс]. — URL: http://www.religionandgeopolitics.org/syria/if-castle-falls (дата обращения: 23.12.2019).

182. In a survey of American Muslims, 0% identified as lesbian or gay. Here's the story behind that statistic [Электронный ресурс]. — URL: https://edition.cnn.com/ 2019/05/28/us/lgbt-muslims-pride-progress/index.html (дата обращения: 23.12.2019).

183. In the U.S. and Western Europe, people say they accept Muslims, but opinions are divided on Islam [Электронный ресурс]. — URL: https://www.pewresearch.org/fact-tank/2019/10/08/in-the-u-s-and-western-europe-people-say-they-accept-muslims-but-opinions-are-divided-on-islam/ (дата обращения: 23.12.2019).

184. ISIS recruiters are preying on vulnerable domestic workers in Hong Kong and Singapore [Электронный ресурс]. — URL: https://edition.cnn.com/2019/11/09/asia/ indonesia-singapore-domestic-worker-isis-intl-hnk/index.html (дата обращения: 23.12. 2019).

185. ISIS Recruiting: In is Not (Just) ideological [Электронный ресурс]. — URL: https://www.fpri.org/contributor/dounia-bouzar/ (дата обращения: 23.12.2019).

186. ISIS: an overview [Электронный ресурс]. — URL: https://ing.org/an-overview-of-isis/ (дата обращения: 23.08.2019).

187. Japan — Die Aum-Sekte [Электронный ресурс]. — URL: https://www.spiegel.de/spiegelspecial/ a-306738.html (дата обращения: 28.09.2019).

188. *Jones J.* U.S. Church Membership Down Sharply in Past Two Decades [Электронный ресурс] / J. Jones. — URL: https://news.gallup.com/poll/248837/church-membership-down-sharply-past-two-decades.aspx (дата обращения: 22.12.2019).

189. *Juergensmeyer M.* Terrorismo religioso [Текст] / M. Juergensmeyer. — Madrid, 2001. — 358 p.

190. *Kepel G.* Jihad [Текст] / G. Kepel // Pouvoirs. — 2003. — № 1 (104). — P. 141.

191. *Konigorski M.* Hirnforscher und Theologen auf der Suche nach Gott [Электронный ресурс] / M. Konigorski. — URL: https://www.deutschlandfunk.de/religiositaet-hirnforscher-und-theologen-auf-der-suche — nach.886.de.html?dram:article_id=316239 (дата обращения: 23.12.2019).

192. *Konrad K.* On terrorist and terrorism, Santa Mónica [Текст] / K. Konrad. — California: The RAND Corporation, 1982.

193. *Koopmans R.* Religious Fundamentalism and Hostility against Out-groups: A Comparison of Muslims and Christians in Western Europe [Текст] / R. Koopmans // Journal of Ethnic and Migration Studies. — 2015. — № 1(41). — P. 33–57.

194. Krieg im Namen der Religion [Электронный ресурс]. — URL: https://www. deutschlandfunk.de/krieg-im-namen-der-religion.1148.de.html?dram:article_id= 180648 (дата обращения: 23.08. 2019).

195. *Kressel N.* Bad Faith: The Danger of Religious Extremism / N. Kressel. [Текст]. — New York: Amazon Kindle. Prometheus Books, 2007. 327 p.

196. Krieg im Namen der Religion [Электронный ресурс]. — URL: https://www. deutschlandfunk.de/krieg-im-namen-der-religion.1148.de.html?dram: article_ id=180648 (дата обращения: 23.08.2019).

197. *Laurano P., Anzera G.* L'analisi sociologica del nuovo terrorismo tra dinamiche di radicalizzazione e programmi di de-radicalizzazione [Текст] / P. Laurano, G. Anzera // Quaderni di Sociologia. — 2017. — № 75. P. 99–115.

198. *Lorenzo-Penalva J.* Yihad, martirio y evolución del terrorismo islámico global. Instituto Español de Estudios Estratégicos (IEEE) [Электронный ресурс] / J. Lorenzo-Penalva. — URL: http://www.ieee.es/Galerias/ fichero/ docs_opinion/2013/ DIEEEO106-2013_EvolucionTerrorismoIslamicoJ. Lorenzo Penalva.pdf (дата обращения: 23.08.2017).

199. *Maldonado A., Delgado R.* Mundialización y terrorismo: la sociedad del «riesgo mundial» [Электронный ресурс] / A. Maldonado, R. Delgado. — URL: http://www.scielo.org.mx/scielo.php?script=sci_arttext&pid=S1405-14352006000300011 (дата обращения: 23.12.2019).

200. *Maza K., Koldas U., Aksit S.* Challenges of Countering Terrorist Recruitment in the Lake Chad Region: The Case of Boko [Электронный ресурс] / K. Maza, U. Koldas, S. Aksit // Religions. — 2020, — 11 (2), 96. — P. 1–26 — URL: file:///C:/ Users/%D0%9C%D0%B8%D0%BA%D0%B8/ Downloads/religions-11-00096-v2.pdf (дата обращения: 12.02.2020).

201. Minority groups [Электронный ресурс]. — URL: https://www.pewresearch. org/global/2019/10/14/ minority-groups/ (дата обращения: 23.12.2019).

202. Mobilization of Women to Terrorism: Tools and Methods of ISIS [Электронный ресурс]. — URL: https://www.cambridge.org/core/journals/international-annals-of-criminology/article/mobilization-of-women-to-terrorism-tools-and-methods-of-isis/ 0D0A0698047A21494327686352C7A2CF/core-reader# (дата обращения: 23.12.2019).

203. Montée du terrorisme religieux [Электронный ресурс]. — URL: https://www. lapresse.ca/international/201 501/09/01-4833940-montee-du-terrorisme-religieux.php (дата обращения: 23.12.2019).

204. *Moreno F.* Características comunes de sectas y grupos extremistas religiosos [Электронный ресурс] / F. Moreno. — URL: https://www.melillahoy.es/ noticia/98285/ seguridad/caracteristicas-comunes-de-sectas-y-grupos-extremistas-religiosos.html (дата обращения: 28.09.2019).

205. Muslim Reform Movement [Электронный ресурс]. — URL: https:// muslimreformmovement.org/ (дата обращения: 23.08.2019).

206. Muslims and Islam: Key findings in the U.S. and around the world [Электронный ресурс]. — URL: http://www.pewresearch.org/fact-tank/2017/05/26/

muslims-and-islam-key-findings-in-the-u-s-and-around-the-world/ (дата обращения: 23.08.2019).

207. *Nduka C.* Boko Haram Fighters Paid $3000 Daily, Says Presidential Committee // The Nation. April 30 [Электронный ресурс] / C. Nduka. — URL: https://thenationonlineng.net/boko-haram-fighters-paid-3000-daily-says-presidential-committee/ (дата обращения: 12.02.2020).

208. *Nurra M.* Isis: chi sono i terroristi in Europa, come agiscono e perché è così difficile fermarli [Электронный ресурс] / M. Nurra. — URL: https://www.valigiablu.it/isis-terrorismo-europa/ (дата обращения: 12.02.2020).

209. *Olmos J.* Las causas del terrorismo yihadista. El terrorismo en el mundo [Электронный ресурс] / J. Olmos. — URL: http://catedrapsyd.unizar.es/archivos/obs_opina/j._jimenez_23_1_2015.pdf (дата обращения: 23.12.2019).

210. *Ortiz K., Caro I.* La yihad sunita del Estado Islámico y Al-Qaeda: islamismo, antiimperialismo... y nihilismo político-mesiánico? [Электронный ресурс] / K. Ortiz, I. Caro. — URL: https://scielo.conicyt.cl/scielo.php?script=sci_arttext&pid=S0719-37692018000100037#B36 (дата обращения: 23.08.2019).

211. *Pearson J.* The Politics of Ethnicity in Settlers Societies, States of Unease [Текст] / J. Pearson. — Basingstoke: Palgrave, 2001.

212. Pew Research Global Attitudes Project [Электронный ресурс]. — URL: https://www.pewglobal.org/ 2007/10/04/chapter-3-views-of-religion-and-morality/ (дата обращения: 12.08.2019).

213. *Pipes D.* Jihad and the Professors. Commentary. November. 2002 [Электронный ресурс] / D. Pipes. — URL: http://www.danielpipes.org/498/jihad-and-the-professors (дата обращения: 23.08.2019).

214. *Pipes D.* What is Jihad? [Текст] / D. Pipes. New York Post. December. 31, 2002.

215. *Pollack D., Pickel G., Spieß T.* Religiöse Sozialisation und soziale Prägungen und Einflüsse [Текст] / D. Pollack, G. Pickel, T. Spieß // Bedford-Strohm/Jung (Anm. 11). — S. 134.

216. Pourquoi l'identité sexuelle est souvent un facteur clé chez les djihadistes [Электронный ресурс]. — URL: https://www.lesinrocks.com/2016/07/news/lidentite-sexuelle-souvent-facteur-cle-chez-djihadistes/ (дата обращения: 23.12.2019).

217. Rajeswari P. Ethnic Conflicts in South Asia: Cases of India And Sri Lanka [Электронный ресурс] / P. Rajeswari. — URL: https://www.idsa-india.org/an-sep-9.html (дата обращения: 29.06.2019).

218. RAND Corporation and St. Andrews University in Edinburgh [Электронный ресурс]. — URL: http://www.rand.org, accessed 2 February 2016 (дата обращения: 23.01.2020).

219. Religion, Conflict, and Stability in the Former Soviet Union [Электронный ресурс]. — URL: https://www.rand.org/pubs/research_reports/RR2195.html (дата обращения: 23.08.2019).

220. Religious Terrorism: Causes and Remedies [Электронный ресурс]. — URL: https://www.alislam.org/ articles/religious-terrorism-causes-remedies/#top (дата обращения: 23.12.2019).

221. Richard Dawkins über Terrorismus und Religion [Электронный ресурс]. — URL: https://de.richarddawkins.net/articles/richard-dawkins-uber-terrorismus-und-religion (дата обращения: 23.08.2019).

222. Roy O. Analyse d'une stratégie de la terreur », 05/11/2016, radio programme on RTS [Электронный ресурс] / O. Roy . — URL: http://www.rts.ch/play/radio/sous-les-paves/audio/olivier-roy-analyse-dune-strategie-de-la-terreur?id=8108729 (дата обращения: 213.04.2020).

223. Sageman, M. Understanding Terror Networks [Текст] / M. Sageman. — Philadelphia: University of Pennsylvania Press, 2004.

224. Saisir les mécanismes de la radicalisation violente : pour une analyse processuelle et biographique des engagements violents Rapport de recherche pour la Mission de recherche Droit et Justice Avril 2017 [Электронный ресурс]. — URL: http://www.gip-recherche-justice.fr/wp-content/uploads/2017/08/Rapport-radicalisation_INHESJ_ CESDIP_P-Justice_2017.pdf (дата обращения: 23.08.2019).

225. Schleiermacher F. Religion ist ein Gefühl [Электронный ресурс] / F. Schleiermacher. — URL: https:// www.deutschlandfunk.de/friedrich-schleiermacher-religion-ist-ein-gefuehl.886.de.html?dram:article_id=433679 (дата обращения: 23.08.2019).

226. Schüle C. Warum wir glauben müssen // ZEIT Wissen. 2013. № 1 [Электронный ресурс] / C .Schüle. — URL: https://www.zeit.de/zeit-wissen/2013/01/Glaube-Religion-Psychologie (дата обращения: 23.12.2019).

227. Sheikh Mohamed Shaheem Ali Saeed. Religious Extremism: Causes and Solutions [Электронный ресурс]. — URL: https://minivannewsarchive.com/author/sheikh-mohamed-shaheem-ali-saeed (дата обращения: 23.12.2019).

228. Sigelmann L. Lake Chad Remains Stable, Yet Boko Haram Still Thrives Part 2: The Extremists. [Электронный ресурс] / L. Sigelmann // American Security Project. — June 14. — 2019 — URL: https://www.americansecurityproject.org/lake-chad-remains-stable-yet-boko-haram-still-thrives-part-2/ (дата обращения: 12.02.2020).

229. Slutzker J. The Online Frontline: Inside Boko Haram's Social Media and A Movement to Push Back [Электронный ресурс] / J. Slutzker // Creative. — October 10. — 2018. — URL: https://www.creativeassociatesinternational.com/stories/the-online-frontline-inside-boko-harams-social-media-and-the-movement-to-push-back/ (дата обращения: 12.02.2020).

230. Smith T., Silva L. Ethnic identity and personal well-being of people of color: a meta-analysis [Текст] / T. Smith, L. Silva. J. // Couns. Psychol. — 2011. — № 58. — P. 42–60.

231. Sterling C. The Terror Network, The Secret War of International Terrorism [Текст] / C. Sterling. — New York: Henry Holt & Co, 1981.

232. Stern, J. Terror in the name of God: Why religious militants kill [Текст] / J. Stern. — New York: Ecco, 2003. — P. 249.

233. Steuckers R. Définir le fondamentalisme islamique dans le monde arabe [Электронный ресурс] / R. Steuckers . — URL: http://euro-synergies.hautetfort.com/archive /2010/02/22/ 5f09a401186bbf5802c182e99bb1c640.html (дата обращения: 23.08.2019).

234. Sundermeier T. Religion — Was ist das? Religionswissenschaft im theologischen Kontext. [Текст] / T. Sundermeier. — Frankfurt a. M., 2007. — P. 21.

235. The 9/11 Commission report [Электронный ресурс]. — URL: https://govinfo.library.unt.edu/911/report/911Report.pdf. (дата обращения: 23.08.2019).

236. The Economist / Of skinheads and jihadists [Текст]. A report on the Dublin meeting, held 2011. Jun 27.

237. The Fundamentals of Islamic Extremism: Psychological Considerations for Developing & Managing Counterterrorism Sources [Электронный ресурс]. — URL: https://publicintelligence.net/ufouoles-ncis-guide-to-developing-islamic-extremist-counterterrorism-sources/ (дата обращения: 21.11.2019).

238. The global religious landscape. Muslims. URL: http://www.pewforum.org/2012/12/18/global-religious-landscape-muslim (дата обращения: 23.08.2019).

239. The World's Muslims: Religion, Politics and Society [Электронный ресурс]. — URL: http://www.pewforum.org/2013/04/30/the-worlds-muslims-religion-politics-society-overview/ (дата обращения: 23.08.2019).

240. The worst countries for religious freedom [Электронный ресурс]. — URL: https://www.indexoncensorship.org/2014/01/worst-countries-religious-freedom/ (дата обращения: 23.08.2019).

241. Tocqueville A. Democracy in America, trans. and ed [Текст] / A. Tocqueville. Harvey C. Mansfield and Delba Winthrop (Chicago: University of Chicago Press, 2000). P. 519.

242. Trends in terrorism [Электронный ресурс]. — URL: http://iwar.org.uk/cyberterror/resources/csis/terror-trends.htm (дата обращения: 23.08.2019).

243. Trois personnalités musulmanes affirment que l'islam n'est pas qu'une religion [Электронный ресурс]. — URL: https://iqri.org/trois-personnalites-musulmanes-affirment-que-lislam-nest-pas-quune-religion/ (дата обращения: 23.12.2019).

244. Una interpretación del Corán que aterra al propio islam [Электронный ресурс]. — URL: https://www.lavozdegalicia.es/noticia/internacional/2016/03/28/interpretacion-coran-aterra-propio-islam/0003_201603G28P4991.htm (дата обращения: 23.08.2019).

245. Venhaus J. Why Youth Join Al Qaeda [Текст] / J. Venhaus. — Washington DC: United States Institute of Peace, 2010.

246. Verkuyten M. The Social Psychology of Ethnic Identity [Текст] / M. Verkuyten. — New York: Psychology Press, 2012. — 312 p.

247. Violent extremism: is religion the problem or the solution? [Электронный ресурс]. — URL: https://www.weforum.org/agenda/2017/05/violent-extremism-religion-problem-solution (дата обращения: 23.08.2019).

248. Waiting in the wings: the Syrian jihadis ready to take over from ISIS [Электронный ресурс]. — URL: http://www.religionandgeopolitics.org/sites/default/files/If% 20the%20Castle%20Falls.pdf (дата обращения: 23.08.2019).

249. Wave of terror 2015–2019 [Электронный ресурс]. — URL: https://mfa.gov.il/MFA/ForeignPolicy/Terrorism/ Palestinian/Pages/Wave-of-terror-October-2015.aspx (дата обращения: 20.01. 2020).

250. Why do people join terrorist organisations? [Электронный ресурс]. — URL: http://eip.org/en/news-events/why-do-people-join-terrorist-organisations (дата обращения: 23.12.2019).

251. Why the Fall of the 'Caliphate' in Syria Will Not Ease Western Security Concerns [Электронный ресурс]. — URL: https://www.rand.org/blog/2017/11/why-the-fall-of-the-caliphate-in-syria-will-not-ease.html (дата обращения: 23.08.2019).

252. Wiederschein H. Wie Dschihadisten den Koran missbrauchen [Электронный ресурс] / H. Wiederschein. — URL: https://www.focus.de/wissen/mensch/religion/islam/tid-26570/islamismus-die-falschen-vorstellungen-der-salafisten_aid_783604.html (дата обращения: 23.12.2019).

253. Wilkinson P. Political Terrorism [Текст] / P. Wilkinson. London: Macmillan Press, 1974.

254. Wojciechowski S. Reasons of Contemporary Terrorism. An Analysis of Main Determinants [Электронный ресурс] / S. Wojciechowski. — URL: https://www.peterlang.com/view/9783631706381/xhtml/   chapter03.xhtml#fn_21 (дата обращения: 23.12.2019).

255. Wüllenkemper C. Radikalisierung als Form der Selbsttherapie [Электронный ресурс] / C. Wüllenkemper. — URL: https://www.deutschlandfunk.de/terror-radikalisierung-als-form-der-selbsttherapie.886.de.html?dram:article_id=389143 (дата обращения: 23.08.2019).

256. Zanardi B. La religion au coeur de la société : des questions ouvertes [Электронный ресурс] / B. Zanardi. — URL: http://www.irenees.net/bdf_fiche-analyse-926_fr.html (дата обращения: 23.12.2019).

257. Zelenkov M., Boykova G. Boykov S., Bikov M. Rezakov R. Dichotomous approach to poverty as a source of modern terrorism [Текст] / M. Zelenkov, G. Boykova, S. Boykov, M. Bikov, R. Rezakov // REVISTA INCLUSIONES — volumen 7 — número especial — abril/junio — 2020. o pp. 432–445.

258. Zelenkov M., Rostokinsky A., Evlaev A., Aleshnikova V., Efimova O. Information analytics of the Islamic trend in modern fundamentalism // Revista Inclusiones, volumen 7 — número especial — julio/septiembre 2020. pp. 180–193.

259. Zelenkov M., Brushkova L., Denikin A., Denikina Z., Korablin Y. Jihad as a perverse concept of modern islamic fundamentalists // Revista Inclusiones, olumen 7 — número especial — julio/septiembre 2020. pp. 494 — 508.

260. Zelenkov M., Tyurikov A; Fedyakin A.; Fedyakin I.; Semchenkov A.Information analytics of the radical trends of modern atlantic-european nationalism // Revista Inclusiones Vol: 7 num Especial (2020): 164 — 179.

261. Zelenkov M., Veretennikova I., Erzyileva I., Zubov V., Mamaeva Y. Identity as a sociocultural factor and a source of modern ethnic conflicts // Revista Genero & Direito. V. 9 — N° 04 — Ano 2020.

262. Zelenkov M., Ponomarev V., Gusev V., Andreev A., Makarov O. Identiftcation of Advertising Trends in The Mass Media and On the Internet Used by Modern Terrorism // Cuestiones Politicas. Vol. 37 N° 65 (julio-diciembre 2020).

263. الأصولية الإسلامية بين الدعوة الدينية والايديولوجيا السياسية [Электронный ресурс]. — URL: https://www.mominoun.com/articles/(дата обращения: 23.12.2019).

264. اوالحرمان أقوى دوافع التطرف [Электронный ресурс]. — URL: https://www. scientificamerican.com/ arabic/articles/news/marginalization-and-deprivation-are-the-strongest-drivers-of-extremism (дата обращения: 23.02.2020).

265. ⬜⬜⬜⬜ [Электронный ресурс]. — URL: https://eeradicalization.com/ar/(дата обращения: 23.03.2020).

266. صعود السلفيين :الماني [Электронный ресурс]. — URL: https:// ar.gatestoneinstitute.org/12840/.html (дата обращения: 23.08.2019).

267. أوروبا: الهجمات المعادية للمسيحيين تصل إلى أعلى مستوياتها في عام 2019 [Электронный ресурс]. — URL: https://ar.gatestoneinstitute.org/ htm (дата обращения: 12.04.2020).

268. توفيق حميد/ كيف نواجه فكر الإرهاب [Электронный ресурс]. — URL: https://www.alhurra.com/different-angle/extremism-counter (дата обращения: 12.03.2020).

269. حصاد 2019 السلفية في بلجيكا.. الأصولية تكسو معقل الاتحاد الأوروبي [Электронный ресурс]. — URL: http://elwahabiya.com (дата обращения: 12.01.2020).

270. د. خالد ياموت ياموت الظاهرة الأصولية.. معالم سوسيولوجية [Электронный ресурс]. — URL: https://aawsat.com/home/article/258556/(дата обращения: 23.12.2019).

271. دعوة «السلسي» لثورة دينية.. وأد للتطرف أم اتجاه للعلمانية؟ [Электронный ресурс]. — URL: https://www.dw.com/ar/ (дата обращения: 20.04. 2019).

272. سوبر تفكيك الأصولية و الإرهاب. [Электронный ресурс]. — URL: http://www.ahewar.org/ debat/show.art.asp?aid=423967&r=0 (дата обращения: 23.01.2020).

273. شيطنة المسلمين فضلا! هواية الإسلاميين.. هواية العلمانية [Электронный ресурс]. — URL: https://www.alhurra.com/ different-angle/2019/12/28/ (дата обращения: 23.02.2020).

274. ظاهرة انتشار الإسلام داخل السجون الأوروبية..!! [Электронный ресурс]. — URL: https://www. paldf.net/forum/showthread.php?t=286809 (дата обращения: 23.12.2019).

275. عماد الدين الجبوري الأصولية الإسلامية والغرب [Электронный ресурс]. — URL: https://www. independentarabia.com/node (дата обращения: 23.12.2019).

276. غياب الديمقراطية ساهم في إعادة إنتاج الإرهاب [Электронный ресурс]. — URL: https://www.swissinfo.ch/ara/ (дата обращения: 20.11. 2019).

277. حبيب كاظم حبيب أفكار للنقاش: مفهوم الأصولية والأصوليات الإسلامية [Электронный ресурс]. — URL: https://www.facebook.com/KadhimHabib/ posts/1013509145392534/ (дата обращения: 23.12.2019).

278. مارسيل غوشيه محرّكات الأصولية الإسلامية [Электронный ресурс]. — URL: http://alaalam.org/ar/politics-ar/syria-ar/item/742-741071118 (дата обращения: 23.08.2019).

279. مناقشات حول مستقبل الدين الإسلامي [Электронный ресурс]. — URL: https://www.almesbar.net (дата обращения: 23.12.2019).

Научно-популярное издание

Зеленков М. Ю.

РЕЛИГИОЗНЫЙ ТЕРРОРИЗМ В СОВРЕМЕННОМ МИРОУСТРОЙСТВЕ

Ведущий редактор: *Е. Пелифосова*
Компьютерная верстка: *Т. Мосолова*

Проект осуществлён с помощью технологий
print on demand

Знак информационной продукции согласно
Федеральному закону от 29.12.2010 г. № 436-ФЗ.

Подписано в печать 15.02.2021.
Формат 60х90/16.
Усл. печ. л. 19

ISBN 978-9949-7485-2-5

Отпечатано: АО «Т8 Издательские Технологии»
109548, г. Москва, Волгоградский проспект, дом 42, корпус 5
www.t8print.ru; info@t8print.ru
Тел.: +7 (499) 322-38-30